근세
베트남의
법과 가족

근세 베트남의 법과 가족

초판 1쇄 발행 | 2014년 12월 15일

지은이 | 유인선

펴낸이 | 한영아
펴낸곳 | 위더스북
출판등록 | 2007년 12월 5일(제313-2007-000243호)
주소 | (우: 151-855) 서울시 관악구 복은길 43-11(신림동)
전화 | 02) 333-3696
팩시밀리 | 02) 324-3222
전자우편 | paperplane@hanmail.net

값 25,000원
ISBN 978-89-962350-5-7 93910

이 도서의 국립중앙도서관 출판시도서목록(CIP)은 서지정보유통지원시스템 홈페이지(http://seoji.nl.go.kr)와 국가자료공동목록시스템(http://www.nl.go.kr/kolisnet)에서 이용하실 수 있습니다.
(CIP제어번호: CIP2014036340)

근세 베트남의 법과 가족

유인선 지음

17 · 18세기
베트남 북부 지방의
가족제도와
전근대 사회의
특징

위더스북
Withus Book

책머리에

근세 베트남, 즉 17, 8세기의 베트남 사람들은 결혼을 하고 가정을 이루는 것을 당연하게 여겼다. 이는 하나의 역사적 진실이다. 저자는 이 책에서 그 당시 베트남 가족의 모습이 실제로 어떠했는가를 가족 제도를 통해서 밝혀 보려고 노력하였다. 물론 이러한 노력은 쉬운 일이 아니었다.

이러한 노력에는 크게 두 가지 어려움이 따른다. 무엇보다 우선 한 편의 기록 영화처럼 당시 가족의 모습을 확연히 보여 주는 사료가 없다는 것이 문제이다. 지금 전해지고 있는 사료들은 단속적인 장면들이며, 그것도 영상이 없는 자막들뿐이다. 따라서 그 당시 가족의 모습을 밝히는 작업은, 우선 자막을 가지고 한 장면의 영상을 만든 다음 하나 하나의 장면들을 이어가야만 한다. 그러다 보면 자막조차 없어 장면을 구성할 수 없는 경우도 있다. 이런 때는 전후 장면을 고려하면서 상상력을 발휘하여 메꿀 수밖에 없다. 그 경우 상상력이 얼마나 사실에 가깝게 접근하고 있느냐가 문제될 수 있다.

또 다른 문제는 현재 남아 있는 사료들이 과연 얼마나 정확한가 하는 점이다. 왜냐하면 사료를 남긴 이들의 주관이 개입했을 가능성이 다분히 있기 때문이다. 실제 있었던 일들은 복잡한데, 사료 기록자들이 그 가운데 자기가 보고 들은 바만을 나름대로 적어 놓았을 수도 있다고 생각된다. 게다가 이들 사료를 이용하는 역사가의 주관이 문제될 수도 있다. 우리는 하나의 사료를 가지고 해석을 달리하여 논쟁하는 예들을 주변에서 자주 볼 수 있다.

그런 의미에서 이 저술도 근세 베트남의 가족제도를 얼마나 정확히 전달하고 있는지 의문이 든다. 한 가지 확실히 말할 수 있다면, 가능한 한 진실에 접근하려 노력했다는 것뿐이다. 이렇게 말할 수 있는 것은, 이 저술이 동일한 주제를 두 차례나 수정해서 상재(上梓)하게 되었기 때문이기도 하다. 그럼에도 불구하고 아직 부족한 부분들이 적지 않게 있을 것이고, 이러한 점들은 뒤에 오는 이들이 이를 징검다리로 해서 보다 더 진실에 가까운 연구를 해 주었으면 하는 바람이다. 사실 역사가는 사료를 가지고 역사적 진실을 밝혀내려고 하지만, 그 진실에 가까이 다가갈 수 있다고 해도 진실 그 자체에 도달할 수 있을지는 의문이다.

이 책의 저본은 저자의 박사학위 논문이며, 이는 1990년 수정·보완을 거쳐 출판되었다. 그러나 그 후 새로운 연구 성과들이 발표되면서 이를 다시 수정해야 할 필요성을 느꼈다. 마침 이전에 출판된 것은 영문으로 되어 있어 우리 학계에 잘 알려지지 않았기 때문에, 이번에는 한글로 개정판을 내게 되었다.

언제나 그러했듯이, 이 책의 출간 역시 국내외 많은 분들의 도움을 받을 수 있었기에 가능했다. 그러나 책 내용에 잘못이 있다면 그것은 어디까지나 저자 자신의 책임이다. 끝으로 어려운 여건 속에서도 이 책을 흔쾌히 출판해 주신 위더스북의 한영아 사장과 자기들 글처럼 정성을 들여 편집과 교정을 해 준 편집부 여러분의 노고에 감사를 표한다.

이 책은 60여 년 전 어느 날 갑자기 어린 나를 남으로 보내고, 평생을 눈물로 지새우시다가 언젠지도 모르는 때에 세상을 떠나셨을 할머님과 어머님께 바칩니다.

2014년 11월 25일

유인선

차 례

머리말

전근대 베트남의 사회와 문화는 어떠했는가? 그리고 이는 중국의 사회와 문화와는 어떻게 달랐는가? 이러한 질문에 대한 대답은 베트남 역사를 연구하는 이들에게 중요한 관심사 중의 하나이다. 전근대 베트남의 사회와 문화에 관한 연구에 베트남과 중국의 사회·문화가 어떻게 달랐는가 하는 문제를 연결시키는 이유는 말할 것도 없이 베트남의 역사가 중국과 정치적·문화적으로 밀접한 관계에 있었기 때문이다. 주지하는 바와 같이, 베트남은 기원전 2세기부터 천 년 동안 중국의 정치적 지배를 받았고, 10세기 중반에 독립한 이후에도 이른바 조공 관계를 유지하며 중국의 문물을 받아들였다.

1960년대에 베트남 전쟁이 발발하면서 베트남은 전 세계의 주목을 받았고, 이 때문에 베트남에 관한 많은 연구들이 행해졌다. 그러나 이들 연구들은 대부분 베트남 전쟁이라든가 베트남 인의 대외 항쟁에 관한 것이었다. 전쟁이 끝나고 난 뒤에도 베트남 사회를 이해하려는 노력들이 보이기는 하지만 오히려 단편적인 데 불과하고, 위의 질문에 답하려는 체계적인 연구는 아직도 미흡한 편이라고 여겨진다.

저자는 본 연구에서 베트남 레 왕조(黎朝, Triều Lê, 1428-1788) 후기인, 다시 말하면 근세라고 할 수 있는 17, 8세기[1] 북부 지방의 가족제도를 중심으로 베트남 전근대 사회의 특징을 밝히고자 한다. 프랑스가 베트남을 식민 통치하던 시기에 프랑스와 베트남 학자들은 전근대 베트남의 가족제도를 이해하는 데 많은 노력을 기울였다. 이들 연구는 대부분 응우옌 왕조(阮朝, Triều Nguyễn, 1802-1945)의 창건자인 자 롱 황제(嘉隆帝, Gia Long, 1802-1819)의 명에 의해 1815년 반포된 『국조율례』(國朝律例, Quốc Triều Luật Lệ), 즉 흔히 『황월율례』(皇越律例, Hoàng Việt Luật Lệ)로 알려진 법전에 의거했다. 『황월율례』는 『홍덕율례』(洪德律例, Hồng Đức Luật Lệ)[2]와 『대청조율』(大淸條律)을 참조했다고는 하지만,[3] 실제 내용은 청나라의 법전인 『대청율례』(大淸律例)의 내용을 거의 그대로 받아들여 베트남의 현실을 반영하지 못한 것으로 오늘날 알려져 있다. 따라서 프랑스 식민 지배기 학자들의 연구는 대체적으로 베트남 전근대 사회의 가족제도를 제대로 보여 주지 못한다고 해도 과언이 아니라고 생각된다.

어떤 특정 사회를 이해하기 위해서는 가족제도의 연구가 유용하다는 설득력 있는 증거가 있다. 최근 이러한 사실을 인정한 많은 역사학자들 중의 한 사람인 존 데모스(John Demos)는 다음과 같이 말한다.[4]

> 가족은 …(중략)… 매우 기본적이며 영속적인 제도이다. 따라서 가족은 흔히 한 문화 내의 여러 가지 부분들이 어떤 면에서 혹은 근본적으로 서로 다를 경우, 그 문화에 대한 일종의 공통 요소 내지는 기준을 제공해 준다.

베트남 가족제도의 실질적 성격을 탐구하는 일은 특히 레 왕조 시대 베트남 사회의 본질을 이해하는 데 불가결하다. 이렇게 말하는 것은, 레 왕조는 이전 왕조들이 불교를 옹호했던 것과는 달리 베트남에서 처음으로 유교를 국가 이념으로 채택하였는데, 이로 인해 당시 사회의 상부 구조는 중국 문화의 영향을 많이 받았을 것이지만 이는 한편으로 실질적 관습과는 괴리가 있을 수 있기 때문이다. 따라서 베트남 전근대 사회의 가족제도에 관해 무엇을 연구하든 간에 중요한 것은 이를 중국 가족제도와 비교하는 일이다. 본 연구는 베트남 가족제도와 중국의 가족제도 사이에는 본질적인 차이가 있다는 전제하에서 출발한다. 과거의 연구들, 즉 식민 지배기 프랑스 학자들은 이를 중시하지 않는 경향이 있었다. 이들은 베트남의 문화를 중국 문화의 일부처럼 생각하여, 유교의 영향하에 베트남 가족에서는 가부장의 권위가 절대적이며 여성은 억압을 받았다고 하였다. 이는 베트남 사회의 후진성을 강조하려한 것으로, 당시 프랑스 식민 당국이 취하고 있던 정책인 '문명화의 임무'(mission civilisatrice)와 관련이 있었다.[5] 그러나 양자 사이에는 분명 차이가 있었으며, 그 차이란 간단히 말해 다음과 같다. 중국 가족에서는 가부장의 권위가 절대적이어서 다른 가족원들이 그의 권위에 복종하는 것이 특징적이라면, 베트남 가족에서는 이와 달리 아내가 남편과 실질적으로 거의 동등하며 가족원들은 가장의 권위에 무조건 복종하지 않고 개인주의적 행동을 하는 경향이 있었다.

베트남 문화에서 가족은 자기가 살고 있는 사회의 문제들로부터 결코 격리되어 있지 않았다는 것에 주목할 필요가 있다. 전 역사를 통해 베트남 가족은 비록 촌락 공동체(베트남어로 '싸'[xã, 社]) 안에서 주로 생활했지만, 촌락 공동체는 항상 국가의 정치적 통제를 받았다. 이러한 영향으로 인해 베트남 가족제도는 지역 및 국가적 정황과 연결시켜서 연구해야 한다.

대나무 울타리로 빽빽하게 둘러싸인 전통 시대의 베트남 촌락은 독립적이며 자치적이었다고 흔히들 말한다. 이에 대한 증거로서 자주 인용되는 것이 "왕의 법은 촌락의 관습을 따른다(Phép vua thua lề làng)."와 같은 촌락의 속담이다. 다시 말하면, 촌락의 관습이 왕의 법에 우선

한다는 것이다. 그러나 이러한 속담이 과연 얼마나 사실에 기반한 것이었을까? 즉, 우리가 지금 연구하고 있는 레 왕조 시대 후기의 베트남 가족은 정말로 외부로부터 아무런 영향도 받지 않았을까? 추측건대, 베트남 가족은 그를 둘러싸고 있는 외부 세계와 직접적이든 간접적이든 간에 접촉을 했을 것이고, 이러한 접촉을 통해 어느 정도 영향을 받아 변화하지 않았을까 생각한다. 물론 여기에는 시기와 지역과 사회적 신분에 따른 차이가 있었을 것이다. 일반적으로 촌락의 지배 계층에 속하는 이들이나 또는 사회적 신분의 상승을 추구하는 이들은 이른바 외래의 '대전통'(Great Tradition)[6]을 받아들였다고 보아 틀림없다. 이렇게 받아들여진 새로운 문화는 촌민들에게 퍼졌고, 그들 중 일부는 스스로 이를 받아들였는가 하면 또 다른 일부는 어쩔 수 없이 이를 받아들인 경우도 있었으리라고 생각된다.

국가가 가족에 관련된 사회 관습을 어떻게 바꾸었는가를 파악하기 위해서는 레 왕조 시대 법의 성격을 이해할 필요가 있다. 법은 인류학적으로 말하면, "우리 문화의 한 단면으로, 조직된 사회의 힘이 개인이나 집단 간의 접촉을 규제하며, 정해진 사회 규범으로부터의 일탈을 사전에 방지하거나 바로잡아 주거나 또는 처벌하는 데 사용되는 것"[7]이라고 볼 수 있다. 이는 법이 사회 변화의 잠재적 도구임을 의미한다. 전근대 베트남에서 집권자들은 중국 법의 정신이 베트남 고유의 관습과는 많은 점에서 상충됨에도 불구하고 이를 받아들였다. 그러므로 만일 전근대 베트남에서 백성들로 하여금 중국에서 받아들인 법을 준수하도록 강요할 수 있었다면, 법은 무엇보다도 베트남 가족의 모습을 변화시키는 역할을 하였을 것이다.

본 연구는 우선 제1부에서 레 왕조의 법 제도를 검토함으로써 당시 베트남 가족제도의 성격을 밝히고자 한다. 그런 다음에는 보다 넓은 사회적 맥락에서 이를 살펴볼 예정이다.

베트남 법에 대한 중국 문화의 영향은 이미 리 왕조(李朝, Triều Lý, 1009-1225)와 쩐 왕조(陳朝, Triều Trần, 1225-1400) 때부터 시작되었다. 『대월사기전서』(大越史記全書, Đại Việt Sử Ký Toàn Thư)에 의하면, 리 왕조의 타이 똥(太宗, Thái Tông, 1028-1054) 치세인 1042년 『형서』(刑書, Hình Thư리 왕조) 1권이 반포되었으며,[8] 쩐 왕조에서는 타이 똥(太宗, Thái Tông, 1225-1258) 때인 1230년과 주 똥(裕宗, Dụ Tông쩐 왕조, 1341-1369)의 즉위 직후인 1341년에 『형률』(刑律, Hình Luật)과 『형서』(刑書쩐 왕조) 1권이 각각 반포되었다고 한다.[9] 이들 법은 오늘날 전해지지 않아서 그 내용을 자세히 알 수 없지만, 대체로 당률(唐律)을 계수(繼受)했다고 보아 틀림없다.[10] 유교가 불교를 대체하여 지배 이념으로 되는 레 왕조에 오면, 중국의 영향은 훨씬 더 강화된다. 따라서 중국 법의 계수로 인해 베트남 법의 어떤 점들이 당시 베트남의 실제 상황을 반영하고 있으며, 어떤 점들이 중국 법의 단순한 수용인지를 분간하는 것이 필요하다.

이 연구에서 주된 관심은 중국 법이라든가 이를 계수한 베트남 법 자체에 있기도 하지만, 그보다는 서로 다른 두 법 제도가 혼합되면서 법의 정신이 어떻게 상충되었는가에 있다. 뒤에서 논하는 바와 같이(제1부), 베트남 관습의 어떤 점들은 중국 법의 근저에 있는 유교적 이념이 받아들일 수 없는 것들이었다. 그럼에도 불구하고 베트남의 법 제정자들은 이들 관습을 유교 지향적으로 제정된 법에다 삽입했다. 왜 그렇게 했을까? 우리는 이 점에 주목할 필요가 있다.

보다 중요한 것은 이러한 유교 지향적인 법의 기능적인 측면이다. 구체적으로 말하면, 그 법은 실제로 어떻게 적용되었으며, 베트남 전통 사회에 끼친 영향은 무엇이었는가 하는 점이다. 여기서 우리는 국가권력이 백성들에게 물리력을 행사할 수 있다고 하더라도 모든 법령이 실효적으로 준수되는 것은 아니라는 점을 인식해야 한다. 추측건대, 백성들이 위로부터 강요되는 법에 묵묵히 따랐으리라고는 생각되지 않는다. 특히 새로운 법이 예로부터 내려오는 오랜 관습에 반할 때 그들이 어떤 형태로든 저항하지 않았을까 한다. 이러한 점들은 백성들에게 법을 강제할 수 있는 레 왕조의 능력과 법을 시행할 때의 사회적 조건들을 면밀히 검토함으로써 어느 정도 밝혀질 수 있을 것으로 믿는다. 이들 두 요소, 즉 중앙 정부의 권력과 현실적인 사회적 조건의 상호 작용은 베트남에서 사회 변동의 역동성을 보여 줄 것이다.

여기서 우리는 한 가지 다음과 같은 점을 염두에 두어야 한다. 그것은 다름 아니라 근세라고 할 수 있는 17, 8세기의 베트남은 지리적·정치적·사회적으로 오늘날의 베트남과는 같지 않았다는 점이다. 베트남인들은 오랫동안 통킹 델타와 그 주변 지역에 정착해 생활하였다. 그들은 16세기 후반부터 18세기까지 적극적으로 이루어진 남으로의 진출, 베트남 역사에서 말하는 이른바 '남진'(南進, nam tiến) 과정을 통해 중부와 남부를 북부에 통합시켰다.[11] 그러기에 '전통' 베트남이라고 하면 주로 북부와 중부의 일부 해안 지대만을 가리킨다. 새로이 통합된 중남부와 남부 지역에서 베트남 인들의 관습은 참 족(Chams)과 캄보디아 인들의 것과 혼합되어, 그 결과 전통적인 베트남 관습과는 거리가 있었다. 소형 선박·농기구·음식·의복·가옥 등 일상생활의 각 방면에서 참파의 영향이 보인다.[12] 가옥의 예를 보면, 초기 베트남 인 이주민들은 북부 지방과 달리 지상에 곧바로 집을 짓지 않고, 다른 동남아시아 국가들에서와 같이 기둥을 세운 다음 그 위에 집을 지었다.[13] 이러한 가옥 형태는 오늘날에도 캄보디아에서 볼 수 있다.

이러한 과정은 오랫동안 소수 민족들이 살고 있던 산간 지역에서도 마찬가지였다. 중앙 정부의 권력은 이들 지역에 미치지 못했다. 베트남 역사를 보면, 소수 민족들에게 대체로 자치를 허용해 주었다. 그리하여 베트남의 법과 관습은 이들에게 강요될 수 없었다. 더욱이 많은 베트남 인들은 문화적 차이라든가 또는 말라리아 같은 질병을 두려워하여 산간 지역으로의 이주를 꺼렸기 때문에 소수 민족들에 대한 베트남 문화의 영향은 지극히 적었다. 그 결과 이들은 거의 베트남화가 되지 않았다.

사회 계층과 관련해서는 대부분의 농민 사회에서와 마찬가지로 베트남 전통 사회 역시 상층과 하층의 두 계급이 있었다. 문화적으로 말한다면, 상층 계급은 촌락 외부 지향적인 데 반해, 하층 계급은 촌락 내부에만 머물려는 내부 지향적이었다. 즉, 상층 엘리트는 고유 관습을 희생해가면서까지 유교의 가족도덕을 받아들이려고 했던 데 비해, 대다수의 하층 농민들은 토착 풍습의 유지를 고집하면서 중국적 도덕 개념에 대해서는 무시하려는 태도를 보였다. 하지만 두 계층이 비록 추구하는 바는 달랐다고 해도, 양자는 대립적이기보다는 상호 화합적이었다.[14]

이 연구는 제2부에서 북부 베트남에서 생활하던 하층 계급의 관습에 초점을 두고자 한다. 이유는 그들이야말로 베트남의 고유한 전통을 보다 더 잘 간직하고 있었다는 믿음 때문이다. 그렇기는 하지만 다른 계층과 다른 지역에서 참고될 수 있는 것들이 있으면 참작해야 함은 말할 필요도 없다.

베트남에 고유한 전통 문제에 접근하기 위한 방법은 우선적으로 현재 이용 가능한 제1차 사료들을 상호 대조하는 작업이다. 그러나 현실적으로 이 연구에 필요한 주요 자료들이 별로 없다는 데 문제가 있다. 이용 가능한 것들의 대부분도 지극히 단편적인 참고만 될 뿐이다. 그렇다고 한두 가지 베트남 사료에만 의존할 수도 없다. 그것들만으로는 지금 논의하려고 하는 문제를 해결하는 데 별 도움이 되지 못한다. 베트남의 법전이라든가 공식 사료들이 특별히 그런 경우이다. 비록 이것들이 본 연구의 중심 자료라고 하더라도, 그것들은 지배자들의 관점이나 이해와 더욱 관련이 있고, 대다수 농민들의 입장과는 거리가 있다. 그 때문에 공식적인 법과 관습 사이에는 커다란 차이가 있을 수 있는데, 이 점도 문제이다. 따라서 이들 자료의 내용은 다른 관련 자료들에서 발견되는 것과 면밀히 비교되어야만 한다.

이 연구를 위한 자료들의 출처는 베트남, 중국, 유럽 등 세 곳이다. 누구나 예상하겠지만, 베트남 자료들은 중국과 유럽의 것들에 비해 베트남의 고유한 관습을 보다 폭넓게 그리고 체계적으로 다루고 있다. 제일 중요한 자료는 『국조형률』(國朝刑律, Quốc Triều Hình Luật)이다. 흔히 『여조형률』(黎朝刑律, Lê Triều Hình Luật; 영어로는 Lê Code)로 더 잘 알려진 이 법은 15세기 전반에 편찬되어 그 후 여러 차례 수정 보완이 이루어진 듯하다.[15] 이 형률에는 베트남 관습이 적지 않게 포함되어 있는 것으로 생각된다. 그렇기는 하지만, 중국 법들부터 받아들인 부분들이 훨씬 더 많다. 그로 인해 먼저 해야 할 일은 이 법에서 관습과 관습이 아닌 부분을 구분하는 작업이다. 이러한 작업을 위해서는 먼저 중국 법과 비교하고, 그런 연후 베트남 관습이 어떠한 것들인지를 분명히 할 수 있는 면밀한 분석이 요구된다.

『국조형률』이 베트남 관습을 포함하고 있는 유일한 것은 아니다. 이 법에 있는 관습의 많은 부분은 레 왕조 초기에 편찬된 다른 법 문서들, 예컨대 『천남여가집』(天南餘暇集, Thiên Nam Dư Hạ Tập)[16]과 『홍덕선정서』(洪德善政書, Hồng Đức Thiện Chính Thư) 및 여타 자료들에도 들어 있다.[17] 『천남여가집』은 1483년에 편찬되었으며, 「조율」(條律, Điều

Luật) 항목에서 레 왕조의 제4대 황제인 타인 똥(聖宗, Tháng Tông레 왕조, 1460-1497)의 치세 때 반포된 법규의 일부를 포함하고 있다. 「조율」은 「홍덕혼가예의」(洪德婚嫁禮儀, Hồng Đức Hôn Giá Lễ Nghi)라는 혼인 의식에 관한 규정으로 끝을 맺고 있다.[18] 『홍덕선정서』는 아마도 1527년 레 왕조를 찬탈한 막 당 중(莫登庸, Mạc Đăng Dung)에 의해 16세기 중반 이전에 편찬된 것 같다. 이 책은 그 이름에도 불구하고 레 타인 똥의 이전 통치 시기인 꽝 투언(光順, Quang Thuận, 1460-1469)과 홍 득(洪德, Hồng Đức, 1470-1497) 연간에 반포된 법령들을 모아 놓고 있다.[19] 그뿐만 아니라 레 타이 똥(太宗, Thái Tông레 왕조, 1434-1442) 및 16세기 초에 반포된 몇몇 법 조항도 들어 있다.

이들 법령집은 결혼·가족원 간의 관계·친족 제도 및 촌락 등, 이 연구의 주 관심사에 관련된 많은 규정들을 포함하고 있다. 그렇지만 이들 규정이 모두 베트남의 고유한 관습을 반영하고 있는 것은 아니다. 이유는 레 타인 똥이 유교 지향적인 군주였기 때문이다. 그는 백성들에게 유교 이념을 불어넣어 주려 노력했고,[20] 그 결과 그의 치세에 반포된 많은 법령들은 유교적 색채를 띠게 됨으로써 베트남의 고유한 전통과 충돌했을 가능성이 적지 않다.

『천남여가집』과 『홍덕선정서』는 베트남의 관습 연구에는 도움이 되겠지만, 레 왕조 전 시기의 법 제도를 이해하는 데는 별로 소용이 안 된다. 이들은 15세기라는 비교적 짧은 시기만 다루고 있기 때문이다. 레 왕조 전 시기에 대한 법제사를 연구하는 데는 『대월사기전서』(大越史記全書)와 『대월사기속편』(大越史記續編, Đại Việt Sử Ký Tục Biên), 두 사료가 필수적이다. 『대월사기전서』(本紀, 권 10-19)는 레 왕조가 창건된 1428년부터 1675년까지를 다루고, 『대월사기속편』은 『대월사기전서』의 연속으로 1676년부터 레 왕조 말까지를 서술하고 있다.[21]

『대월사기전서』와 『대월사기속편』은 역사적 사건들을 연대순으로 서술하고 있기 때문에 레 왕조 전체 역사의 맥락에서 법의 전개 과정을 이해하는 데 없어서는 안 될 중요한 사료이다. 레 왕조 전 시대를 다루는 또 하나의 역사서는 1884년에 편찬된 『흠정월사통감강목』(欽定越史通鑑綱目, Kham Định Việt Sử Thông Giám Cương Mục)이다. 이 책은 각종 제도와 인물들의 전기 및 지리 등에 관해 폭넓은 정보를 제공해 주고 있다. 그러나 『흠정월사통감강목』은 『대월사기전서』와 『대월사기속편』의 보충적인 자료로만 쓰일 수 있을 뿐인데, 이는 응우옌 왕조 시대에 편찬된 관계로 레 왕조의 역사에 대해 '왜곡된 면'들이 있기 때문이다.[22]

『대월사기전서』와 『대월사기속편』에 의한 전반적인 법제사의 서술은 특정 시대를 다루는 몇몇 법령집에 의해 더욱 보충될 수 있다. 이들 법령집 중의 하나는 『여조조령선정』(黎朝詔令善政, Lê Triều Chiều Lịnh Thiện Chính)으로, 1705년과 1709년 사이에 편찬되었다.[23] 이 법령집에는 1619년에서 1705년 사이에 반포된 모든 칙령이 6부(六部)[24]로 나뉘어 분류된 다음, 연대순으로 정리되어 있다. 『여조조령선정』은 각 칙령에 대한 상세한 내용을 담고 있어서 17세기 법제사에 있어 없어서는 안 될 중요한 사료이다.

위의 네 가지 사료와 공식적으로 편찬된 몇몇 사료들은 베트남 법의 전개 과정과 조정이 이를 어떻게 적용했는가에 대한 훌륭한 정보를 제공해 준다. 그러나 유감스럽게도 이들은 거의가 궁중과 서울에서 일어난 일에 집중되어 있고, 토착 관습에 대해서는 별로 알려 주는 것이 없다. 다행히 개인들이 남긴 기록이 이러한 공백을 메워 준다. 이들 중의 몇 예를 들면, 레 꾸이 돈(黎貴惇, Lê Quý Đôn)의 『견문소록』(見聞小錄, Kiến Văn Tiểu Lục)과 부 프엉 데(武芳提, Vũ Phương Đề)의 『공여첩기』

(公餘捷記, Công Dư Tiệp Ký) 및 팜 딘 호(范廷琥, Phạm Đình Hổ)의 『우중수필』(雨中隨筆, Vũ Trung Tùy Bút)이 있다.[25] 18세기 후반과 19세기에 저술된 이들 서적은 지리·인물의 전기·우화·관습을 비롯하여 여타 베트남 레 왕조 사회에 관한 귀중한 정보를 제공해 준다.[26]

두 번째 출처인 중국 자료들은 베트남 관습에 관해서는 별다른 도움이 되지 못한다. 그러나 베트남 사료와의 비교라는 면에서 중요한 가치가 있다. 위에서 언급한 바와 같이, 베트남 법 제정자들은 법을 제정할 때 중국 법들, 특히 『당률소의』(唐律疏議)에 있는 많은 법조문들을 빌려 왔다. 그 결과 두 나라 법의 비교는 베트남의 관습을 밝히는 데 필수불가결하다. 법 외에도 동시대의 중국 기록들이 의외로 베트남 관습에 대한 내용을 담고 있다. 이들은 중화주의에 사로잡혀 베트남 관습을 '야만스럽다'라고 했는데, 여기에서 우리는 베트남의 관습을 엿볼 수 있다. 『안남지원』(安南志原)이 그 대표적인 것이다. 이 책의 저자는 알 수 없으나, 15세기 베트남에 대한 내용이 상당히 견실한 점으로 보아 그 당시에 저술된 것으로 보인다. 현존하는 것에는 고웅징(高熊徵)이란 이가 17세기 말경에 쓴 서문이 있다.[27] 반정규(潘鼎珪)란 이가 1688년 베트남을 다녀와서 쓴 『안남기유』(安南紀游)[28]도 중요하다. 이 여행기는 반정규가 실제 여행을 하면서 체험한 것을 기술하였기 때문에 매우 귀중하다. 그러나 베트남 관습에 관한 기록으로는 전반적으로 중국 자료들이 양과 질 모두 유럽 언어들로 쓴 것에 못 미친다.

17, 8세기에 이르면 베트남에서 유럽 인들의 활동이 두드러지게 된다. 처음으로 베트남에 진출한 것은 포르투갈 상인들이었고, 네덜란드 인·영국인·프랑스 인들이 뒤를 따랐다. 그러나 포르투갈에 의해 시작된 유럽의 베트남 무역은 17세기 말 이후 후퇴하기 시작했다. 그 이유는 무엇보다 당시 남북으로 대립하고 있던 찐(鄭, Trịnh) 씨와 응우옌(阮,

Nguyễn) 씨의 대립이 중단되고 평화가 오랫동안 지속되었기 때문이다. 두 집안은 서양인의 도움이 더 이상 필요하지 않았고 따라서 이들을 유치하려 노력하지 않았다.

상인들 다음에 등장한 것은 유럽 인 선교사들이었다. 이미 16세기 중반 이래 몇몇 선교사가 베트남에서 그리스도교를 포교했다는 기록이 있다. 그러나 포교 활동이 본격적으로 시작된 것은 17세기에 들어와 예수회 선교사들이 파견되면서부터다. 이는 당시 일본에서 도쿠가와 막부(德川幕府)에 의해 그리스도교가 금지되자 마카오에 거점을 두고 있던 예수회가 새로운 포교지를 찾고 있던 것과 관련이 있다.

유럽 인 선교사들과 상인들은 베트남 사회와 역사, 그리고 문화를 이해하려는 데 열심이었다. 베트남을 방문했던 이들 선교사와 상인들은 자기들이 보고 들은 바를 기록으로 남겨 놓았다. 본 연구를 위해서는 다행스럽다고 하지 않을 수 없다. 이 연구에서 이들 기록이 얼마나 중요한가를 이해하기 위해 그들 중 다음 두 책, 즉 알렉산드르 드 로드(Alexandre de Rhodes)의 『통킹 왕국의 역사』(Histoire du royaume de Tunquin)[29]와 사무엘 바론(Samuel Baron)의 『통킹 왕국기』(A Description of the Kingdom of Tonqueen)[30]를 소개하고자 한다.

로드 신부는 베트남에 두 번 머물렀다. 첫 번째는 1627년 3월부터 1630년 5월까지였고, 두 번째는 1640년 2월부터 1645년 7월까지였다. 그는 일반인들과 같이 생활하면서 베트남어를 배우고 문화를 익혔다. 이런 오랫동안의 경험을 바탕으로 쓴 그의 책은 17세기 전반기 베트남의 정치적·사회적 상황에 대한 가장 귀중한 자료 중의 하나임에 틀림없다. 사무엘 바론은 17세기 중반 무렵 네덜란드 인 아버지와 베트남인 어머니 사이에서 태어났다. 이후 통킹에 살면서 1680년대 사망할 때까지 네덜란드·영국·프랑스 회사들의 현지 대리인으로 활약했다.[31]

따라서 그가 베트남 사회에 대해 상당히 정통했으리라는 것은 분명하다. 로드 신부의 책처럼, 바론의 책도 당시 베트남의 여러 가지 면을 다루고 있다. 다만, 로드 신부의 책보다 상업 활동에 관해 훨씬 많이 논하고 있다는 점이 다르다.

최근의 연구들도 본 연구에 많은 도움이 된다. 응우옌 응옥 후이(Nguyễn Ngọc Huy)와 따 반 따이(Tạ Văn Tài)는 『국조형률』을 영문으로 번역하는 동시에 이를 중국의 당률(唐律)·명률(明律)과 잘 비교해 놓았다.[32] 일본 학자들의 연구 또한 매우 중요하다. 그들은 베트남 사료를 이용하여 한편으로는 베트남의 고유 관습을 이해하려 하고, 다른 한편으로는 이를 중국의 법 관습과 비교함으로써, 베트남 사회에 끼친 중국 문화의 영향이 어떠했는가를 상세히 논하고 있다.[33]

제 1 부

베트남 레 왕조의 법과 정치

제1부에서는 레 왕조에서 법의 목적과 왕조의 지배 이념인 유교가 법에 어떻게 반영되었는가를 다루고자 한다. 전근대 베트남에서 법의 변천은 정치권력 및 정치이념과 밀접히 관련되어 있다. 왜냐하면 법은 정치권력에 의해 제정되고 강요되었기 때문이다.

제1장 _ 레 왕조(黎朝)에서 법의 변천 과정

레 왕조 이전 베트남의 여러 왕조들은 중국과 지속적인 접촉을 가졌다. 이러한 접촉을 통해 베트남 인들은 법 제도를 포함한 여러 가지 중국 제도들을 받아들였다. 베트남 사료에 의하면, 리 왕조와 쩐 왕조는 모두 법전을 편찬했다고 하는데, 그 내용은 오늘날 알려져 있지 않다.[1] 베트남 법 제도, 다시 말해 유교적 영향을 받은 법과 관습에 관해 자세한 내용을 알아볼 수 있는 시기는 15세기 초 레 왕조 성립 이후이다. 이 장에서는 레 왕조 전 시기를 통해 법이 제정된 과정을 설명하는 동시에 왜 그러한 법들이 만들어졌는가를 살펴보고자 한다.

1407년부터 1427년까지 20년 동안의 중국 명나라 지배를 물리치고 독립을 쟁취한 레 러이(黎利, Lê Lợi)는 1428년에 제위(帝位; 시호는 타이 또[太祖, Thái Tổ])[2]에 오르고 연호를 투언 티엔(順天, Thuận Thiên)이라고 했다. '투언 티엔'이란 연호는 두 가지 의미를 내포하고 있는 것으로 보인다. 하나는 중국에 대한 것이고, 다른 하나는 베트남 인들에 대한 것이다. 첫 번째 의미는 베트남이 하늘에 순종한다는 것으로, 중국의 베트남 지배는 하늘의 뜻에 어긋난다는 뜻이다.[3] 두 번째 의미는 레 러이가 자신의 지배를 합리화하는 동시에 권위를 높이기 위함이었다. 사실 레 러이는 1420년대 중반에 명의 군대를 패배시켰을 때, 그의 성공을 초자연적 힘과 신령들의 덕분으로 돌렸다. 이렇게 함으로써 그는 자기 집안의 통치권을 확립하여 위엄을 갖춤과 동시에 사람들을 끌어 모으려고 했다.[4]

그렇기는 하지만 연호는 상징적일 뿐 새로운 왕조를 건설하는 데 현실적으로 도움이 될 수 있는 것은 아니었다. 레 러이는 처음부터 토지와 백성을 통제하는 정책에 의해서만 왕조의 기초를 굳건히 다질 수 있다는 것을 너무나 잘 알고 있었다. 그리하여 명군에 대한 승리가 분명해지고 상당한 영토도 점령한 1426년에 그는 이미 동도(東都)[5]와 그 부근을 동·서·남·북의 4개 도(道)로 나누고 문무의 관리를 임명했다.[6] 독립을 이룩한 1428년, 레 러이는 이 4도에다 타인 호아(淸化, Thanh Hóa)와 응예 안(義安, Nghệ An) 지역을 합친 해서도(海西道, Hải Tây)를 추가하여 전국을 5도로 나누었다.[7] 행정과 군사를 관장하는 행견(行遣)에 의해 다스려지는 이들 각 도 아래에는 로(路)와 진(鎭)[8]을, 그리고 다시 그 아래에는 부(府)를, 부 밑에는 현(縣)을 두었다. 이러한 행정 제도는 토지와 인민을 확고히 통제하려는 레 러이의 의도를 보여 준다. 같은 해 그는 모든 경작지를 토지 대장[田簿]에 등록시키는 한편, 쩐 왕실의 귀족들이 소유했던 토지와 명 지배기에 중국인 관리나 베트남 인 부역자가 수탈했던 토지를 전부 몰수토록 하는 명령을 내렸다.[9] 이러한 명령은 국가가 토지를 통제하기 위해 불가피했다. 특히나 14세기 초 이래 권문세가들이 장전(庄田)을 발전시키면서 대토지를 소유하기 시작했기 때문에 더더욱 그러했다.

농민들의 조직과 그들의 생활 안정은 토지의 분배만큼이나 중요한 일이었다. 농민들은 경작자이고 납세자일 뿐만 아니라 국가에게는 부역과 병역의 원천이었기 때문이다.[10]

레 러이는 제위에 오르기 1년 전에, 전쟁 통에 각지로 흩어졌던 모든 농민들은 고향에 돌아가 농사일을 하라고 명하면서, 만약 그렇지 않으면 중죄(重罪)에 처하겠다고 했다.[11] 또한 각 도에 배치된 10만의 군대를 5개 반으로 나누어 한 반씩 교대로 군무에 종사하게 하고 나머지 4개 반은 귀향하여 농사를 짓도록 했다.[12] 농사일을 소홀히 하고 장기를 둔다거나 도박에 빠지는 자는 엄벌에 처해졌다.[13]

인력의 확보는 생산의 증대와 밀접한 관련이 있기 때문에, 레 러이는 건국과 동시에 호적의 작성도 실시했다. 각급 지방관은 호적을 3년마다 수정하고 6년에 한 번은 완전히 증보해서 다시 작성할 책임이 있었다.[14] 인력의 통제는 이전 왕조들에서 특권을 누렸던 불승과 도사에게까지 영향을 미쳤다. 1429년의 칙령에 의하면, 이들은 국가에서 시행하는 자격시험을 치러야 했고 시험에 불합격하면 환속되어 호적에 올려졌다.[15] 불승과 도사에 대한 이런 시책은 인력 확보를 위한 하나의 수단에 지나지 않았고, 불교와 도교를 공공연히 탄압하려 한 것은 아니었다. 그렇다고는 해도 불승과 도사에 대한 자격시험은 이미 시대가 불교나 도교보다 유교 쪽으로 기울고 있었음을 보여 주는 예인 것이다.

레 러이는 사회의 안정에도 많은 관심을 가졌다. 왜냐하면 20여 년 동안의 전쟁으로 사회가 혼란에 빠졌기 때문이다. 그는 체계적인 법령이 필요하다고 믿고는 공식적으로 제위에 오르기 전 이미 고위 관리들에게 이를 의논하게 했다. 그의 법 제도가 어떠했는지는 알려져 있지 않다. 여기서 흥미로운 점은 그가 예로부터 나라를 다스리는 데는 반드시 법이 있어야 한다고 하면서 '고법'(古法)을 참조하여 이를 제정하도록 명했다는 것이다.[16] 에밀 가스파르돈(Emile Gaspardone)과 레 타인 코이(Lê Thành Khôi)는 '고법'이란 당률(唐律)을 의미하는 것으로 보고 있다.[17] 두 학자의 이러한 견해는 완전한 자료가 없어 입증할 수는 없지만, 뒷날 레 왕조 시대의 법을 고려하면 타당성이 있어 보인다.

레 러이의 명에 의해 제정된 법의 일부는 리 왕조와 쩐 왕조의 법들로부터 받아들였다는 것이 확실하다. 이는 형벌 제도를 비교해 보면 분명히 알 수 있다. 레 러이 치하에서 반포된 법들에는 여러 가지 형벌들, 즉 강등(降等)·장(杖)·얼굴에의 자묵(刺墨)·손가락을 자르는 형벌[刖手][18]·도형(徒刑)·유형(流刑) 등이 있었다. 예컨대, 일하지 않고 놀면서 술 마시면 장형에 처해졌고, 도박을 하거나 장기를 두는 경우에는 손가락을 자르도록 했다.[19] 얼굴에 글자를 새기는 자묵은 도형이나 유형과 함께 행해졌다. 도형은 호정(犒丁)[20]과 상방병(象坊兵)[21]처럼 그 종류가 강조되었다. 여기에서 알 수 있듯이, 베트남의 도형 제도는 중국에서 도형의 기간(1년, 1년 반, 2년 등등)을 중시했던 것과는 달랐다. 강등과 상방병을 제외하면, 다른 형벌들은 모두 이전 왕조들의 것을 받아들였다.[22] 이들 형벌은 중국 법으로부터 받아들인 것이 아니다. 한 예를 들면, 손가락을 자르는 형벌은 중국에서는 한대(漢代) 이후로 법 문서에서 보이지 않는다. 자묵은 중국 제도로부터 받아들였을지도 모르겠다. 중국에서 자묵은 위진 남북조 시대까지 있던 형벌이었는데 수와 당에서 폐지되었다. 그러다가 송에 와서 다시 채택되어 청나라 때까지 존속했다.[23]

이리하여 우리는 레 러이 치하의 법 중 상당한 부분은 리 왕조와 쩐 왕조의 법을 계수했다는 결론을 내릴 수 있다. 앞서 말한 가스파르돈과 레 타인 코이의 주장이 받아들여진다고 해도 새로운 법이 중국 법의 단순한 모방이 아니라 베트남과 중국의 다른 두 법 제도를 결합한 것이라는 사실을 부정할 수는 없다. 시대가 흐름에 따라 어느 정도 수정되기는 했지만, 레 러이에 의해 확립된 법 전통은 레 왕조 전 시기를 통해 큰 변함이 없었던 것 같다.

1433년 레 러이의 사후, 타이 똥(太宗, Thái Tông레 왕조, 1434-1442)과

년 똥(仁宗, Nhân Tông레 왕조, 1443-1459)이 매우 어린 나이로 제위에 올랐다. 즉위할 때 타이 똥은 겨우 열 살이었고, 년 똥은 그보다 훨씬 어린 생후 14개월의 아기였다. 이 두 황제의 치세는 정치적으로 반명 투쟁에 공을 세운 타인 호아 출신의 원로 공신들(주로 무인)과 이들보다 나이가 젊은 홍 강 델타의 중심부 남 싸익(南策, Nam Sách) 출신 문신들의 대립으로 특징지을 수 있다.[24] 그러나 황제의 권위가 도전받은 것은 아니었다. 권력 투쟁의 최종적인 결정권은 황제에게 있었다.

이 시기의 법 제도는 근본적으로 레 러이에 의해 시작된 제도의 연속선상에 있었다고 보면 된다. 조정의 주요 관심사는 여전히 토지와 인민의 지배였으며, 이러한 지배를 바탕으로 어떻게 세원(稅源)을 확보하느냐에 있었다. 호적의 개정은 처음 의도했던 것처럼 정기적으로 이루어지지는 않았지만, 1437년·1440년·1444년·1449년과 1454년 등 다섯 차례 행해졌다. 토지 및 세금과 관련하여, 타이 똥의 즉위 첫해에 뽕나무 밭에 대한 세금이 처음으로 신설되었고,[25] 이듬해에는 토지와 연못 및 뽕나무 밭에 대한 세액이 정해졌다.[26] 년 똥 치하인 1449년에 이르러서는 사전(私田)과 상속에 관한 법이 구체적으로 제정되었다.[27]

제2부 제3장에서 더 상세히 설명되겠지만, 이 법에 의하면 가족재산은 남편 재산[夫宗田産], 처 재산[妻田産], 부부 공동재산[新造田産]으로 이루어졌다. 이러한 법은 가족재산이 가족원 모두의 공동소유였던 중국 제도와는 많이 다르다. 베트남의 상속법 또한 중국 제도와는 커다란 차이가 있었다. 베트남에서 가족재산은 아들과 딸을 구별하지 않고 모든 자녀에게 분배되었다. 반면에 중국에서는 아들에게만 상속권이 주어졌다. 이러한 차이로 보면, 1449년에 제정된 법은 베트남의 전통적 관습을 법제화한 것에 지나지 않는다는 생각이다. 다시 말하면, 이 법의 목적은 근본적으로 전통을 고수하려는 보수적 경향이 짙었던 것 같다.

당시에 년 똥이 어려 모후인 선자 황태후(宣慈皇太后) 응우옌 티 아인(阮氏英, Nguyễn Thị Anh)이 수렴청정(垂簾聽政)하면서 모든 권력을 행사했다고 하는데,[28] 실은 그녀를 황태후에 앉힌 타인 호아 무신 집단의 영향력이 작용하지 않았나 생각된다. 모후는 타인 호아 출신으로 무신 집단의 후원에 의해 그 자리에 올랐다. 그럼에도 불구하고 처음 황태후는 델타 출신의 젊은 문신들을 옹호했지만 무신들의 영향력을 벗어날 수는 없었다.[29] 이는 다음과 같은 예에서 입증될 수 있지 않을까 한다. 1448년 가뭄이 들자 황제를 비롯한 문무백관이 (탕 롱 내에 있는) 보은사(報恩寺)에서 기우제를 지냈으며, 법운사(法雲寺)[30]의 불상을 보천사(報天寺)[31]에 모셔다 놓고 불승들이 비가 내리도록 송경(誦經)을 하게 했다. 경연관(經筵官)과 대간(臺諫) 및 한림학사(翰林學士) 등이 사찰에서의 기우제에 반대했지만 황태후는 이를 받아들이지 않았다.[32] 당시 타인 호아 지방은 통킹 델타의 남쪽 변두리에 위치하여 유교 문화의 영향을 적게 받았기 때문에 15세기는 물론 그 이후에도 일종의 문화적 주변부로서 이전의 전통을 고수하려는 경향이 강했다.

다른 한편 당시 조정은 법의 제정은 물론 법의 공정한 적용에도 주의를 기울였다. 그런 까닭에 지배자들은 관리들의 기강에도 깊은 관심을 보였다. 왜냐하면 법을 집행하는 것은 그들이었기 때문이다. 타이 똥 치하인 1437년에는 하급 관리[屬吏] 시험에서 합격한 690명을 중앙과 지방의 각 부서에 배치하였다.[33] 관리들로 하여금 법을 준행하도록 하고, 만약 이를 어기면 중한 처벌을 받게 하였다. 1434년 타이 똥은 즉위 즉시 지방의 각급 관리들에게 법의 판결은 공정해야 하며 뇌물을 받고 편향되게 처리하는 일이 없도록 하라는 칙령을 내렸다.[34] 군주들은 또한 관리들에게 법 조문에만 너무 집착하지 말고 판결을 현명하게 하도록 권고했다. 이는 형벌보다 인(仁)에 의한 다스림을 강조하는 유교의 가르침에 따른 것이었다. 그런 이유로 타이 똥은 개국 공신인 대신들이 유학을 좋아하지 않으면서 소송사건들에만 집착하는 데 대해 개탄하기조차 했다.[35] 당시 조정 내에서 지배적인 인물들은 레 러이를 도와 명과 싸운 타이 호아 출신의 무인 집단으로 유교에 대한 이해가 거의 없었다. 이들은 레 러이의 유교 이념을 형식상 계승했을 뿐, 이를 장려하는 데는 별 관심을 보이지 않았다. 이들 타인 호아 집단의 개국 공신들이 유학을 멀리하였기 때문에 그 영향이 하급 관리들은 말할 것도 없고 감생(監生)들에까지 미쳐 문제가 적지 않았다고 한다.[36] 이로 인해 유교 이념은 쇠퇴했고, 소송사건들을 형벌로만 해결하려는 경향이 짙었다. 그러다가 이러한 경향은 제4대 타인 똥(聖宗)에 이르러서야 바뀌었다. 레 타인 똥은 베트남 역사상 가장 위대한 군주들 중의 한 사람으로 숭앙되는 인물이다.

여기서 한 가지 덧붙여 주목해야 할 것은, 레 러이가 새로운 왕조를 세울 때 그의 오른팔 역할을 한 응우옌 짜이(阮廌, Nguyễn Trãi)가 타이 똥의 다이 바오(大寶, Đại Bảo) 연간(1440-1442)에 『율서』(律書, Luật Thư)를 편찬한 일이다.[37] 『국조형률』을 영문으로 번역한 이들 중의 한 사람인 응우옌 응옥 후이는 말하기를, 이 『율서』는 레 러이와 타이 똥 치하에서 반포된 개개 법들을 모아 편찬한 것이며 당률의 형식을 따랐다고 했다. 그는 이에서 더 나아가 15세기 중반의 사학자인 판 푸 띠엔(潘浮先, Phan Phu Tiên)은 년 똥 치세 때 『율서』에 1449년의 토지법을 더하고 명칭도 『국조율령』(國朝律令, Quốc Triều Luật Lệnh)으로 바꾸었을 가능성도 없지 않다는 주장을 하고 있다.[38]

년 똥의 치세는 1459년 이복형인 응이 전(宜民, Nghi Dân)의 궁중 쿠데타에 의해 중단되었다. 그러나 응이 전 역시 채 1년도 안 된 1460년 또 다른 쿠데타에 의해 쫓겨나고 타인 똥이 제위에 올랐다. 타인 똥의

40년 가까운 오랜 통치기는 레 왕조 전 시기를 통해 정치적·사회적으로 가장 안정된 황금기로 알려져 있다. 이 시기의 특징이라면, 행정적으로는 명의 제도를 기반으로 하고 이념적으로는 인민 대중 사이에 유교를 지배 이념으로 확립함으로써 황제의 중앙 집권화를 구축하려는 것이었다고 할 수 있다.

타인 똥은 제위에 오르기 전 조정 내 파벌들 간에 권력 투쟁이 벌어진 것과 이러한 투쟁 가운데 황제의 힘이 얼마나 미약했는가를 보아왔다. 따라서 그의 첫 관심사는 무엇보다 황제의 권력을 강화하는 것이었다. 그는 명나라를 창건한 홍무제(洪武帝, 1368-1398)의 정치 제도를 거의 그대로 도입하여 당시까지 막강했던 문무대신의 직을 유명무실하게 만들고[39] 응이 전이 설치한 육부(六部)[40]를 강화하여 황제의 직속 기관으로 만들었다. 이리하여 조정 내의 모든 문제는 황제에게 직접 보고되고, 또 그에 의해 결정됨으로써 황제 친정 체제가 강화되었다.

타인 똥은 선대 황제들처럼 토지와 인민의 통제에도 주의를 기울였다. 호적에 관한 칙령을 자주 내렸고, 그가 제정한 규정들은 레 왕조의 기본 법령이 되었다. 1465년 부(府)·현(縣)·주(州)[41] 등의 지방관은 6년마다 촌락의 장[社官]이 작성한 호적을 검토한 후, 이를 갖고 서울로 와 이전 것과 대조하도록 했다.[42] 이와 같은 명령은 중앙 권력이 지방으로 침투하여 현실을 파악하려는 의도였다. 타인 똥은 1470년 다시 호적에 관한 상세한 규정을 만들어 3년에 한 번 보완하고, 6년째는 대폭 수정하도록 했다. 그리고 18세부터 60세까지의 모든 성년 남자를 장항(壯項)·군항(軍項)·민항(民項)·노항(老項)·고항(顧項)·궁항(窮項)의 6등급으로 나누었다.[43] 이렇게 분류한 것은 조세의 납부와 인력의 동원을 확고히 하려는 데 목적이 있었다. 첫 두 등급에 속하는 사람들은 징병의 대상이 되었고, 민항은 생산의 담당자였다.

인민을 보호하는 것 역시 그들을 엄격히 통제하려고 한 중요한 원인이기도 했다. 만약 인민이 적절히 보호되지 못하는 경우 국가는 조세와 인력의 원천을 상실하게 될 것이기 때문이었다. 이를 위해 타인 똥은 여러 가지 대책을 강구했는데, 그 중의 하나는 권문세가들로부터 인민 대중을 보호하는 것이었다. 사실 권문세가들의 횡포는 모든 왕조의 지배자들이 직면했던 고질적인 병폐였다. 이들은 힘없고 가난한 농민들로부터 불법으로 토지를 빼앗을 뿐만 아니라 그들을 자신의 전호(佃戶)나 노예로 삼았다. 그 결과 군주의 지위는 사회의 밑바닥에서부터 훼손되었다. 1463년에 반포된 법령은 이러한 관점에서 이해될 수 있다. 이 법은 권문세가가 가난한 농민들과 토지를 둘러싸고 다투어 강제로 팔게 하는 행위를 엄금했다.[44] 다른 경제적 법령, 즉 토지의 소유와 상속, 토지의 저당 등에 관한 것들도 농민들을 보호하기 위해 타인 똥의 통치 기간 중에 계속하여 제정되었다. 촌락에서 새로운 세력 가문이 등장하지나 않을까 하는 우려에서 1488년과 1496년에는 부와 현의 관리가 촌락의 장(長)인 사관(社官, xã quan)을 심사할 때 형제나 숙백(叔伯)의 아들들 및 숙백의 조카들 중 한 사람만을 허락하도록 명했다.[45] 다시 말하면, 한 마을의 사관은 같은 친족 중에서는 한 사람만이 될 수 있었다. 타인 똥은 한 마을의 지도자가 같은 집안에서 여러 명 나오는 경우 그들이 자기들의 이익을 위해서 상호 결탁하는 한편, 농민들과 군주의 이익에 어긋나는 일을 하지는 않을까 염려했던 것이다.

타인 똥의 정책이 그의 유교에 대한 신념과 관련이 있다는 것은 앞에서 언급한 바 있다. 그는 어려서부터 유학을 공부했으며, 자라면서 유학의 경전은 물론 다른 성인들의 고전을 즐겨 읽었다고 한다.[46] 제위에 오른 다음에도 유학에 대한 굳은 신념에는 변함이 없었다. 이런 신념을 바탕으로 그는 베트남 사회 전체를 유교적 이념으로 변모시키는 것이 자신의 임무라고 생각하면서,[47] 백성들을 유교적 윤리로 교화시키는 데 관심을 기울였다. 주지하는 바와 같이, 가족도덕은 유교적 가르침의 중심이 된다. 오륜(五倫), 곧 군신유의(君臣有義)·부자유친(父子有親)·부부유별(夫婦有別)·장유유서(長幼有序)·붕우유신(朋友有信) 중 셋은 가족과 직접 관련되며, 다른 하나인 군신유의도 이러한 가족도덕의 연장선상에서 강조되고 있다.

이런 관계로 타인 똥 치세에 반포된 많은 법령들은 유교적 가치를 많이 반영했으며, 중국 법을 거의 그대로 받아들였다. 다시 말하면, 가부장은 권위적 존재로 가족원들은 그에게 복종해야만 했다. 남편에게는 아내가 이른바 칠거지악(七去之惡), 즉 무자식(無子息)·음탕(淫蕩)·시부모에의 불순종[不順舅姑]·형제와의 불화(不和)·도절(盜竊)·투질(妬嫉)·악질(惡疾) 중 하나에 해당되면 이혼이 허용되었다.[48] 반면에 아내가 마음대로 남편을 떠나면 처벌을 받았다.[49] 효를 중시하여, 자녀들은 부모에게 최대의 공경을 표해야 했다. 조금이라도 불효하는 경우에는 처벌되었다. 성년이 된 자녀라도 부모의 삼년 상중(喪中)에는 결혼을 할 수 없었고, 결혼한 아들은 그 기간 동안 그의 처나 첩이 임신을 해도 안 되었으며, 만일 임신하면 유형(流刑)이라는 무거운 형에 처해졌다.[50] 효는 또한 부모로 하여금 유교도덕에 따라 자녀를 가르치고 잘못을 고쳐 줄 책임을 지게 했다. 이러한 책임을 게을리하는 부모 역시 처벌을 면할 수 없었다.[51] 타인 똥이 이러한 가족법을 이용하는 목적은 가족도덕을 수단으로 하여 베트남 사회를 유교적 이념에 따라 바꾸려는 것이었다.

그의 법에 관한 정책은 두 가지 이념인 유가 사상과 법가 사상이 결합된 것이었다. 1464년 그는 황제권을 강화하려고 할 때 다음과 같이 말했다. "법은 모든 사람들에게 공통으로 적용되는 규칙이다. 나도

경(卿)들도 이를 따라야 한다. 이를 기억하라."[52] 그러나 5년 후 그가 연호를 꽝 투언(光順, Quang Thuận)으로부터 홍 득(洪德)으로 바꾸기로 결정하면서는 유교의 예(禮)를 강조했다. 그의 말을 빌린다면, 인간이 금수(禽獸)와 다른 것은 예가 있어 행동거지를 마음대로 하지 않기 때문이라는 것이다.[53] 뒷날 레 왕조의 후계자들에게 지침이 된 이 두 사상의 결합은 물론 타인 똥이 창안한 것은 아니고 중국의 법 전통을 받아들인 것이다.

타인 똥 치세에 반포된 대부분의 법들은 앞에서 이미 설명한 『천남여가집』과 『홍덕선정서』에 수록되어 있다. 레 왕조 초기에 반포된 토지법을 제외하면[54] 이들 두 책에 수록된 유교적 법들은 중국 법, 특히 당률을 거의 그대로 계수하고 있다. 다른 점이 있다면 형벌의 경중(輕重)에 관한 차이뿐이다. 체재까지도 당률을 모방하고 있다. 1489년에 반포된 48개조는 간통(姦通) · 도적(盜賊) · 군정(軍政) · 전산(田産) · 투송(鬪訟) · 사위(詐僞) · 잡률(雜律)의 7개 장(章)으로 분류되어 있는데,[55] 그중 간통과 전산의 2개 장을 제외한 나머지 5개 장은 당률의 내용과 동일하다.

여기서 한 가지 의문은 타인 똥이 왜 같은 시대인 명(明)의 법전이 아니고, 그보다 훨씬 이전 시대의 법인 당률을 자기 법의 원형으로 삼았는가 하는 점이다.[56] 한 프랑스 학자는 그 이유로 레 러이가 명과 10여 년간 싸웠다는 점을 들고 있다. 1900년대 초 원동박고학원(遠東博古學院, Ecole Française d'Etrême-Orient)[57]의 원장이었던 클로드 메트르(Claude E. Maitre)는 주장하기를, 레 왕조는 중국으로부터 독립을 획득한 후 중국 문명과의 지적 유대 관계를 끊고자 했다는 것이다.[58] 이와 유사한 주장은 최근 응우옌 응옥 후이에 의해서도 되풀이되었다.[59] 외견상 두 사람의 주장은 타당성이 있어 보이지만, 실은 베트남 인들에게 있어 중국인과 중국 문화는 별개의 것이었음을 이해하지 못한 데서 나온 말이다. 중국인은 잦은 침입과 정치적 지배 시의 가혹한 착취로 인해 베트남 인들에게 결코 호감의 대상은 아니었지만, 그들의 제도와 문화는 지배의 방편으로서, 혹은 지배 계층의 자기 소양을 위해 쉽사리 받아들여졌다.

본인이 이미 다른 곳에서 밝혔듯이, 새로운 왕조를 세운 레 러이 자신이 명의 제도를 도입하고 있다.[60] 그는 통치 만년에 어사대(御史臺) 내의 관직명을 명의 제도와 동일하게 도어사(都御使)·부도어사(副都御使)·첨도어사(添都御使)로 바꾸었다. 이들은 그 이전에는 당의 제도에 따라 시어사(侍御使)·중승(中承)·부중승(副中承) 등으로 불리었다. 그리고 타인 똥에 이르면 명 제도의 수입은 훨씬 적극적으로 이루어졌고, 관제의 전면적인 개혁을 단행하여 홍무제의 제도가 철저히 모방되었음은 이미 언급했다. 따라서 메트르와 응우옌 응옥 후이 두 사람의 주장은 타인 똥이 명률을 계수하지 않은 데 대한 적절한 설명이 되지 못한다.

또 한 가지 논쟁거리는 타인 똥이 제정한 법들이 당률로부터 직접 받아들여진 것인가 아니면 다른 출처들로부터 간접적으로 받아들여진 것인가 하는 점이다. 일찍이 한 일본인 학자는 리 왕조와 쩐 왕조의 법을 통해 당률을 받아들였을 것이라고 했다.[61] 이는 상당한 신빙성이 있다. 왜냐하면 레 타인 똥의 개혁 이전에 레 조정은 흔히 당 제도에 기초를 둔 이전 왕조들의 제도들을 받아들였기 때문이다. 그 뿐만 아니라 타인 똥 치세 때 제정된 법들은 레 러이의 법들과 마찬가지로 리 왕조와 쩐 왕조의 형벌 제도를 유지했다. 예컨대, 리 왕조 시대 도형(徒刑)의 일종인 상실부(桑室婦)[62]와 쩐 왕조 시기 유형(流刑)의 종류인 근주(近州)·원주(遠州)[63]는 앞으로 논의될 레 타인 똥 때의 법에서 그대로 존속되었다.

최근 응우옌 응옥 후이는 제안하기를, 타인 똥은 응우옌 짜이의 『율서』에다 자신이 제정한 새로운 조문들을 더하여 보충했다고 했다. 그는 이에서 한 걸음 더 나아가 다음과 같이 믿고 있다. 즉, 타인 똥은 이러한 『율서』 혹은 『국조율령』의 이름을 바꾸어 현존하는 것과 똑같은 명칭인 『국조형률』로 바꾸었다는 것이다.[64] 이러한 사실들에 비추어 볼 때, 타인 똥 때 반포된 법들은 리 왕조와 쩐 왕조의 법을 물려받은, 선대 황제들의 것을 계승했다고 보아도 무리가 없지 않은가 한다. 결론적으로 말하면, 그의 법들은 그의 치세 이전에 있었던 모든 법들을 보다 유교적인 맥락에서 재편하고 확대했음이 틀림없는 것 같다.

그러나 아직도 한 문제가 풀리지 않고 남아 있다. 즉, 타인 똥의 법에서 보이는 토지에 관한 관습과 유교적 성향의 중국 법 사이에 충돌은 없는가 하는 점이다. 만약 이들 법이 상호 충돌된다면, 유교적 신념이 강한 타인 똥이 관습을 폐기하지 하지 않고 왜 그대로 두었는가 하는 의문이 생기지 않을 수 없다. 이 의문은 다른 문제들과 연결 지어 다음 장에서 논하고자 한다.

타인 똥의 장기간에 걸친 치세는 1497년 끝나고, 그의 장자인 땅(鏳, Tảng) 혹은 후이(暉, Huy)라고도 하는, 후일의 히엔 똥(憲宗, Hiến Tông, 1498-1504)이 그의 뒤를 이었다. 히엔 똥은 부친의 제도를 바꾸려 하지 않았다. 사실상 타인 똥은 1471년의 칙령에서 후손들에게 자기의 법을 바꾸는 것은 불효라고 했다.[65] 히엔 똥은 새로운 법들을 제정하기보다는 기존 법들을 신속하고도 공정하게 적용하는 데 더 많은 관심을 보였다. 그는 소송사건이란 백성들의 생명이 걸린 중대한 문제라고 생각했다. 그리하여 그는 즉위하던 해에 바로 모든 소송사건은 신속히 처리하여 기한을 넘기는 일이 없도록 하라는 칙령을 내렸다. 매년 말 형부

(刑部)의 감찰어사로 하여금 사실을 조사하여 이를 어긴 담당 관리들은 법에 따라 죄를 묻도록 했다.[66] 이와 관련하여 히엔 똥은 지방관의 선발과 무능한 관리들의 제거에도 주의를 기울였다. 1499년 그는 또한 홍득 연간에 금의위(錦衣衛) 소속이었던 정위사(廷尉司)를 독립시키는 한편, 무관을 문관으로 대체시켜 중대 범죄의 재판을 맡겼다.[67] 전근대 베트남에서 재판업무는 관(官)과 백성들이 서로 만나는 주요 영역이었다. 따라서 재판에서 부정이 있으면 일반 민중의 불만을 샀고 심지어는 반란의 원인이 되기도 했다.

1505년 히엔 똥의 요절은 레 왕조에게 불행을 가져다주었다. 다시 말하면, 황제의 권위가 쇠퇴하였고, 이는 왕조 말까지 회복되지 못했다. 히엔 똥의 뒤를 이어 셋째 아들 뚝 똥(肅宗, Túc Tông, 1504)과 히엔 똥의 둘째 아들이며 뚝 똥의 서형(庶兄)인 우이 묵 데(威穆帝, Uy Mục Đế, 1505-1509)가 잇달아 제위에 올랐다. 이들은 어렸고 경험도 없어[68] 황제는 명목상에 불과하고, 조정은 권신들의 세력 각축장이 되었다.

그러나 이런 정치적 혼란의 와중에서도 유교적 윤리에 의해 사회 질서를 회복하려는 시도가 있었다. 일련의 유교적 성향의 법령들이 뜨엉 즉 데(襄翼帝, Tương Dực Đế) 치세인 홍 투언(洪順, Hồng Thuận, 1509-1516) 연간에 반포되었다. 뜨엉 즉 데가 이러한 법령들을 반포하게 된 이유는, 쿠데타로 제위에 오른 자기의 지위를 정당화할 필요성이 있었기 때문이다. 그래서 그는 전 황제인 우이 묵 데의 부도덕함[69]을 비난하는 한편 유가 도덕을 강조했다. 1511년 『치평보범』(治平寶範, Trị Bình Bảo Phạm)의 반포는 이러한 노력의 일환이었다.[70] 이 책은 50조로 되어 있는데, 그 목적은 주로 전대에 이완된 법령의 개선에 있었다. 그 내용은 대략 다음과 같다. '황실과 공신은 예(禮)로써 자손을 가르쳐야 하며, 세력 가문은 힘없고 가난한 사람들을 억압해서는 안 된다. 지방관들은 자기 업무를 충실히 하고 소송사건을 공정하게 처리해야 한다. 감생(監生)과 유생(儒生)은 학칙에 따라 학업에 열중하고 게으름을 부려서는 안 된다.' 이해에 뜨엉 즉 데는 국자감과 숭유전(崇儒殿)의 중수(重修)도 명했다.[71]

유교도덕을 고취하려는 뜨엉 즉 데의 노력은 홍 강 델타 지역에서 발발한 일련의 반란과 이들을 진압한 후 조정 내에서 권력을 장악한 집단들 간의 권력 다툼으로 중단되고 말았다. 뜨엉 즉 데 자신도 권신에게 살해되었다.[72] 이런 혼돈 가운데 막 당 중(莫登庸, 1470-1541)이란 인물이 권력의 중추부로 떠올랐다. 그는 1527년 마침내 제위에 올랐고, 그 후 그의 집안은 조선에서 임진왜란이 일어났던 1592년까지 홍 강 델타를 지배했다. 이러한 권력의 변화에도 불구하고 레 왕조의 법 제도에는 변함이 없었다. 이는 막 당 중이 레 왕조의 제도를 바꾸려 하지 않고 오히려 그동안 혼란 중에 제대로 지켜지지 않고 있던 제도를 회복시키려 했던 때문이다.

레 왕조의 정통 역사학자들은 막 당 중이 제도를 바꾸지 않은 것에 대해 다음과 같이 말하고 있다. 막 당 중이 제위에 오르고 종실을 중용하였다. 이에 신민(臣民)이 실망하여 옛 왕조를 회고하는 마음에 변란을 일으키지는 않을까 두려워하여 레 왕조의 법도를 준수하고 폐지하지 않았다는 것이다.[73] 이는 아마도 막 당 중을 찬탈자로 보는 역사학들의 왜곡된 말인 듯하다. 사실상 막 당 중은 황제의 중앙 집권에 상당히 유리한 레 왕조의 제도를 바꿀 이유가 없었다. 이는 그가 권력 기반을 강화할 목적에서 1528년 군사·토지·녹봉 제도의 개혁을 단행한 것에 의해서도 입증이 된다.[74]

군사 제도의 개혁은 황궁의 방어에 중심이 두어져, 금위군(禁衛軍)이 증설되었다. 기존의 금의(錦衣)와 금오(金吾)의 2위(衛) 외에 흥국(興國)

과 소무(昭武)의 2위를 증설하여 황궁을 수비하게 했다. 녹봉 제도의 내용은 알 수 없으나, 아마도 관리들의 녹봉을 올려 주어 그들로 하여금 자신에게 충성하도록 하게 한 것이 아닌가 생각된다. 토지 개혁 역시 자세한 것은 알려져 있지 않으나, 조세 수입을 확보하고 권문세가들의 토지 소유를 제한하는 쪽으로 행해졌을 가능성이 높아 보인다. 당시 권문세가들은 거의가 타인 호아 출신 개국 공신의 자손들로, 델타 출신 무인인 막 당 중에 적대적이었다. 그는 제위에 오르기 3년 전인 1524년에 이미 호적과 토지 대장을 만들도록 명령했다.[75] 막 당 중이 세운 막 왕조의 초년에 편찬된 『홍덕선정서』가 1480년대의 『천남여가집』보다 훨씬 더 토지법에 관심을 보이고 있는 것도 결코 우연은 아니다. 『홍덕선정서』는 주로 레 타인 똥 치세 때의 법들에 중점을 두고는 있지만, 타이 똥 이래 반포된 거의 모든 토지 관련법들을 포함하고 있다. 그러고 보면, 막 당 중이 한 모든 개혁은 레 왕조의 제도로부터 벗어난 것이 아니라 그것을 강화하였다고 볼 수 있다.

막 당 중이 레 왕조의 제도를 유지한 것과 관련하여, 그가 비록 무인이었지만 유교사상에 대한 굳은 신념을 가지고 있었다는 증거가 있다. 예를 들면, 1510년대 중반 그는 부친이 사망했을 때 '유학에 대한 지식을 넓히기 위해' 삼년상을 이용했다고 한다.[76] 더욱이 그가 제위에 오른 후 1529년에 첫 과거 시험이 있었고, 그 후 매 3년마다 치러졌다. 이처럼 과거 시험이 행해진 데는 두 가지 정치적 의도가 있었다. 하나는 과거를 통해 지지 세력을 확보하는 것이었고, 다른 하나는 과거 시험이 없는 경우 있을 문인 계층의 불만을 해소시키려는 것이었다. 또한 『홍덕선정서』의 편찬은 막 당 중이 레 타인 똥의 유교 지향적인 법들에 충실했음을 보여 준다. 이리하여 레 왕조는 비록 막 씨에 의해 중단되었지만, 법 전통만은 1592년 막 씨가 몰락할 때까지 그런대로 지속되었다.

1540년대부터 앞 시기에 확립해 놓은 전통은 기울기 시작했다. 주요 이유는 막 씨와 레 왕조를 지지하는 타인 호아 집단과의 정치적 대결 때문이었다. 1530년대 응우옌 낌(阮淦, Nguyễn Kim)에 의해 처음 주도되고 그의 사후에는 사위인 찐 끼엠(鄭檢, Trịnh Kiểm)이 이끈 타인 호아 집단은 1550년대부터 급격히 세력을 증강하여 앞서 언급한 바와 같이 1592년에는 수도인 탕 롱을 점령했다. 반세기 이상에 걸친 계속된 전쟁으로 양쪽 모두 군사력 증강에만 전념하고 여타 문제에는 관심을 보일 수 없었다. 이를 보여 주는 좋은 실례로, 1579년 막 씨는 병부상서(兵部尙書)가 다른 5부를 관장하게 했다.[77] 이와 같은 규정은 중국이나 베트남에서 전례가 없는 일이었다. 일반적으로 6부의 서열은 이(吏)·호(戶)·예(禮)·병(兵)·형(刑)·공(工)의 순서로 되어 있었다. 이러한 상황에서 유교적 전통이라든가 일반 행정 문제는 뒷전으로 밀려날 수밖에 없었다. 그렇다고 이들 문제가 조정의 관심사에서 완전히 벗어났다는 말은 아니다. 막 씨는 처음부터 3년마다 거르지 않고 과거 시험을 계속 치렀고, 레 씨 측에서도 1580년부터 이전의 과거 제도를 부활시켰다. 물론 시험에서 선발되는 인원은 전에 비해 훨씬 적었고, 양편 모두에서 그들의 영향력은 지극히 미미했다. 1580년대 초 레 씨 부흥 운동과의 대항에서 막 씨의 지도적 무장이었던 막 낀 디엔(莫敬典, Mạc Kính Điển)[78]이 사망하자 군사 위주의 정책을 바꾸려는 움직임이 문신들 간에 있었다. 문신들은 당시 지배자였던 막 머우 헙(莫茂洽, Mạc Mậu Hợp, 1562-1592)에게 유학을 진작시키도록 요구했는데, 그는 무능한 인물로 겉으로만 받아들이는 척했을 뿐 실제로는 유흥에만 관심이 있어 별다른 변화가 없었다.[79]

1590년대 레 왕조의 부흥으로부터 17세기 중반까지 베트남의 일반적인 상황은 그 이전 50년의 정황과 유사했다. 막 씨가 홍 강 델타로부터 쫓겨난 직후 레 왕조는 재건되었지만, 베트남은 다시금 두 지역으로 나누어져 별도의 통치가 행해졌다. 비록 레 왕조의 황제들은 '부어(vua)'라고 불리면서 국가 전체의 유일한 합법적 지배자로 인정받기는 했지만, 그 지위는 어디까지나 의례적인 데 지나지 않았다.[80] 실권은 '쭈어(chúa)'라고 불리는 북쪽의 찐 씨(鄭氏)와 남쪽의 응우옌 씨(阮氏)의 손안에 있었다. 두 가문의 경쟁은 17세기 전반기의 무력 대결로 나타났고, 그리하여 그들의 주요 관심사는 군사력의 강화였다. 이를 단적으로 잘 보여 주는 것이 찐 씨의 삼번, 즉 병번(兵番)·호번(戶番)·수사번(水師番)이다.[81] 병번과 수사번은 각각 육군과 수군 관련 업무를 전담하고, 호번은 인구와 조세를 관장하는 기관이었다. 군사(軍事) 외의 모든 문제는 전쟁이 급박한 가운데 자연히 뒷전으로 밀려날 수밖에 없었다. 문신들은 조정에서 상대적으로 낮은 지위에 있었고, 그들의 의견은 중요 의사를 결정할 때에 반영되지 않았다.

이러한 시기에 새로운 법의 발전이 없었다는 것은 당연한 일로 생각된다. 찐 씨는 앞선 시대의 법 제도를 그대로 따를 뿐이었으니, 이를 여실히 보여 주는 것이 1639년에 내려진 명령이다. 이에 따르면, 인명(人命)에 관한 소송사건은 까인 통(景統, Cảnh Thống) 6년(1503)의 법을 적용하도록 하였다.[82] 찐 씨가 이처럼 이전 제도를 채택한 데에는 사람들에게 자기들이 레 왕조와 그 제도를 존중한다는 것을 보여 주려는 정치적 의도도 있었을 것으로 여겨진다. 사실 남부 응우옌 씨와의 대립에서 레 왕조의 정통성을 앞세우고 있던 그들로서는 형식적으로나마 이러한 정책을 취하지 않을 수 없었을 것이다.

여기에서 보듯이 사회의 전반적 문제보다는 관리들의 행실과 연관된 구체적 명령들이 내려졌다. 이는 군사 중심의 정책과 유교도덕의 쇠퇴로 인해 문신 관리들의 행실에 많은 문제가 생기고, 그 결과 백성들에 대한 착취, 특히 소송사건의 처리에서의 부정이 심했기 때문이었다. 1630-40년대에 반포된 일련의 명령들은 이러한 상황을 개선하기 위함이었다. 예컨대, 1635년 각 아문(衙門)에게 소송사건을 지체 없이 처리토록 명하는 것을 비롯한 12조를 반포했다. 1645년에도 소송 관련 법을 반포하여 소송 담당 관리의 청렴을 강조하는 동시에 힘없는 백성들이 부정한 관리를 고발할 수 있는 풍토를 만들어 주도록 했다.[83] 찐 씨의 의도는 이렇게 함으로써 백성들의 지지를 얻어 사회 질서를 확립하려는 것이었다. 또 다른 이유로는 관리들의 권력 남용을 금지함으로써 자기들의 권위에 위협이 될 소지가 있는 세력가들의 등장을 사전에 막으려는 의도도 숨어 있었다. 그러나 되풀이하여 말하지만, 17세기 전반에는 그들의 관심은 여전히 군사 문제에 있었고, 일반 행정은 그다지 관심거리가 되지 못했다.

17세기 중반부터 찐 씨와 응우옌 씨 양측 모두 어느 쪽도 승리할 수 없음을 느꼈다. 전쟁의 주도권을 쥔 북쪽의 찐 씨는 몇 차례의 공격에도 불구하고 응우옌 씨의 방어선을 뚫지 못했고, 더욱이 1648년의 공격은 대실패였다.[84] 남쪽의 응우옌 씨는 얼마 안 되는 인구와 부족한 자원을 가지고 자체 방어에만도 급급한 상황이어서 북으로의 진격은 엄두도 낼 수 없었다. 오히려 과도한 세금과 강제 노역으로 백성들을 이반시켰다.[85] 결국 어느 쪽도 결정적인 승리를 할 수 없는 상황에서 쌍방은 1670년대 서로 협정도 없이 무언의 휴전 상태로 들어갔고, 이는 1770년대 떠이 썬(西山, Tây Sơn) 운동이 일어날 때까지 한 세기가량 지속되었다. 이 한 세기 동안 양측의 지배자들, 특히 북쪽의 찐 씨는 내부 문제로 관심을 돌렸다. 이와 관련하여 중요한 사실은 상당히 많은 학자 출신들이 과거 시험을 통해 관료로 등용되고, 그들 중의 몇몇은

조정 내에서 최고위직에까지 올랐다는 점이다.[86]

새로운 정책으로의 전환은 찐 딱(鄭柞, Trịnh Tạc, 1657-1682)이 1645년 병든 아버지 찐 짱(鄭梉, Trịnh Tráng, 1623-1657)으로부터 권력을 이양받으면서였다. 그는 팜 꽁 쯔(范公著, Phạm Công Trư)[87]와 같은 홍 강 델타 지방의 과거 출신 문인들과 협력하여 새로운 개혁을 실시했다.

찐 딱과 델타 집단의 개혁은 정치 안정과 사회 질서의 확립이 주요 목표였다. 이를 위한 수단은 군주에의 충과 부모에의 효를 강조하는 유교의 도덕관념이었다. 이들은 유교 윤리의 부활이야말로 관리와 일반 민중으로 하여금 자기의 직무와 가족과 사회에 대해 성실한 태도를 취하게 하리라고 믿었다.

찐 딱의 유교 지향적인 정책은 그가 정권을 잡으면서 곧바로 시작되었다. 아버지를 대신하여 정사를 돌보기 시작했을 때, 그의 첫 명령은 남교단(南郊壇)과 국자감, 그리고 태묘(太廟) 등의 수리였다.[88] 곧 이어 그는 지방관들에게 명령을 내려 신사(神祠)에서 제사를 지내도록 했다. 찐 딱과 그의 조언자들은 이러한 조치들을 통해 국가에 대한 대중의 신뢰를 회복하고 사회 질서를 바로잡으려 했다. 이 시기 레 황제의 두 연호인 카인 득(慶德, Khánh Đức, 1649-1653)과 틴 득(盛德, Thịnh Đức, 1653-1658)에서 보듯이 '덕'(德) 자를 붙였다는 것은 결코 우연이 아니다.

찐 딱을 중심으로 하는 집권 집단은 또한 관료 제도와 권력 가문의 통제에 손을 댔다. 사실상 당시 법을 위반하고 일반 민중을 착취한 자들은 관리들과 세력 가문들이었다. 이에 따라 틴 득(盛德) 원년(1653) 일반 민중과 직접 접촉하는 관리들의 임무를 구체적으로 규정한 법령을 반포했다.[89] 즉, 이들 관리는 행동거지를 올바르게 하고 소송사건의 처리에는 공정하도록 요구되었다. 이와 관련하여 특히 지방 호족들과 황실의 친인척들에게는 민중의 문제에 부당하게 개입하지 말도록 엄명이 내려졌다.

1657년 찐 짱이 사망하고 찐 딱이 마침내 완전히 권력을 장악하자, 그와 그를 둘러싼 문신 집단은 개혁에 더욱 박차를 가했다. 이로부터 15년 동안 행정과 조세 및 유교도덕에 등에 관한 각종 법령들이 반포되고 시행되었다. 당시의 시대적 분위기는 1658년에 치러진 비정기 과거 시험에서 전과 다르게 22명이란 많은 수의 합격자를 낸 것에 잘 나타나 있다.[90] 이 과거 시험은 분명히 유학 교육을 장려하고 문신 관료제를 강화하려는 첫 단계였다. 이 시험 직후에 국자감이 수리 확장되고 향시 제도(鄕試制度)가 완전히 바뀌었다.[91] 이러한 노력은 유교적 전통, 보다 구체적으로는 오늘날 학자들이 기존의 사회적·정치적 질서를 지켜 주는 것으로 보고 있는 신유학을 부흥시키려는 하나의 방편이었다.

반정규(潘鼎珪)에 의하면, 당시 베트남 학자들은 사마광(司馬光)의 『자치통감』(資治通鑑)과 주희(朱熹)의 성리학을 매우 숭상했다고 한다.[92] 유교의 강조와 더불어 관리의 임명·직무·관복·상벌 등에 관한 규정이 제정되었다. 이러한 모든 것들은 관료 제도를 개선하고 관리들을 통제하기 위한 것이었다. 관리들에 대한 규제는 중앙보다 지방에서 더욱 두드러졌다. 고위 지방관들은 자기 산하의 각급 행정 단위에 근무하는 관리들 개개인의 업적을 중앙에 제출해야 했으며, 모든 지방관들은 소송사건이 종결되었든 종결되지 않았든 간에 매년 말에는 황제에게 보고해야만 했다.[93]

중앙의 조정은 또한 촌락 단위까지 통제를 확대하여 그 내부 문제에도 간섭을 시도했다. 15세기 말인 홍 득 연간 이래 당시까지 촌락들은 현의 책임자인 지현(知縣)의 감독하에 어느 정도 자치가 부여되었다. 1658년 찐 딱은 지현이 사장(社長, xã trưởng)[94]과 그를 보좌하는 사사(社史, xã sử) 및 사서(社胥, xã tư)를 유생들 중에서 직접 임명토록 명했다.[95] 이렇게 함으로써 그는 촌락 문제에 관한 규약이 이들에 의해 만들어져 유교도덕이 촌민들에게 퍼져 나가기를 바랐던 것이다. 1660년대에는 레 왕조 중흥 이래 사장이 6년마다 수정 보고하기로 되어 있던 호구 조사를 중지하고, 팜 꽁 쯔의 건의에 따라 각 촌락에 토지 면적과 정남(丁男)의 수를 고정시켜 그에 따라 세금을 부과하고 군역(軍役)을 동원케 했다.[96] 세금의 징수와 군역의 동원은 도(道)와 부(府) 관리들의 직접적 감독하에 놓였다. 이는 호적 수정 때 하급 지방관들의 작폐가 심한 데다가 조세와 군역의 부과 절차가 복잡하므로 이를 간소화하여 부정을 방지하는 동시에 17세기 남북 대결에 필요한 조세와 인력을 확보하기 위해서였다.

유교 윤리의 강조에 의해 사회를 간접적으로 통제하려는 의도는 1663년에 47조나 되는 교화조례(教化條例)를 반포함으로써 더욱 분명히 나타났다. 이 교화조례는 유교적 덕목, 특히 군주에의 충성과 가족에 대한 의무에 어긋나지 않는 적절한 행동을 강조하고 있는 것이 특징이다.[97] 가족과 친족 간의 친밀한 관계는 말할 것도 없고, 군주에의 절대 복종이 요구되었다. 사람들이 가족과 친족을 떠나 자율적인 행동을 하는 것은 기존 질서를 어지럽힐지도 모른다고 여겨져 허용되지 않았다. 교화조례가 의도한 바는 사람들을 서로 연결시켜 사회의 분열을 방지하자는 것이었다. 유교와 서로 다른 종교인 그리스도교와 불교를 금지하고[98] 베트남 인들을 외국인들과 분리시킨 것[99]은 베트남 관습을 오염시킨다는 측면도 있지만 그보다는 이러한 사회 분열을 방지하려는 의도가 더 컸다고 생각된다. 그러나 이러한 금령에도 불구하고 그리스도교와는 달리 불교는 많은 사람들, 특히 여인들에게 믿음의 대상이었다. 이는 당시 많은 절이 건축되거나 중수된 것을 기록한 비문들에 의해 입증된다. 자녀가 없는 부유한 여인들 중에는 사후 자신의 제사를

받들어 주도록 재산을 기증하여, 절을 새로 짓거나 수리하는 데 사용토록 한 예도 적지 않았다.[100]

유교 윤리는 베트남의 오랜 관습과 충돌하기도 했다. 예를 들어 앞서 말한 바와 같이, 여자의 남자에 대한 복종은 남녀를 사회적으로 거의 동등하게 보는 베트남의 전통과는 일치하지 않는다.(이 문제는 제2부에서 상세히 다루고자 한다.) 여하튼 찐 딱과 그를 보좌하는 관리들은 전란으로 혼란에 빠진 사회를 안정시키는 데 잠시나마 성과를 거둔 것 같다. 19세기 초에 판 후이 쭈(潘輝注)는 까인 찌(景治, Cảnh Trị, 1663-1671) 시기 동안 전국이 화평을 누렸다고 칭송했다.[101] 유교 부흥을 비롯한 이때의 개혁은 시대에 따라 조금씩 다르기는 하지만, 이후 찐 씨의 지배 기간 동안 정책의 기본 골격으로 유지되었다.

델타 출신 문신들이 주도권을 쥐고 개혁을 추진하자 점차 권력의 중추부로부터 소외되고 있음을 느낀 무신들이 불만을 품기 시작했다. 1674년 타인 호아와 응에 안 출신들을 중심으로 한 이들은 쿠데타를 일으켰다. 거사는 실패했으나 찐 딱은 이 사건을 계기로 전권(全權)을 아들 찐 깐(鄭根, Trịnh Căn, 1682-1709)에게 물려주었다. 찐 깐은 남쪽 응우옌 씨와의 전쟁터에서 오랜 세월을 보냈음에도 불구하고 아버지의 정책을 충실히 이어받았을 뿐만 아니라 어떤 점에서는 보완하기까지 했다. 그리하여 국자감의 교수 인원을 증원했으며, 다른 한편 그리스도교 선교사들의 포교 활동을 금지시켰다. 1676년의 명령으로 국가의 촌락 통제는 더욱 강화되었다. 사장(社長)은 그때까지 가지고 있던 소송사건의 권한을 잃어 버렸고, 민사 소송사건조차 지현(知縣)에게로 넘어갔다.[102]

이들 몇몇 보충적 명령을 제외하고는 찐 깐은 기존의 법 적용에만 열중하였는데, 특히 소송사건의 판결에 많은 관심을 보였다. 당시 권력 집단은 항소 제도를 악용하여 소송사건에 대한 하급 기관의 판결에 불복하여 불필요하게 상급 기관에 재심을 요청하는 것이 일상다반사처럼 되어 있었다.[103] 이러한 남용을 막기 위해, 항소는 일정한 기간 내에만 할 수 있도록 정해졌다. 그리하여 호혼(戶婚)·전토(田土)·도겁(盜劫)·억협(抑脅) 및 잡송(雜訟)은 6개월 이내, 그리고 인명(人命)에 관한 소송은 1년 이내에만 가능했다. 기한을 넘긴 소송사건의 항소에 대하여 소송 담당 관리는 이를 받아들여서는 안 되었다.[104] 소송사건의 성격에 따라 항소는 오부부료(五府府僚)[105]에 할 수 있었으나, 1696년에는 소송사건의 적체로 인해 이를 해결할 목적에서 오부부료 내에 첨차(添差)라는 독립된 기관을 두었다.[106]

찐 깐의 이러한 노력들은 별로 성공적이지 못했다. 중앙의 관리든 지방관이든 간에 모두 다 부패했고, 육부의 상서들과 관리의 감찰을 책임지는 자리에 있는 어사(御使)들조차도 자기의 개인적인 이익을 추구할 뿐이었다. 소송 담당 관리는 뇌물을 받거나 아니면 권력의 압력을 받았다. 당시 상황을 사무엘 바론은 "뇌물을 받지 않는 관리는 거의 없기 때문에 돈이면 무슨 범죄든 해결될 수 있었다."라고 말하고 있다.[107] 이러한 상황에서 소송사건은 공정하게 판결되지 못하여 사회는 혼란 속에 빠지고, 백성들은 억압으로 고통받을 수밖에 없었다는 것은 누가 보아도 분명하다.

1705년 히 똥(熙宗, Hy Tông, 1676-1705)이 퇴위하면서 뒤를 이어 장자인 주 똥(裕宗, Dụ Tông, 1705-1729)이 제위에 올랐을 때, 연호를 빈 틴(永盛, Vĩnh Thịnh)이라고 하여 1670년대 이래가 평화기임을 상징하려 했다. 그러나 '번영'과 '평화'는 명목상에 지나지 않았다. 찐 씨는 이미 재정적 파탄이라는 냉혹한 현실에 직면했다. 사람들이 촌락을 떠남에 따라 농촌사회는 황폐하고, 세력가들은 사유 토지를 확대해 나갔다.

18세기 초에 이르면, 넓은 토지와 더불어 많은 사람들이 각급 관리의 녹봉이라든가 또는 공적에 대한 보상으로 주어졌다. 이에 따라 국가가 필요로 하는 조세와 인력의 공급원이 대폭 줄어들었다. 『흠정월사통감강목』에 의하면, 1713년 과세 대상자는 찐 씨 지배하에 있는 인구의 3분의 1도 채 안 되었다.[108]

이러한 상황에서 쉽게 예상할 수 있는 바와 같이, 18세기 초에 반포된 법령은 대부분 사회의 안정과 조세의 확보와 관련되어 있다. 물론 다른 법들, 예컨대 유교도덕에 의한 사람들의 교화라든가 그리스도교의 금지 및 소송 절차 등등에 관한 것들도 반포되었다. 1709년 찐 깐의 뒤를 이은 찐 끄엉(陳㭎, Trịnh Cương, 1709-1729)은 세금을 면제해 주거나 삭감해 주도록 명했는데, 이는 유랑민들이 자기 마을로 돌아오도록 권유하기 위함이었다. 가장 눈에 띄는 개혁은 1711년에 행해졌다.[109] 이 개혁에 따르면, 공전(公田)은 매 6년마다 가난한 사람들에게 똑같이 나누어 주도록 되었다. 부유한 집안들은 이 분배에서 엄격히 배제시켰다. 또한 세금의 징수를 확실히 하기 위해, 조정은 징수 업무를 담당하는 관리를 파견하여 그때까지 사장이 맡고 있던 업무를 직접 하도록 했다. 한 가지 지적해 두고 싶은 것은 이러한 개혁이 본질적으로는 기존의 세원으로부터 조세 수입을 확고히 하자는 데 있었을 뿐 세원의 확대에까지는 이르지 않았다는 점이다.

그러나 1720년에는 구리와 계피에, 1년 뒤인 1721년에는 소금에 대한 전매 제도를 도입함으로써 세수의 증가를 꾀했다.[110] 이도 부족했던지 조정은 1722년에 더 많은 조세 수입의 필요성을 느끼고 새로운 세원을 확보할 목적에서 레 왕조에서는 처음으로 사유 토지에 대한 세금을 부과하기도 했다.[111]

1723년에 조정은 토지 제도에 대한 전면적인 개편을 시도했는데, 이는 중국 당나라 때의 제도를 모방한 것이었다. 새로운 제도는 조용조(租庸調)라고 불리는 것으로, 농민들에게 토지를 나누어 주게끔 되어 있었다. 이 제도에 따르면, 농민들은 본래 토지를 분배받은 대가로 토지세[租], 요역(徭役)에 대한 세금[庸], 견포(絹布) 또는 마포(麻布) 등으로 바치는 세금[調]에 대한 의무가 있었지만,[112] 당나라에서와는 달리 베트남 제도는 현금으로 납부하도록 규정되었다. 용(庸)과 조(調)에 대한 세액은 법으로 정해져 관리들에 의한 농민의 착취나 불법적인 세금 징수를 못 하게 했다. 그렇지만 당나라 때의 실례가 이미 보여 주었듯이, 이러한 제도의 성공은 중앙 조정의 능력과 밀접한 관련이 있었다. 불행하게도 18세기의 찐 씨는 관료들과 세력 가문들을 통제하기에는 힘이 너무나 미약했다. 그 결과 세력가들은 농민들을 끊임없이 착취했고, 그러지 않아도 과중한 세금에 시달리던 농민들은 고향을 등지고 떠날 수밖에 없었다. 이는 새로 도입했던 조용조 제도의 붕괴로 이어졌다.

1730년대에 들어서면서 조정의 정책은 다시금 경제 중심의 법 제정으로부터 유교의 강조로 바뀌었다. 유학의 경전들이 새로 출판되고 학자들에게는 이를 공부하도록 장려했다.[113] 정책이 이처럼 전환된 직접적인 이유는 1729년 찐 장(鄭杠, Trịnh Giang, 1729-1740)이 아버지인 찐 끄엉의 자리를 물려받아 권력의 내부 구조가 변한 때문이었다. 새로이 정권을 잡은 집단은 이전의 정책에 대한 반작용으로 새로운 정책을 추구했다.[114] 또 다른 이유는 거의 통제 불능이었던 관리 제도를 개선함으로써 간접적으로 악화 일로에 있던 사회 문제를 개선하려는 것이었다. 이러한 배경 가운데서 새로운 지배자인 찐 장은 소송 절차에 관한 일련의 법을 반포했다. 그는 반복해서 모든 관리들이 소송사건들을 공정하게 처리하도록 요구하는 한편, 지방관들을 감독하기 위해 때때로 중앙의 고위 관리들을 지방으로 파견하기까지 했다.

1740년 권력을 잡은 찐 조아인(鄭楹, Trịnh Doanh, 1740-1767)은 형인 찐 장의 정책을 그대로 따르고 바꾸지 않았다. 이처럼 이전 정책이 바뀌지 않고 지속된 것은 18세기에 찐 씨가 당면했던 심각한 문제들이 무엇이었는가를 잘 보여 준다. 이러한 심각한 문제들 중의 하나는 소송사건이 불공평했다는 점인데, 이는 관리들의 부패 내지는 세력 가문의 개입 때문이었다. 이를 해결하기 위해 찐 조아인은 항소 제도를 강화하였는데, 1747년 법령을 제정하여 세력가의 개입으로 소송사건이 불공정했을 경우 피해자는 자신에게 직접 호소할 수 있는 길을 열어 놓았다.[115] 다른 한편 세력가들이 소송 절차를 무시하는 것을 방지하기 위해 반드시 순차적으로 상급 기관을 거치도록 했다. 이에 더하여 그는 1748년 좌우(左右)의 두 법사(法司)를 설치하였는데, 이를 설치한 것은 중요한 법리 사건에 대해 자문을 구하기 위해서였다.[116] 이와 동시에 찐 조아인은 인민들에게 귀족들이나 관리들이 불합리한 압력을 가하거나 소송을 불공정하게 하면 주저 없이 고발하도록 적극 촉구했다.

찐 씨 집권자들이 법 제정을 통해 자신들의 권력을 확고히 하려는 이런 노력들은 18세기 후반 중요한 두 법전, 즉 『국조형률』의 재출판과 『감송조례』(勘訟條例, Khám Tụng Điều Lệ)의 제정으로 나타났다. 『국조형률』은 레 타인 똥 치세에 대폭 수정된 이래 몇 차례 개정된 후 1767년 다시 인쇄되었는데, 이때도 약간의 수정이 된 듯하다.[117] 형률의 이러한 인쇄는 레 왕조 전 시기를 통해 법 제도의 연속성이 있었음을 분명히 보여 주는 것임에 틀림없다. 이 『국조형률』은 레 왕조 시기에 반포된 모든 법을 가장 대표하는 것으로, 다음 장에서 이루어질 그에 대한 면밀한 검토는 베트남 레 왕조 사회에서 법이 정치적·사회적으로 어떤 의미가 있는지를 잘 보여 준다. 『국조형률』과는 달리 1777년에 편찬된 『감송조례』는 주로 소송사건을 다루고 있다.[118] 그 내용을 보면 소송사건의 성격에 따라 31가지로 분류해 놓았는데, 주목적은 일반 대중들을 위한 소송사건의 공정하면서도 신속한 처리였다.

레 왕조에서 법은 어떤 의미에서 지배자의 정치적 권력을 위한 도구였을 뿐이다. 그리고 이 목적을 위해 유교적 이념을 근간으로 했다. 그렇다고 이러한 사실이 당시 베트남 법이 관습을 포함하고 있다는 것과 상치되는 것은 아니다. 왜냐하면 이미 위에서 말한 바와 같이, 지배자들은 토착 사회의 정치적 변모를 위해 순전히 이념적으로 유교를 빌려왔기 때문이다. 이와 관련하여 제기되는 문제는 법이 실제로 어떻게 시행되었으며, 또 어느 정도 베트남 사회에 영향을 끼쳤는가 하는 점이다. 이 문제에 대한 대답은 본 연구의 제2부와 제3부에서 자세히 논의하고자 한다.

제2장 _『국조형률』(國朝刑律)

프랑스가 1860년대에 베트남 남부[119]를 점령했을 때, 첫 번째 부딪친 문제들 중의 하나는 사법 행정이었다. 프랑스 관리들은 토착 관습과 법에 대해 전혀 아는 바가 없는 데다가, 남부 지방을 다스리고 있던 베트남 관리들은 모두 그곳에서 철수했다. 이러한 문제를 해결하기 위해 당시의 베트남 법인 『황월율례』가 프랑스어로 두 차례나 번역되었다. 첫 번째는 1865년 가브리엘 오바레(Gabriel Aubaret)에 의해서였으며, 두 번째는 1876년 폴 루이 필라스트르(Paul-Louis Philastre)에 의해서였다.[120] 오바레가 조문(條文)만 번역하였는 데 비해, 필라스트르의 것은 조문은 물론 조례(條例)까지 번역한 완역이었다. 두 번역자는 그들이 번역하고 있는 『황월율례』가 중국의 『대청율례』(大淸律例)에 근거하고 있다는 것은 알았지만, 두 사람 모두 그것이 베트남의 관습과는 거리가 멀다는 것을 이해하지 못했을 뿐만 아니라 베트남에 그에 앞선 더 고유한 법전이 있었다는 사실도 알지 못했다.

20세기 초에 『역조헌장유지』가 발견되었다. 1904년에 폴 펠리오(Paul Pelliot)가 이를 처음 언급하자,[121] 이 책은 곧 많은 학자들의 관심을 끌었다. 특히 레이몽 들루스탈(Raymond Deloustal)은 그 중 「형률지」의 프랑스어 번역에 착수했다. 번역이 거의 끝나갈 무렵인 1908년 당시 원동박고학원의 원장이었던 끌로드 메트르(Claude Maitre)에 의해 후에(Hue)에서 『여조형률』의 원본이 발견되었다.[122] 들루스탈은 두 텍스트를 대조하여 『헌장』의 「형률지」에 빠진 부분을 보충하여 『국조형률』을 완역할 수 있었다.[123] 이리하여 레 왕조 시기 법의 전모가 세상에 알려지게 되었다.

『국조형률』은 레 왕조 시기의 모든 법들 중에서 가장 체계적인 것이며, 베트남에 현존하는 전근대 법들 가운데 원래의 체재대로 남아 있는 가장 오래된 법이다. 그러나 유감스럽게도 이 법에는 제정 연대가 결여되어 있을 뿐만 아니라 다른 어느 문헌에서도 이에 대한 구체적인 언급이 없어 정확한 편찬 연대를 둘러싸고 학자들 사이에 논란이 있었다. 『국조형률』의 편찬 연대에 대해 처음 언급한 이는 판 후이 쭈로, 그는 『역조헌장유지』의 「문적지」(文籍誌)에 "국조조율(國朝條律, Quốc Triều Điều Luật) 6권이 까인 흥(景興, Cảnh Hưng, 1740-1786) 38년 산정(刪定)되어 인쇄되었는데, 대략 왕조 초기 홍 득(洪德) 때의 원래 법에 의거했다."[124] 라고 기록해 놓고 있다. 들루스탈은 『국조형률』을 번역하면서 이를 『국조조율』과 동일시하고 그 편찬 연대는 1777년이라는 주장을 폈다.[125] 한편 에밀 가스파르돈은 1777년에 편찬된 것은 『감송조례』(勘訟條例)이며, 『국조형률』은 이보다 10년 앞선 1767년에 편찬이 이루어졌다고 주장했다.[126] 가스파르돈의 주장은 그가 일찍이 소유하고 있었다는 한 법전에 근거를 두고 있는데, 지금은 분실되어 확인할 길이 없다. 여하튼 그의 주장은 그 후 많은 학자들에 의해 거의 비판 없이 받아들여져 왔다.

그러나 최근 응우옌 응옥 후이는 『국조형률』의 편찬이 18세기 후반에 이루어졌다고 본 드루스탈과 가스파르돈 어느 누구의 주장도 옳지 않음을 지적하고 있다. 그는 『국조형률』 내용의 면밀한 분석을 통해 이 법은 1767년 이전에 편찬되었으며, 이때는 전의 것에 약간의 수정을 가해 다시 펴낸 데 불과하다는 견해를 피력했다. 사실 앞에서 보았듯이, 판 후이 쭈는 '산정'이란 단어를 사용하고 있다. 그러나 『천남여가집』의 「조율」(條律)에는 1468년 7월 이미 당시 병과급사중(兵科給事中) 대행인 키엔 년 토(汧仁壽, Khiên Nhân Thọ)라고 하는 관리가 황제에게 올린 상소문에서 『국조형률』을 언급하고 있는 것이 보인다. 이로 보면 『국조형률』이 처음 간행된 것은 1468년 이전임에 틀림없다.[127] 더욱이 『국조형률』 내에는 1468년 이전에 철폐되었거나 명칭이 바뀐 정부 기관이나 행정 단위 등과 같은 이름들이 그대로 포함된 점으로 보아 그렇다. 예를 들면, 686조에서 언급된 소송 담당 관리인 지사송(知詞訟)은 1465년에 좌우시랑(左右侍郎)으로 명칭이 바뀌었는가 하면, 618조에 보이는 로(路)와 로관(路官) 등은 1466년에 각각 부(府)와 지부(知府)로 변경되었다. 촌락의 장인 사관(社官)의 명칭 역시 사장(社長)으로 바뀌었는데도 그대로 두고 있다.[128] 『국조형률』이 1468년 이전에 편찬되었다는 또 다른 예로는 권3의 '전산장'(田產章)에 연이어 있는 '시증전산장'(始增田產章)이다. '시증전산장'의 14조는 레 년 똥 때인 1449년에 제정되었기 때문에, 이들은 아마도 그 이전 어느 때인가에 기존의 『국조형률』에 더해졌다고 추측된다. 따라서 이미 앞에서 언급한 바와 같이, 응우옌 응옥 후이는 『국조형률』의 원형은 응우옌 짜이의 『율서』라고 믿고 있다. 다른 한편 야마모토 타쯔로(山本達郎)는 이 법전이 그보다 앞서 레 러이의 치세 중에 처음으로 편찬되었다고 주장한다.[129] 여하튼 결론적으로 말한다면, 『국조형률』은 레 왕조의 말기가 아니라 초기에 편찬되었다고 보아야 한다.

『국조형률』의 원형이 처음 레 러이의 치세 중이거나 또는 몇 년 후 응우옌 짜이에 편찬되었던 간에, 응우옌 응옥 후이와 야마모토 타쯔로 모두 그것이 레 타인 똥 시기에 대폭적인 수정이 가해졌다는 데 대해서는 일치를 보고 있다. 응우옌 응옥 후이에 의하면, 초기 법전이 이때에 『국조형률』이란 이름으로 바뀌었으며 44개의 새로운 조문도 더해졌다고 한다.[130] 이 수정판은 18세기 후반에 번각(飜刻)된 것과 거의 같으며 이후 왕조의 말까지 사용되었다. 양자 사이에 차이가 있다면, 권3의 「증보향화령」(增補香火令)에 들어 있는 13개 조문을 들 수 있다. 이 중 첫 4조(388, 389, 390, 391)는 각각 1462년, 1511년, 1483년, 1517년에 제정된 법령들이다.[131] 이 4개 조문은 아마도 막 씨 정권(莫氏, Nhà Mạc, 1527-1592)이 물러나고 레 씨의 복벽이 완성된 후에 『국조형률』이 새로이 간행되면서 삽입된 것 같다. 그리고 나머지 9개조는 「증보참작교정향화」(增補參酌校定香火)라 하여 별도의 항목 속에 넣을 정도이니, 앞의 4개 조문보다도 나중에 첨가된 것이 틀림없다. 타인 똥의 치세는 후대 군주들과 관리들에 의해 황금 시대라고 간주되어, 그의 치세 중에 제정된 제도들은 호의적으로 받아들여졌다. 결국 『국조형률』은 후대로 가면서 번각될 때마다 어느 정도의 보완 작업이 뒤따랐던 것이다.

1767년 『국조형률』의 간행은 찐 썸(鄭森, Trịnh Sâm, 1767-1782)이 찐 씨의 새로운 지배자로 등장한 것과 관련이 있었지 않은가 한다. 그는 이 해 음력 2월 아버지 찐 조아인이 사망하자 권좌에 올랐다. 다른 찐 씨 지배자들과 마찬가지로, 찐 썸은 관리의 직무와 재판 등에 관해 적지 않은 법령을 반포했다.[132] 『국조형률』의 새로운 간행은 이러한 법령의 일환이었음에 틀림없다.

『국조형률』은 중국 법, 특히 당률을 근간으로 하여 제정되었다. 형률 내의 많은 조문들은 당과 명의 법에 있는 조문들을 그대로 옮겨 놓고 있다. 들루스탈은 『국조형률』 722개조[133] 중 285개조가 똑같거나 또는

▌표 1 중국 법을 완전히 또는 부분적으로 계수한 『국조형률』의 조문 수

장	조문 수		중국 법을 계수한 조문 수						
			『당률소의』			『대명률』			기타
1	49		7	[27]	(27)*	–	[–]	(–)	–
2	47		16	[13]	(22)	1	[–]	(3)	–
3	144	[143]	32	[32]	(35)	3	[1]	(4)	–
4	43		11	[9]	(13)	6	[2]	(1)	–
5	58		16	[16]	(17)	3	[1]	(4)	–
6	32		7	[7]	(5)	7	[5]	(6)	–
7	14		1	[1]	(–)	1	[–]	(–)	(1)
8	13		–	[–]	(–)	–	[–]	(–)	–
9	10		3	[3]	(4)	3	[1]	(1)	–
10	54		24	[23]	(28)	8	[6]	(1)	–
11	50		36	[37]	(34)	2	[1]	(3)	–
12	38		20	[21]	(22)	6	[4]	(5)	–
13	92		38	[37]	(39)	9	[5]	(8)	1
14	13		11	[10]	(11)	–	[1]	(–)	–
15	65		19	[19]	(20)	6	[3]	(9)	(1)
총계	722	[721]	261	[255]	(277)	53	[30]	(41)**	1(2)***

* [대괄호]와 (소괄호) 안의 숫자는 각각 들루스탈과 영문 번역자들이 조사한 조문 수임.
** 들루스탈은 『국조형률』과 『대명률』을 철저히 비교하지 않았음.
*** 들루스탈은 이 두 조문의 연원에 대해 언급하고 있지 않음.

부분적으로 이들로부터 빌려 왔다고 했다. 더 구체적으로 말하면 『당률소의』로부터는 255개조, 『대명률』(大明律)로부터는 30개조라는 것이다.[134] 최근 『국조형률』의 영문 번역자들은 277개조가 『당률소의』에서, 41개조가 『대명률』에서 빌려 왔거나 아니면 적어도 시사를 받았다고 했다.[135] 그러나 본인이 비교 검토한 바에 따르면, 들루스탈이나 영문 번역자들의 수와는 차이가 있다. 즉 『당률소의』로부터는 261개조, 『대명률』로부터는 53개조를 계수했다. 『국조형률』이 중국 법으로부터 계수한 조문들의 수를 보면 위의 [표 1]과 같다.

개개 조문들뿐만 아니라 『국조형률』은 그 체재에서도 중국 법을 모방하고 있다. 『국조형률』의 722조는 다음과 같이 15장으로 분류되어 있다.

1. 명례장(名例章)(49개조: 1조~49조)
2. 위금장(違禁章)(47개조: 50조~96조)
3. 위제장(違制章)(144개조: 97조~240조)[136]
4. 군정장(軍政章)(43개조: 241조~283조)
5. 호혼장(戶婚章)(58개조: 284조~341조)
6. 전산장(田産章)(32개조: 342조~373조)
7. 시증전산장(始增田産章)(14개조: 374조~387조)
8. 증보향화령(增補香火令)(13개조: 388조~400조)
9. 간통장(姦通章)(10개조: 401조~410조)
10. 도적장(盜賊章)(54개조: 411조~464조)
11. 투송장(鬪訟章)(50개조: 465조~514조)
12. 사위장(詐僞章)(38개조: 515조~552조)
13. 잡률장(雜律章)(92개조: 553조~644조)
14. 포망장(捕亡章)(13개조: 645조~657조)
15. 단옥장(斷獄章)(65개조: 658조~722조)

제1장에서 논의했듯이, 위의 15장 중 7개장은 1489년의 법에서 이미 언급이 되어 있다. 이러한 사실은 『국조형률』의 수정 과정에서 레 타인 똥 시기의 법이 중요했음을 보여 준다. 3장, 4장, 6장, 7장, 8장, 9장의 여섯 장을 제외하면 나머지 아홉 장은 명칭에서부터 배열 순서까지 『당률소의』와 동일하다.[137] 이들 아홉 장의 조문들을 면밀히 검토하면 상당수는 『당률소의』의 규정들을 그대로 옮겨 놓았거나 아니면 형벌에서 약간의 차이가 있다는 것을 알 수 있다. 그뿐만 아니라 『국조형률』

에 고유한 여섯 장 내의 조문들도 많은 수가 『당률소의』에 있는 것들이다. 예컨대, 『국조형률』의 「군정장」과 「간통장」에 있는 조문들 중 적지 않은 수가 『당률소의』의 「천흥」(擅興)과 「잡률」(雜律) 부분에서 발견된다.

『국조형률』은 그 체재와 내용에서 주로 『당률소의』를 계수하고 있지만, 그 외에 다른 중국 법들도 참조하고 있다. 『당률소의』에 없는 『국조형률』의 「군정장」과 「전산장」 및 「간통장」은 그 명칭으로 보아 『대명률』을 참작하지 않았나 생각된다.[138] 이미 언급한 바와 같이, 들루스탈은 『국조형률』을 프랑스어로 번역하면서 30개조가 『대명률』로부터 받아들인 것이라고 하면서 이를 밝혀 놓았다. 한편 일본인 학자인 니이다 노보루(仁井田陞)는 이에서 한 걸음 더 나아가 『국조형률』은 당률과 명률은 물론 당령(唐令)과 남송 경원 연간(慶元, 1195-1200)의 법령집인 『경원조례』(慶元條例) 및 『대명률』의 부법(副法)인 「문형조례」(問刑條例)에서도 받아들인 조항들이 있다고 주장한다.[139] 그러나 구체적으로 『국조형률』의 어떤 조문들이 상기한 중국 법들로부터 영향을 받았는지에 대하여는 언급하고 있지 않다. 이러한 점에서 그의 주장에는 한계성이 있지 않은가 한다. 그럼에도 불구하고 송대 법제로부터의 영향 문제는 좀 더 자세히 논의할 필요가 있다.

송대에 만들어진 최초의 법전은 963년에 편찬된 『송형통』(宋刑統)으로 이 법은 송대 전 시기를 통해 효력이 있었으며 공식적으로 폐지된 적은 없었다. 『송형통』은 당률을 거의 그대로 복사한 것이기 때문에 시기적으로 보아 『국조형률』이 혹시 이를 통해 당률을 계수하지 않았나 하는 의문이 제기될 수 있다. 그러나 다음의 두 가지 이유로 인해 이러한 추측은 가능하지 않다. 첫째는 『송형통』이 송대에 계속 효력이 있었다고는 하지만, 11세기 이후로는 황제의 칙령들을 모은 편칙(編勅)에 가려져서 실제로는 참조되지 않았기 때문에[140] 『국조형률』의 편찬 때 이것이 이용되었을 가능성은 희박하다.

『국조형률』이 『송형통』을 참고하지 않았다는 더 확실한 증거는 『국조형률』과 『송형통』에 사용된 용어의 차이이다. 『국조형률』은 당률과 마찬가지로 일년복(一年服)에 해당하는 친족을 '기친'(期親)이라 하고 있는 데 대해 『송형통』은 '주친'(周親)이라 표현하고 있다. '기'(期) 자는 당나라 제6대 황제인 현종(玄宗, 712-756)의 이름인 이융기(李隆基)의 '기'(基) 자 발음과 같기 때문에 휘자(諱字)가 되어 이후 서적들에서는 '기'(期) 자 대신 뜻이 같은 '주' 자를 썼다. 『송형통』은 송대의 법전으로 '주' 자를 쓸 필요가 없었지만 당률을 그대로 참고하다 보니 '주' 자를 쓴 것 같다. 다시 말하면, 이는 『송형통』이 당 현종 이후의 당률을 참고했다는 증거이다. 그런가 하면 『국조형률』은 '기친'이라는 용어를 사용하고 있어 이로 보면 이 법은 현종 이전의 판본을 참작했음에 틀림없다. 그러므로 『국조형률』에 대한 송대 법제의 영향이 있었다면 그것은 더 후기의 법전으로부터였다고 하겠다.

『국조형률』의 형벌 중에는 당률에 없는 자묵(刺墨)과 능지(凌遲)에 관한 규정이 있다.[141] 능지는 태(笞)·장(杖)·도(徒)·유(流)·사(死)의 오형(五刑) 중 사형에 속하는, 다시 말하면 생명형(生命刑)의 일종으로 교(絞)·참(斬)·효(梟)보다도 중한 형벌이다. 중국에서 능지형이 처음 행해진 것은 요대(遼代, 916-1125)이며 송나라 때에 이르러 비로소 하나의 형벌로 확정되었다고 한다.[142] 니이다 노보루(仁井田陞)는 바로 이 점에 착안하여 『국조형률』에 송대 법제의 영향이 보인다고 한 것이다. 베트남에서 능지형이 처음 사용된 것은 쩐 왕조 때였다. 『대월사기전서』에 의하면, 제3대 년 똥(仁宗, Nhân Tông)의 티에우 바오(紹寶(Thiệu Bảo) 5년(1283)에 상위후(上位侯) 쩐 라오(陳老, Trần Lão)가 죄를 지었는데, 그는 속전(贖錢)이 부과되는 동시에 도형(徒刑)에 처해졌지만, 그의 가노(家奴)는 동시(東市)에서 능지에 처해졌다고 했다.[143] 그렇기 때문에 『국조형률』의 능지형은 쩐 왕조를 통해 송의 제도가 간접적으로 받아들여지지 않았나 생각된다. 따라서 판 후이 쭈가 『국조형률』의 능지형은 원나라 때의 법제로부터 직접 받아들였다고 한 것은 잘못으로 보인다.[144]

레 왕조의 법이 송대의 제도를 수용했다는 것은 자묵의 경우를 보아도 명백하다. 중국에서 자묵은 위진 남북조 시대까지 하나의 형벌 제도였으나 수와 당에 이르러서는 일시 철폐되었다. 그러다가 송대에 다시 부활되어 청조(1616-1911) 말까지는 변화가 없었다.[145] 베트남에서 자묵이 형벌로서 사용되기 시작한 것은 리 왕조 때부터였으며 이 쩐 왕조에서도 그대로 답습되었다. 리 왕조 때 자묵에 관한 기록은 제2대 타이 똥(太宗)의 민 다오(明道, Minh Đạo, 1042-1043) 2년(1043)에 처음 보인다. 『대월사기전서』에 따르면, 그 해 백성이나 황남(黃男)을 남에게 팔아 노예로 하는 자는 장 100대에 자면(刺面) 20자의 형벌에 처한다고 했다. 이후 자묵에 관한 기록은 많은데, 자묵은 주로 얼굴에 하지만 팔뚝에 하는 경우도 있었다.[146] 쩐 왕조에서도 리 왕조에서와 마찬가지로 자면이 행해졌으나 사료에 나타나는 빈도수는 적은 편이다. 『대월사기전서』에는 타이 똥(太宗)의 끼엔 쭝(建中, Kiến Trung, 1225-1231) 6년(1230) 도형(徒刑)에 해당하는 범죄의 경중에 따라 자면(刺面)의 숫자가 정해졌는데, 중죄(中罪)의 경우는 자면 여섯 자였다고 한다.[147] 『안남지략』(安南志略)의 형정(刑政) 부분을 보면, 절도죄를 범한 자는 초범의 경우 장 80대에 '범도'(犯盜) 두 글자를 자면한다고 했다.[148] 자면의 글자 수는 리 왕조에 비해 월등히 적어져 현실화된 느낌이다. 결국 베트남에서의 자묵은 송대의 제도를 받아들인 리 왕조에서 시작되어 쩐 왕조를 거쳐 『국조형률』에 이르렀다고 볼 수 있지 않을까 한다.

결론적으로 말하면, 『국조형률』은 리와 쩐 두 왕조의 법을 계승했으며, 그 결과 중국의 당률을 수용하게 되었던 것이다. 그러나 『국조형률』은 단순히 중국 법만을 계수한 것이 아니고 근세 베트남 사회의 이해에 더 중요한 자기네 고유 관습도 상당히 반영하고 있는 점에 유의할 필요가 있다. 사실상 레 왕조 전 시대를 통해 이들 두 법은 병존하면서 상호 보완적인 관계에 있었다. 앞서 말한 바와 같이, 17세기 후반 하노이에 체류하고 있던 사무엘 바론은 다음과 같이 말하고 있다.[149]

> 중국 법은 베트남 인들 사이에서 널리 통용되고 있어 사실상 그들 자신의 민법이나 성문법으로 간주될 정도이다. 그러나 전통적인 관습이 혼합된 황제의 칙령이나 법령 및 관리들에 의한 명령도 강력한 효력을 가지고 있다.

『국조형률』의 고유한 측면은 앞에서 언급한 바와 같이, 중국 법에서는 전혀 발견되지 않는 「호혼장」과 「시증전산장」 및 「증보향화령」 등의 장에서 명백하다. 「시증전산장」에서는 재산 상속과 토지 재산의 거래 등이 중심 문제가 되어 있으며, 「증보향화령」의 장은 조상의 제사를 모시는 데 드는 비용을 충당하기 위한 별도의 토지인 향화전(香火田)에 관한 규정을 다루고 있다. 이들에 대해서는 제2부에서 상세히 다루고자 한다. 「호혼장」은 명칭상 당률이나 명률의 그것과 유사하지만, 이 장에 있는 법규들은 거의가 베트남 특유의 것들이다.

사실상, 『국조형률』은 전체적인 체재에서보다 개개 법조문의 내용에서 훨씬 더 그 고유성이 잘 나타나 있다. 『국조형률』의 722개조는 당률의 502개조[150]나 명률의 460개조와 잘 비교가 되어, 이들보다 적어도 220개조 이상이나 많다. 그뿐만 아니라 조문들을 면밀히 비교·검토

표 2 『국조형률』에 고유한 조문 숫자

장	총 조문 수		고유한 조문 수		
1	49		22	(22)	[22]*
2	47		30	(34)	[22]
3	144	(143)	109	(110)	[105]
4	43		26	(32)	[29]
5	58		35	(37)	[35]
6	32		24	(24)	[27]
7	14		12	(12)	[14]
8	13		13	(13)	[13]
9	10		4	(6)	[5]
10	54		22	(25)	[25]
11	50		12	(12)	[13]
12	38		12	(13)	[11]
13	92		44	(50)	[45]
14	13		2	(2)	[2]
15	65		40	(42)	[36]
총계	722	(721)	407	(434)	[404]

* (소괄호) 안의 숫자는 들루스탈, [대괄호] 안의 숫자는 영문 번역자들의 견해임.

하면 400개조 이상이 『국조형률』의 독특한 규정들임이 발견된다. 이 규정들을 각장 별로 분류하면 [표 2]와 같다.

이 외에 어떤 조문들은 중국 법의 내용을 계수하고 있지만, 부분적으로는 베트남의 관습에 맞게끔 변형되기도 했다. 이에 관한 일례로 『국조형률』의 십악(十惡)에 관한 규정을 들 수 있다. 가장 죄질이 나쁜 십악에 해당되는 범죄로는 모반(謀反)·모대역(謀大逆)·모반(謀叛)·악역(惡逆)·부도(不道)·불대경(不大敬)·불효(不孝)·불목(不睦)·불의(不義)·내란(內亂)의 10가지를 들고 있는데,[151] 이는 『국조형률』이 중국 법의 개념을 그대로 받아들인 것이다. 그러나 이러한 중국 법의 수용에도 불구하고, 그 내용을 자세히 살펴보면, 불효 행위에 관해 『국조형률』

과 중국 법 사이에는 사소한 것 같으면서도 중대한 차이가 있음이 발견된다. 중국 법은 당률이나 명률 모두 불효에 해당하는 행위들을 다음과 같이 규정하고 있다. 1) 조부모와 부모를 고발하거나 욕하는 것, 2) 조부모나 부모 생존 중에 분가하여 재산을 나누는 것[別籍異財], 3) 조부모나 부모를 부양하지 않는 것, 4) 조부모나 부모의 상중(喪中)에 결혼하거나 또는 상복을 벗고 쾌락에 빠지는 것, 5) 조부모나 부모의 상(喪)을 듣고도 감추고 애통해 하지 않는 것, 6) 조부모나 부모의 사망을 사칭(詐稱)하는 것들이다.

『국조형률』의 규정 역시 중국 법의 내용과 일치하고 있지만, 한 가지 조부모나 부모 생존 중에 분가하여 재산을 나누는 것[別籍異財][152]을 조부모나 부모의 '가르침을 따르지 않는 것[違背教訓]'으로 바꾸어 놓고 있다. 이는 베트남의 경우 자녀는 부모의 생존 중이라도 분가할 수 있었음을 의미하는 것으로, 『국조형률』이 베트남 사회의 현실을 반영한 결과로 볼 수 있다.

또 다른 예는 제1조의 오형(五刑)에 관한 규정에서도 찾아볼 수 있다. 『국조형률』의 오형 제도는 근본적으로 중국 법과 동일하지만, 세부적인 면에서는 차이가 있다. 즉, 중국 법은 오형을 적용함에 있어 남녀를 구분하고 있지 않은 데 비해, 『국조형률』은 이를 구분하여 여자에게는 장형(杖刑)과 유형(流刑)을 가하지 않았으며, 도형의 경우에도 형(刑)을 달리했다.[153] 이는 『국조형률』이 남녀의 신체적 구조와 사회적 역할의 차이를 고려한 때문인 것으로, 전근대 베트남 사회에서 남자들에 비견할 만한 여자들의 사회적 지위와 관련이 있다는 생각이다.[154]

지금까지 우리는 『국조형률』이 서로 다른 두 법 문화, 즉 중국 제도와 베트남 제도의 결합임을 보았다. 그렇다면 다음과 같은 문제에 의문을 갖지 않을 수 없다. 첫째는 중국 법의 어떤 면들이 계수되었으며,

둘째는 베트남에 고유한 관습의 성격은 어떤 점들인가 하는 것과, 셋째 이들 두 제도 사이에 상충되는 점들이 있지 않은가 하는 것이다. 만약 있다면, 왜 유교적 성향의 베트남 법 제정자들이 『국조형률』에 베트남 고유의 관습을 끼워 넣었는가 하는 점 또한 의문이 아닐 수 없다.

중국의 전통 법들은 흔히 형법적인 면이 특징적인 것으로 알려져 있다. 즉 이들은 "항상 어떤 범죄 행위에 대하여 가능한 한 모든 위반 사항들을 찾아내서 각 위반 사항에 적절한 처벌 규정들을 두려고 한다."[155]는 것이다. 사실 이들 법전의 조문은 거의가 "X라는 범죄 행위를 한 사람은 Y라는 처벌을 받는다."[156]라는 식으로 되어 있다. 『국조형률』이 중국 법의 이러한 형식을 충실히 따르고 있음은 물론이다. 이 법이 형법의 성격을 띠고 있다는 것은 서명에 '형률'이란 용어가 있는 것에서도 명백하다. 그리고 법은 그 이름에 걸맞게 첫머리에서 형벌의 종류를 서술하는 것으로부터 시작된다. 전술한 바와 같이, 형벌은 중국의 처벌 규정, 즉 태형(笞刑)·장형(杖刑)·도형(徒刑)·유형(流刑)·사형(死刑)을 그대로 모방하고 있다. 그러나 세부적인 면에서의 적용, 예컨대 형벌 적용의 남녀 구분 같은 것에 대해서는 이미 앞에서 언급했다.

형벌의 적용에는, 중국 법에서와 마찬가지로, 범죄 행위의 동기, 가해자와 피해자의 사회적 신분이나 가족 내에서의 위치 및 범죄 행위가 일어난 상황이라든가 그러한 행위를 할 때 취한 수단 등이 고려되어 차등이 두어졌다. 모든 경우에 형벌이 일률적으로 똑같은 것은 아니었다. 위의 세 가지 차등 조건 중에서 두 번째의 경우가 베트남 사회의 고유성이라는 문제와 관련되기 때문에 이를 중심으로 우리의 논지를 전개하고자 한다. 대부분의 전통 사회에서 그러했듯이, 베트남의 레 왕조 사회에서도 모든 사람들이 법 앞에 평등한 것은 아니었다. 이들은 대략 두 계층, 즉 특권 계층과 비특권 계층으로 나누어졌다. 전자에는 황족·관리·지식층 등이 포함되었으며, 후자에는 농민·장인(匠人)·상인 및 천민 집단이 속했다.

『국조형률』은 이들 두 계층 사이에 법적 신분의 차이를 명백히 그어 놓았다. 우선 중국 법에서와 같이 '팔의'(八議)라고 하는 여덟 가지 범주에 속하는 사람들, 즉 황제의 친족[議親]·황제나 왕조에 오랫동안 봉사한 사람[議故]·덕행이 있는 사람[議賢]·큰 재능이 있는 사람[議能]·큰 공훈을 세운 사람[議功]·고위 관리[議貴]·자신의 업무에 매우 충실한 관리[議勤]·이전 왕조들의 후예[議賓] 등에게는 신분적 특권을 인정하여 주었다.[157] 이들은 일반 대중과는 확연히 구분되어, 사형의 혐의가 틀림없는 범죄를 저질렀다 하더라도 황제의 사전 허가 없이는 형이 논의되지 않았으며, 또 십악에 해당하는 죄가 아닌 한 언제나 감면의 혜택이 있었다. 그 뿐만 아니라 이들의 부인이나 자녀들까지도 동일한 혜택을 누렸다. 위의 여덟 가지 범주에 속하지 않는 관리들이라도 역시 상당한 정도의 특권이 주어졌다. 이들은 범법 행위를 했을 때 형벌의 감면을 받을 특권이 있었으며, 이러한 특권은 관직을 그만둔 후에도 유지되었다.

『국조형률』에 따라 특권 계층은 비특권 계층과의 관계에서도 법상의 특권을 누렸다. 특권 계층의 사람과 비특권 계층의 사람 사이에 형사상 문제가 발생한 경우, 『국조형률』은 중국 법과 동일하게 가해자와 피해자의 신분을 고려하여 형벌을 규정하고 있다. 그리하여 가해자의 신분이 낮고 피해자의 신분이 높으면 높을수록 형벌은 점차 무거워졌다. 예컨대, 평민들 간의 구타 행위는 장(杖) 60에 해당되었는 데 비해,[158] 평민이 4품(四品)의 관리를 구타하면 형벌은 상당히 중했고, 2품의 관리를 구타한 경우에는 이보다 더욱 무거워 유형에 처해질 정도였다.[159]

이처럼 한 집단이 다른 집단에 대해 특권을 갖는 계층 조직은 어떤 의미에서는 사실상 불가피한 것이었다. 왜냐하면 지배자들 자신이 사회의 구석구석까지를 일일이 총괄할 수는 없기 때문이다. 따라서 법으로 인정된 특권이란 궁극적으로는 군주들이 자신의 권력을 유지하기 위한 하나의 수단이었고 할 수 있다. 이는 그들이 자신에 대한 비특권층의 도전을 결코 용납하지 않았으며, 또 특권 계층이라고 하더라도 반란이나 모반 등과 같이 국가와 사직에 중대한 위협을 가하는 행위를 한 경우는 평민처럼 엄중한 처벌을 받았다.

『국조형률』은 가해자와 피해자의 사회적 신분에 따라 형벌에 차이를 두었을 뿐만 아니라, 가족이나 친족 상호 간의 행위에 대해서도 유교적인 오복제(五服制)의 개념에 의거하여 형벌을 달리했다. 오복제 내에서 형벌을 결정할 때의 가장 중요한 요인은 친소(親疎)·존귀(尊貴)·성별(性別) 세 가지였다. 사건에 관련된 두 사람의 관계가 가까우면 가까울수록 범법 행위에 대한 존속친(尊屬親)의 책임은 상대적으로 작아졌는가 하면 비속친(卑屬親)의 책임은 커졌다. 이와 반대로 양자의 관계가 멀면 멀수록, 존속친에 대한 처벌은 무거웠고 비속친에 대한 처벌은 가벼웠다. 실제 구타의 경우를 예를 들어 보면 다음과 같다. 삼종형(三從兄)[160]을 구타한 자는 제삼자 간의 행위에 대해서보다 한 등급 중하게 다스려졌으며, 반면에 삼종제(三從弟)를 구타했으면 오히려 보통의 경우보다 한 등급이 가벼웠다. 다른 한편 재종형(再從兄)[161] 또는 종형(從兄),[162] 즉 사촌형(四寸兄)을 구타했으면 삼종형의 경우보다 각각 한 등급과 두 등급 더 무거운 형에 처해졌으며, 피해자가 비속친이면 반대로 한 등급과 두 등급이 각각 경감되었다.[163]

위의 경우들보다 더 중요한 것은 부부 사이 및 부모와 자녀 사이의 구별이었다. 중국의 지식층과 마찬가지로 베트남의 지식인들 역시 '여필종부'(女必從夫)라는 생각을 가지고 이를 강조했다. 부인의 지위라는 것은 남편의 지위에 비할 바가 되지 못했으며, 그 결과 부인의 남편에 대한 폭행은 부인에 대한 남편의 같은 행위보다 훨씬 더 엄중한 처벌의 대상이 되었다. 만일 부인이 남편에게 상해를 입혔으면 형벌은 원주(遠州)로의 유배였다. 그러나 그 반대의 경우 남편에 대한 형벌은 제삼자 간의 상해 사건보다 3등급이 가벼웠다.[164]

부모와 자녀 간의 관계는 더 이상 강조될 수 없을 정도로 중요했다. 효(孝; 베트남어로는 히에우[hiếu])라는 것은 유교적인 가정도덕의 중심 사상으로 이에 의해 자녀는 부모에 매어 있었다. 이 때문에 자녀는 부모에 대한 신체적인 폭행이나 말로만 하는 욕설은 고사하고 단순한 불복종조차 앞에서 말한 바와 같이 십악의 하나인 불효로 규정되었다.[165] 이와는 반대로, 부모는 자신들의 가르침을 위반하는 자녀를 살해하더라도 호정(犒丁)의 형밖에 받지 않았다.[166] 이는 제삼자 간의 살인 행위가 교형(絞刑)이었던 것과 대조적이다. 가정 내에서 부인이나 자녀의 이러한 낮은 지위 때문에 남편이나 부모에 대한 이들의 위배 행위는 자동적으로 십악의 범주에 들어 여하한 경우에도 형의 감면이 주어지지 않았다.

우리가 이해하는 『국조형률』의 가치 관념에 비추어 볼 때, 십악은 가장 혐오할 만한 범죄였으며, 따라서 '팔의'에 속하는 법 제도상의 특권 집단도 이에 해당하는 잘못을 저질렀을 경우에는 예외가 될 수 없었다. 중국 법에서와 동일하게 『국조형률』에서도 십악에 관한 규정은 제2조로 제1조인 오형에 관한 조문 바로 다음에 오고 있는데, 이는 십악이 얼마나 나쁜 죄악으로 다루어졌는가를 잘 보여 준다. 십악은 크게 두 종류, 즉 왕조나 군주에 대한 위배 행위와 유교적 가족도덕에 저촉되는 행위로 구분될 수 있다. 이리하여 모든 사람은 특권 계층이건 비특권 계층이건 간에 지배자에게 충성을 바치고 부모에게는 효도를 다하도록 요구되었다. 주지하는 바와 같이 유교는 충과 효를 특별히 강조하고 있는데, 『국조형률』 내의 많은 조항들도 충효 또는 그 중의 어느 하나와 관련되어 있다. 말할 것도 없이, 중국 법으로부터 직접 받아들인 조문들은 바로 이들 충효와 연관된 것들이었다. 이하에서는 중국 법과의 관계를 염두에 두면서 『국조형률』의 각 장을 간략히 서술하고자 한다.

「위금장」(衛禁章)의 내용은 주로 궁궐의 안위에 관계되는 것이다. 「위제장」(違制章)은 종묘사직의 제사·궁중 예절·관리들의 행동 규범 또는 업무 수행에 관한 것들이 중심으로 되어 있다. 「군정장」(軍政章)의 주요 내용은 군역의 회피 문제이고, 「호혼장」(戸婚章)은 호적 등재의 부정과 결혼에 관한 규정이 대부분이다. 「전산장」(田產章)은 공전(公田)에 관한 규정들을 다루고 있다. 「시증전산장」(始增田產章)과 「증보향화령」(增補香火令)은 앞에서 이미 언급한 바와 같이 『국조형률』에 독특한 부분이다. 간통장(姦通章) 이하 나머지 장들은 당률을 거의 문자 그대로 받아들이고 있다. 다만 「잡률장」(雜律章)과 「포망장」(捕亡章)에 약간 베트남 고유의 규정들이 들어 있을 뿐이다. 이 장들은 『국조형률』에서도 형법적인 성격이 가장 강한 부분으로, 여기에는 간통·친족상간·살인·도적·폭력·사기·공문서 위조·방화·죄인의 체포 및 도주·죄인의 재판·판결의 집행 등에 관한 규정 등이 포함되어 있다.

이상의 개략적인 설명으로부터 중국 법에서 계수된 것이 어떤 내용의 규정들인지가 드러난다. 중국 법을 계수한 조항들의 극히 일부만이 일반 대중의 일상생활이나 고유한 관습에 대해 언급하고 있고, 여타는 거의가 궁중 예절·관리의 행동 규범·군주에의 충성·유교적 가정도덕 및 공공질서 등에 관련되어 있다. 이 외의 몇몇은 순전히 행정적인 측면, 즉 호적의 작성이나 세금의 부과 등을 다루고 있기도 하다. 그러나 이들 내용이 어떠하든 간에 궁극적인 목적은 군주와 조정을 보호하고 그 세력을 강화해 주는 것이었다. 따라서 효까지도 군주에 대한 충성 앞에서는 부차적인 것일 뿐이었다. 『국조형률』도 중국 법의 예에 따라 자녀가 부모를 고발하지 못하도록 규정하고, 이를 위배하는 행위는 십악 중의 불효에 해당되었다. 그러나 종묘사직에 대한 모반(謀反)이나 모대역(謀大逆) 및 모반(謀叛) 같은 경우는 예외로 하여 신고하지 않으면 오히려 처벌의 대상이 되도록 했다.[167] 요컨대, 법은 군주의 의지였고 그의 이익을 보호하기 위한 근본적인 수단이었다.

『국조형률』에 고유한 조문들을 자세히 살펴보면, 베트남 법의 목적 또한 군주권의 보호임을 보여 준다. 위에서 우리는 『국조형률』의 722개조 가운데 400개조 이상이 중국 법에 없는 것들이고, 또 이들 외에도 상당수는 중국 법에서 유래하고 있기는 하지만 구체적인 조문 내용에서는 차이가 있음을 언급했다. 『국조형률』의 조문들 중 중국 법에서 유래하기는 했어도 내용이 수정된 것들은 형벌 제도에서부터 토지와 농민의 지배에까지 다양하다. 이들 가운데 어떤 조문들은 베트남 고유의 관습과 관계가 있다.

「명례장」(名例章) 내의 고유한 조항들은 레 왕조와 중국의 형벌 제도 간에 차이가 있는 것을 보여 준다. 「위금장」(違禁章)에서 중국 법에 없는 규정들이란 외국인에게 노예·토지·무기·구리·철·소금·코끼리·말 등의 판매를 금지한 것들이다. 이러한 금지는 아마도 중국인들과의 거래를 의식한 것으로 보인다. 「위제장」(違制章)의 특징은 호구 조사 보고서가 지방 행정 기관으로부터 중앙 부서에까지 어떻게 이루어져야 하는지를 다루고 있다는 점이다. 전투에 임한 장수의 행동 규범과 일반 병졸들의 일상적인 복무 수칙을 자세히 언급하고 있는 『국조형률』의 「군정장」(軍政章)은 중국 법과 특이할 정도로 다르다. 「전산장」(田産章)

과 「호혼장」(戶婚章)에서 보이는 고유한 측면은 토지와 농민에 대한 군주의 지배를 확고히 하는 동시에 이들을 호족의 세력으로부터 보호해 주는 데 관한 규정들이다. 다음에 오는 「시증전산장」(始增田産章)과 「증보향화령」(增補香火令)의 두 장이 『국조형률』에 고유한 것임은 이미 언급한 바와 같다. 「도적장」(盜賊章)에는 중국 법에 없는 잡범들에 관한 규정이 들어 있다. 나머지 다섯 장 가운데서 중요한 것은 「잡률장」(雜律章)과 「단옥장」(斷獄章)으로, 이들 두 장은 대외 무역과 소송사건의 공정한 절차와 사건의 신속한 처리를 다루고 있는 점이 특이하다.

기본적으로 중국 법을 계수하고 있는 『국조형률』이 이처럼 고유한 규정들을 둔 데는 정치적·경제적·사회적·문화적인 면에서 그 나름의 이유가 있었다. 무엇보다도 레 왕조의 법과 중국 법이 제정된 정치적·경제적 상황이 달랐다. 『국조형률』이 처음 제정된 15세기 초 레 왕조는 새 왕조의 정치적 안정에 저해가 되는 경제적 어려움들에 직면해 있었다. 쩐 왕조 후기인 14세기에 들어와 베트남은 토지 제도가 붕괴되면서 세력 가문들은 대토지를 소유하고 노예나 농노들로 하여금 이를 경작케 했다. 14세기 말 권력의 중추부로 등장한 호 꾸이 리(胡季犛, Hồ Quý Ly)는 이러한 상황을 타개하기 위한 개선책으로 한전법(限田法)과 한노법(限奴法)을 반포하기에 이르렀다. 1397년 반포된 한전법은 주로 적계(嫡系)의 왕자와 공주 외에는 10무(畝) 이상의 토지를 소유하지 못하게 하는 것이었다. 한노법은 그가 쩐 왕조의 권력을 빼앗아 제위에 오른 이듬해인 1401년 제정된 것으로, 신분과 지위에 따라 소유할 수 있는 노예의 수를 제한했다.[168] 그러나 호 정권은 이러한 제도를 성공적으로 수행하기에는 너무 짧았다. 명 지배하(1407-1427)에서 농민들의 경제생활은 더욱 비참해졌다. 농민들은 자기 마을을 떠나 유랑하고 일부 세력가들은 명 지배에 부역하면서 자신들의 토지를 확대해 나갔다. 그런고 까닭에 새로 세워진 레 조정에 있어 긴급한 문제들 중의 하나는 토지와 농민을 통제하여 국고 세입을 확보하는 일이었다. 이런 이유에서 제1장에서 언급한 바와 같이 레 왕조 초기의 군주들이 토지와 농민의 통제에 많은 노력을 기울였던 것이다. 『국조형률』 내의 몇몇 조문들은 조정이 이러한 문제에 대처하는 방안을 보여 주고 있다. 예컨대, 촌락의 행정 책임자인 사관(社官)[169]이 호적을 작성할 때 개인이나 호구를 빠뜨리면 처벌을 받았다. 이를 발견하지 못 한 지방관 역시 처벌의 대상이 되었다.[170] 그 뿐만 아니라 주민들에게 해가 되는 자들을 제거하지 못해 주민들이 다른 곳으로 이주하여 인구가 감소하면, 지방관은 그에 대한 책임을 져야 했다.[171] 중앙의 관리는 지방으로부터 보고되는 호적을 면밀히 검토할 책임이 있었다. 그러는 과정에서 부정행위는 물론 착오도 용서받을 수 없었다.[172] 다른 한편 세력 가문들은 평민을 노예로 삼는다든가 또는 유랑민이나 무뢰한 등을 수용하는 행위가 엄격히 금지되었다.[173] 이와 아울러 『국조형률』에는 불법적인 토지 점유나 토지를 둘러싼 분쟁에 관한 많은 조문들이 들어 있다.[174] 이러한 문제들은 조정이 인력과 세입의 확보를 위해 얼마나 노력했는가를 잘 보여 준다. 사실상 레 왕조는 새로운 세원을 찾아내려고 끊임없이 노력했다. 그리하여 모든 지방관은 자기 관할 구역 내에서 세원이 될 만한 모든 것을 보고하지 않으면 안 되었다. 그렇지 않은 경우에는 말할 것도 없이 처벌을 받았다.[175]

레 왕조는 이전의 리 왕조나 쩐 왕조보다 대외 무역을 더욱 철저히 통제하였다. 『국조형률』에서 대외 무역을 철저하게 통제한 것은 무역의 독점보다는 왕조의 안전 문제와 더욱 밀접히 관련되어 있었던 같다. 『국조형률』에 의하면, 대부분 중국으로부터 오는 것이겠지만, 여하튼 모든 외국 선박은 번 돈(雲屯, Vân Đồn) 항에 정박하고 그곳에서 관세를 내고 관리들과 교역을 해야만 했다.[176] 사무역(私貿易)은 금지되었다. 그러나 17세기에 이르면 북부의 최대 무역항은 포 히엔(舖憲, Phõ Hiến; 지금의 흥 옌 시[興安市, Hưng Yên])으로 바뀌었다. 당시 항간에서 "제1은 수도요, 제2는 포 히엔이다."라는 말이 유행할 정도로 포 히엔은 번영했다.[177] 레 왕조가 초기 대외 무역을 번 돈 항으로 제한한 것은 국내 사정이 중국인들에게 노출될 것을 두려워했기 때문이었다. 사실상 『국조형률』은 외국인에게 국내 사정을 누설하는 자에 대한 엄한 처벌 규정을 두고 있다.[178] 초기 레 왕조의 군주들은 20년 동안의 명 지배로부터 벗어난 지 얼마 안 된 때라 있을지도 모를 중국의 재침에 조심스럽게 대비해야만 했다.[179] 외국인에게 노예·토지 및 주요 물자의 판매를 금지한 것도 이러한 배경에서 이해되어야 할 것이다.

이상의 정치적·경제적인 것들 외에도 『국조형률』에는 고유한 규정들이 적지 않다. 이들은 베트남 사회에 뿌리 깊은 관습에 관한 것들로, 이 문제는 제2부에서 상세히 논하려고 한다. 여기서는 한두 가지 예만 드는 것으로 충분하리라고 믿는다. 우선 『국조형률』의 재산 상속법과 향화(香火, hương hỏa) 제도는 베트남 사회에 특이한 것임을 상기할 필요가 있다. 이들에 의하면, 부모의 유언이 없는 경우 부모 재산의 20분의 1은 제사 비용을 충당하기 위해 별도로 하고, 나머지는 자녀들 간에 분할되었다.[180] 판 후이 쭈가 『헌장』에서 지적했듯이, 『국조형률』의 규정은 재산을 둘러싸고 일어나는 자녀들 간의 분쟁을 막자는 데 그 목적이 있었다.[181] 한편 까인 흥(景興) 8년(1747) 7월 2일 부 반 번(武文彬, Vũ Văn Bân)과 쯔엉 티 란(張氏蘭, Trương Thị Lan) 부부가 서명한 촉서(囑書, chúc thư), 즉 재산 상속 문서에도 '분쟁을 막기 위해서'라고 되어 있다.[182] 그러나 이러한 분쟁의 방지는 궁극적으로 국가가 필요로 하는 조세와 노동력[徭役]과 군역(軍役)의 공급원인 가정을 안정시키는 데 목적이 있었다.

베트남의 고유 관습과 관련된 중요한 규정 중의 또 다른 하나는 앞에서 이미 언급한 제2조의 불효에 관한 내용이다. 즉, 중국에서와는 달리 자녀는 부모가 생존 중이라도 분가하여 자신의 독립된 가정을 이룩하는 것이 가능했다. 니이다 노보루에 의하면, 독립된 가족의 형성이 이처럼 가능한 것은 부모와 자녀 사이에 재산상의 독립이 인정되었기 때문이라고 한다.[183] 다시 말해, 자녀가 이미 자신의 독자적인 재산을 가지고 있는 한 그의 분가는 가정 경제 전체에 별다른 영향을 끼치지 않기 때문일 것이라는 논리다. 여하튼 이는 베트남 가정 내에서 부모와 자녀 간의 상호 의존도는 그만큼 적고 서로 독립성이 강했음을 나타내주는 것이다.(중국에서는 재산이 가족원 모두의 공동재산이기 때문에 재산의 분할은 가정 경제에 심각한 영향을 끼칠 수 있었다.)

자녀의 분가를 인정한 『국조형률』의 규정은 유교적 도덕관념과는 직접적으로 충돌한다. 주지하는 바와 같이, 유교의 효는 부모에 대한 자녀의 절대적인 복종과 희생적인 봉사를 요구하고 있다. 이에 위반하는 행위에 대해 당률은 3년의 도형을 규정하고[184], 명률에서는 장 100에 처해지도록 했다.[185] 두 법 모두 이러한 행위를 십악 중의 하나로 간주했음은 말할 것도 없다.

레 왕조의 법 제정자들은 유교의 소양이 깊은 사람들로, 자녀의 분가가 유교의 전통적인 도덕관과 모순됨을 분명히 알고 있었을 것이다. 그렇다면 과연 어떤 연유로 해서 그들은 유교적인 색채가 강한 『국조형률』에 근본적으로 성격을 달리하는 베트남 관습에 근거한 규정을 포함시켰을까 하는 의문이 생긴다. 이에 대한 이제까지의 일반적인 설명은 베트남의 지배자나 관리들이 자기네 전통과 관습을 존중한 데에서 비롯되었다는 것이었다. 이러한 설명은 17세기 유럽 인의 기록에 의해서도 어느 정도 입증이 된다. 사무엘 바론은 베트남 지배자들이 "법과 관습을 상당히 존중하면서 자신들의 행동을 이에 일치시키고 있다." [186] 라는 기록을 남겨 놓았다.

그러나 『국조형률』 내에 모순이 생긴 또 다른 중요한 이유는 정치적인 것 같다. 만약 새로운 법이 사람들의 일상생활과 일치하려고 했다면 관습의 반영은 현명한 처사였다. 왜냐하면 어떤 급격한 변경은 사람들에게 혼란을 주어 반발을 초래할 가능성도 있을 수 있기 때문이다. 레 왕조의 법이 비록 군주의 의지를 반영했다고 하더라도 그것은 이런 이유로 해서 예로부터 내려오는 전통과 관습을 어느 정도 받아들이지 않을 수 없지 않았을 것이다. 이러한 추측은 15세기의 다음과 같은 일화에 의해 입증된다. 레 타인 똥은 1471년 칙령을 내려 유교의 도덕관념을 근거로 부모의 상중(喪中)에 자녀의 임신을 금지시키는 한편, 위반자에 대하여는 장 100에다가 원주(遠州)에로 유배시키는 처벌을 했다.[187] 그러나 이 칙령은 그의 재위 후반에 철회되지 않을 수 없었다. 전하는 바에 의하면, 레 타인 똥의 신하 중 한 사람이 아버지의 삼년상을 끝낸 후 자손도 없이 세상을 떠나는 일이 생겼다. 황제는 이를 듣고 불쌍히 여겨 자신이 이전에 내렸던 칙령을 거두어들였다는 것이다.[188] 여기서 자식이 없음을 불쌍히 여겼다는 것은 아마도 사실과 다르고, 실제로는 임신 금지에 대한 반발이 크게 일자 신하의 죽음에서 레 타인 똥이 칙령 철회의 구실을 찾았을 가능성이 크다.

전통이나 관습이 경제적인 문제와 관련이 될 때는 이를 변경시키는 일이 더욱 복잡했으리라고 생각된다. 경제적 문제는 오늘날보다도 전통 사회의 일상생활에서 차지하는 비중이 컸으며, 또 결혼이나 조상 숭배 같은 관습과 밀접한 연관이 있었다(제2부 참조). 따라서 이에 대한 어떤 조그만 변화라도 일반 대중들로 하여금 강력한 반발을 불러일으키게 할 가능성이 많았다. 『국조형률』 내의 베트남 고유 관습들이 주로 경제적인 문제들, 예컨대 재산 소유권·상속제 등등과 밀접히 관련되어 있음은 결코 우연한 일이 아니다.

사회적인 관습에 대해서도 지배자는 분명히 예로부터의 풍속을 변경시킬 의사가 없었을 것이다. 왜냐하면 이 풍속은 그의 권력을 유지시키는 데 유리했을지언정 불리한 측면은 없었기 때문이다. 주지하는 바와 같이, 중국 법은 가부장에게 강력한 권위를 인정하여 주고 자녀들은 부모, 특히 아버지에게, 그리고 아내는 남편에게 절대 복종할 것을 요구하고 있다. 그러나 베트남의 군주는 강력한 가부장권이 결코 자신과 중앙 정부에 유리하지 않음을 간파하고 법을 유교의 이상에 맞게 하면서도 스스로 한계를 정했던 것 같다. 자녀들의 재산의 분배와 그에 따른 그들의 독립 가능성은 이런 측면에서 이해되어야 한다. 이들 제도는 가부장권을 약화시키기 때문에 허용되었음이 분명하다. 이로부터 우리가 알 수 있는 것은 베트남의 군주와 법 제정자들이 사회의 질서 유지라는 현실적인 일에 더 관심을 가졌지, 관습과 이념 사이의 어떤 추상적인 모순을 해결하는 데는 별다른 관심을 기울이지 않았다는 사실이다.

이제까지 우리는 『국조형률』의 두 가지 측면을 논의했다. 하나는 그것이 어떻게 중국의 법 제도를 계수했는가이며, 다른 하나는 그것이 간직하고 있는 베트남 사회에 고유한 점들에 대해서였다. 두 번째 측면이 베트남 사회의 연구에 중심점이 됨은 말할 필요도 없다. 베트남 사회의 고유한 점들에 대한 분석은 근세 베트남 사회가 어떠했는가를 밝혀줄 수 있을 것이며, 또한 중국 사회와는 어떻게 달랐는가를 보여줄 것이다. 첫 번째 측면에 대해서 주의를 기울이는 것 또한 필요하다. 그 이유는 중국 법이 근세 베트남 사회에 영향을 끼치고 있었기 때문이다. 이러한 두 가지 문제들이 제2부의 중심 과제가 될 것이다.

제 2 부

가족제도와 베트남 관습

가족 연구에서 가장 분명한 기준이 있다고 한다면 가족의 크기와 구조라고 할 수 있다. 누가 가족원인가? 근세 베트남에서 이러한 문제에 대해 답변할 만한 명백한 증거는 없다. 다양한 자료들에서 조금씩 얻은 근거에 의하면, 가족의 크기는 작고 그 핵심은 부부와 아이들이었다. 이를 근거로 이 연구는 부부관계 및 부모와 자녀의 관계에 중점을 두고자 한다. 가족재산 또한 가족원들 사이의 관계를 이해하는 데 중요한 요소이다. 가족원들의 역할과 신분은 재산의 소유라든가 상속과 서로 밀접히 관련되어 있기 때문이다.

제1장_부부관계

개인주적인 현대 사회에서 결혼이란 근본적으로 두 당사자 간의 사랑과 상호 의지에 기반을 둔 결합이다. 이런 의미에서 근세 베트남 인들의 결혼도 크게 다르지 않았다. 그러나 그들의 결혼에는 또 다른 중요한 의미가 있었다. 그것은 다름 아닌 후손이 그들의 조상을 숭배하기 위해 요구되는 가계의 영속 유지였다. 베트남 사람들에게 조상 숭배는 대단히 중요한 문제였다. 이는 베트남의 가보(家譜)가 조상이 돌아간 연월일(年月日), 즉 기일을 기록한 비망록의 성격이 짙은 것[1]에서도 알 수 있다. 살아 있는 후손들의 제사는 저세상으로 떠난 조상들을 편히 쉬게 하기 위해서 절대적으로 필요하다는 것이 그들의 믿음이었다.[2] 이 때문에 결혼은 당사자들만의 문제가 아니라 부모는 물론 친척들에게까지도 커다란 관심거리였다.

이러한 관심으로 인해, 상층 계층에서의 결혼은 일반적으로 부모나 친지들에 의해 중매로 이루어졌다. 결혼 당사자들은 자신의 배우자 선택에서 거의 발언권이 없었으며, 배우자가 결정된 다음에야 비로소 부모로부터 사실을 듣고는 했다. 그리고 신랑과 신부는 결혼식에서 처음 얼굴을 대하는 것이 보편적이었다고 해도 과언은 아니다. 이러한 중매 결혼은 자녀들의 결혼을 통해 사회적으로 높은 신분층과 연줄을 맺으려는 관리들이나 부유한 집안들에서는 전통적으로 행해졌다. 17, 8세기의 근세 베트남에서 관직과 부는 사회적 신분을 결정하는 가장 중요한 두 요소였다. 그러나 둘 중에서도 관직이 더 중요했다. 고위 관직의 가문들은 흔히 자녀들을 비슷한 배경 출신의 자녀들과 결혼시켰다. 총명한 아들이 있지만 그의 교육을 뒷바라지할 수 없는 가정 중에는 부유한 집안의 딸에게 청혼을 하는 경우도 있었다. 이때 부유한 집안은 청혼을 기꺼이 받아들이곤 했다. 왜냐하면 사위를 공부시켜 과거에 합격하는 경우 집안의 신분이 상승하기 때문이었다.

중매결혼은 실질적으로 지배 계층 자녀들에게는 불가피할 수밖에 없었다. 이 계층에 속하는 딸들은 유교 문화의 영향을 받은 중국의 소녀들과 마찬가지로 열 살이 되기 이전에는 외출이 거의 금지되었다. 베트남 속담은 이를 잘 말해 주고 있다. "여자아이들은 빗장을 건 문 안에 있어야 한다."[3] 혹 외출하더라도, 길바닥만 내려다보며 걷고 집에 돌아와서야 눈을 들어 위를 쳐다볼 수 있었다.[4]

그러나 상층 계층의 소녀들과는 달리 일반 서민 계층의 처녀들은 일하러 간다든지 놀러 간다든지 하는 등등으로 외출이 자유로웠다. 사실상 베트남 관습은 그들이 소년들과 어울리는 데 대해 관대한 편이었다. 그 결과 하층 계층의 젊은 남녀는 자유롭게 배우자를 선택할 수 있었으며, 반드시 중매로 결혼해야 하는 것은 아니었다. 물론 젊은 남녀들이 자유롭게 어울리는 것은 유교적 관점에서 바람직한 것은 아니었다. 1471년 레 타인 똥은 칙령을 내려 남녀의 동석(同席)과 같이 볼 수 있는 여울에서 어울려 목욕을 하거나 손으로 물건을 직접 건네주는 것을 금지시켰다.[5] 그렇다고 오래된 관습이 쉽사리 없어질 수는 없었다. 젊은 남녀들은 촌락의 각종 축제에서 같이 노래 부르고 춤을 추었으며, 이는 그들이 장래의 결혼 상대자를 고를 수 있는 좋은 기회였다. 『안남지원』

에 의하면, 베트남 인들은 연말에 폭죽을 터뜨리면서 불을 켜놓고 밤새도록 즐기는데, 가난한 이들은 이날 밤 스스로 배우자를 택한다고 했다.[6] 이러한 관습은 이전 쩐 왕조 때에도 마찬가지였을 뿐만 아니라[7] 베트남의 오랜 전통이었다. 9세기 말 신라의 최치원(崔致遠)이 저술한 『계원필경』(桂苑筆耕)에 실린 「보안남록이도기」(補安南錄異圖記)를 보면, 베트남 인들은 결혼할 때 중매인이 없었다고 했다.[8] 한편 리샤르(Richard) 수사는 소녀들이 배우자를 선택할 자유가 있었다는 기록을 남겨 놓고 있다. "그들은 자기네가 좋아하는 데 따라 남편을 선택하는데, 이는 중국에서는 허용되지 않는 것이었다."[9]

결혼 상대자가 중매에 의해 선택되든 또는 자신이 그를 선택하든지 간에 그러한 선택에도 법과 사회적 관습에 의한 제약이 따랐다. 물론 이 경우에도 주로 상층 계층에만 영향을 끼쳤다. 중국에서는 동성(同姓) 간 또는 사촌 간의 결혼이 허용되지 않았다. 이러한 금지는 성이 같은 사람들끼리는 피에 의해 연결되어 있다는 믿음 때문이었다. 법적으로는 베트남에서도 동성혼은 허용되지 않았다. 베트남에서 이러한 동성혼에 대한 금령(禁令)은 레 타인 똥의 홍 득(洪德) 연간(1470-1497)에 처음 반포되었다. 이 법령을 어기고 결혼하면 장(杖) 80대의 형벌에 처해졌다.[10] 이 금령은 170여 년 후인 레 후엔 똥(玄宗, Huyền Tông)의 까인 찌(景治, Cảnh Trị) 원년(1663) 7월에 내려진 교화조례(敎化條例)에서 되풀이되었다.[11] 금령이 되풀이되었다는 것은 동성혼 금지가 그만큼 지켜지지 않았다는 것을 말해 준다.

사실상 동성혼의 금지는 베트남 인들의 관습과는 일치하지 않는 면이 있었다. 왜냐하면 레 왕조에 앞선 쩐 왕조에서는 근친혼이 보편적이었기 때문이다. 쩐 왕조의 실질적 건설자인 쩐 투 도(陳守度, Trần Thủ Độ)는 리 왕조가 외척인 쩐 씨에게 왕조를 빼앗긴 점을 감안하여 처음부터 황실근친혼을 강조했고, 이는 이후로도 계승되었다.[12] 13세기 몽골의 세 차례 침입을 물리친 영웅인 쩐 흥 다오(陳興道, Trần Hưng Đạo)[13]는 쩐 왕조의 첫 군주인 쩐 타이 똥(太宗, Thái Tông, 1225-1258)의 맏딸로 사촌이 되는 티엔 타인(天城, Thiên Thành) 공주와 결혼했다.[14] 그 뿐만 아니라 이 결혼에서 태어난 딸은 타이 똥의 손자로 장차 쩐 년 똥(仁宗, Nhân Tông, 1278-1293)이 되는 황태자 컴(昑, Khâm)의 태자비가 되었다.[15]

일찍이 야마모토 타쯔로(山本達郎)는 동성혼이 레 왕조 초에서도 행해졌다고 했다. 그는 『대월사기전서』에 보이는 레 왕조 년 똥(仁宗) 때의 기사에 레 왕조 건국의 주요 인물인 응우옌 짜이(阮廌, Nguyễn Trãi)의 처 이름이 응우옌 티 로(阮氏路, Nguyễn Thị Lộ)라고 했다든가, 유학의 소양을 쌓은 촌락의 유력자인 응우옌 반 디에우(阮文調, Nguyễn Vản Điệu)의 처가 응우옌(阮, Nguyễn) 씨라는 것 등이 이를 입증한다고 보았다.[16] 그러나 쩐 투 도(陳守度)가 리 왕조에 대한 흔적을 없애기 위해 리(李) 씨를 응우옌(阮) 씨로 바꾸게 한 일이 있고,[17] 곧 언급할 바와 같이 베트남에서는 성을 바꿀 수 있었기 때문에 같은 응우옌 씨라고 해서 두 집안이 실질적으로 동성지간(同姓之間)이었는지에 대해서는 좀 더 자세한 검토가 필요하지 않을까 한다. 그렇다고는 해도 쩐 왕조 멸망 후 얼마 안 되어 뒤를 이은 레 왕조의 초기에 동성혼이 행해졌을 가능성은 충분히 있다.

지배 계층에 속하는 이들은 홍 득(洪德) 연간에 도입된 동성혼 금지법을 받아들였을 것으로 보인다. 왜냐하면 법을 어길 경우 관직을 잃을 수도 있었기 때문이다. 그러나 대부분의 하층민들은 법에 상관하지 않고 그들이 해왔던 대로 오랜 관습을 따랐다. 성(姓)이란 편의에 따라 바꿀 수 있었기 때문에 그들에게 그렇게 중요한 것은 아니었다. 베트남 가족들은 전란(戰亂) 등으로 한 마을에서 다른 마을로 옮겼을 때는 성을 바꾸는 경우가 종종 있었다. 성을 바꿀 때는 어머니의 성을 따르는 예가 많았다.[18] 18세기에 농민 운동을 일으켰던 떠이 썬(西山, Tây Sơn) 형제들은 본래의 성이 호(胡, Hồ)였지만 북에서 남으로 이주한 다음 남부 권력 집단의 성과 같은 어머니의 성을 따라 응우옌(阮, Nguyễn)으로 바꾸었다.[19] 그런고로 성이 같다는 것 자체는 결혼에 아무런 장애도 되지 않았다. 문제가 되는 것은 결혼 당사자 두 사람이 같은 부계(父系)의 후손인가 하는 점이었다. 베트남 관습으로는 같은 형제의 자손들은 촌수가 아무리 멀어도 서로 결혼하는 것이 용납되지 않았다고 하는 17, 8세기 유럽 인들의 기록이 있다.[20] 『대청률』을 거의 그대로 계수한 것으로 알려진 『황월율례』조차도 동성혼을 금지하는 항목을 두었지만, 실제로는 이를 허용하고 근친혼만을 안 되는 것으로 규정했다.[21] 15세기 레 타인 똥 때 반포된 법령은 자매의 자녀들도 서로 결혼할 수 없도록 했지만,[22] 대부분의 평민들은 이를 지키지 않았던 것 같다. 베트남 속담에 "왕과 쭈어(chúa)[23]는 도대체 어찌하여 두 자매의 아이들이 서로 결혼하는 것을 금하는가?"[24]와 같은 것이 있다. '쭈어'라는 말이 있는 점으로 보아 이 속담은 17, 8세기에 생긴 것임에 틀림없다. 여하튼 이는 왕의 법령에 별로 개의치 않겠다는 뜻이 강하게 담겨 있다고 보인다. 실제로 로드 신부는 두 자매의 아이들이 서로 결혼한다고 했다.[25]

결혼을 하기 위해서는 몇몇 과정을 거쳐야 했는데, 이는 법과 관습으로 정해져 있었다. 홍 득 9년(1478)에 반포된 법에 의하면, 의혼(議婚)[26]·정친(定親; 속칭은 문명[問名])·납빙(納聘; 속칭은 행빙[行聘])·친영(親迎; 속칭은 영서[迎婿]) 등 네 단계의 절차를 거쳤다.[27] 이러한 절차는 중국의 6례와 유사하지만, 정친과 납빙 사이의 납길(納吉) 및 납빙과 친영 사이의 청기(請期)가 생략되어 있다. 물론 위에서 언급한 바와 같이, 가난한 이들은 이러한 절차 없이 배우자를 스스로 선택했다.

이런 예에서 보듯이, 베트남 법은 각 단계에서 중국 용어를 빌려 오고 있지만 토착의 관습을 반영하고 있다. 이에 대한 증거는 당대의 베트남 인이나 유럽 인들의 기록이 잘 보여 준다. 18세기 말에서 19세기 전반에 걸쳐 활약한 유학자인 팜 딘 호(范廷琥)에 의하면, 관리들이나 평민들이나 모두 결혼할 때 문명, 납징(納徵), 친영의 세 단계를 따랐다는 것이다.[28] 드 솨지(De Choisy) 신부는 이와 달리 세 단계를 각각 호이(hoỉ, 즉 hỏi), 꾸오이(cuoỉ, 즉 끄어이[cưới]), 쩨오(cheo)라고 했다.[29] 그가 말하는 '호이'는 의혼, '꾸오이'는 '끄어이'로 친영, '쩨오'는 결혼 후 신랑 쪽에서 신부 마을에 내는 금전을 의미한다.

의혼 절차를 제외하면 법과 관습 사이에는 거의 차이가 없다. 의혼 단계가 생략된 것은 의혼과 문명이 일반적으로 동시에 행해졌기 때문인 것 같다. 남자의 부모가 빈랑(檳榔)나무 열매[30]와 술을 가지고 여자 부모의 집에 갔을 때, 여자 부모가 이를 받아들이면 청혼을 받아들인 것으로 되었다.[31] 결혼이 중매인을 통해 이루어질 때에는 이 두 절차가 분리되어 먼저 청혼을 하고 나중에 서로 간의 합의가 이루어졌다. 여기서 한 가지 흥미로운 사실은 여자 집 쪽에서 장래의 사윗감을 잘 모를 경우 그를 1~2년 또는 그 이상 데리고 산다는 점이다. 만약 그가 게으르다든지 한 집안을 꾸려 나갈 능력이 없다고 판단되면, 장인은 사윗감과 받은 선물을 돌려보낼 수 있었다.[32] 결혼하기로 결정되면 중국에서는 이를 문서로 작성하기도 했지만,[33] 베트남에는 그런 관행이 없었다. 『국조형률』에 따르면, 일단 양가 부모가 선물을 주고받은 다음에는 어느 쪽도 파혼을 하는 것이 금지되었다. 이 법규를 어진 자는 장 80대의 형에 처해졌다.[34] 다만 남자든 여자든 악질(惡疾; 흔히 나병)에 걸리거나 범죄를 저지르는 등의 경우에는 관(官)에 알려 혼약을 파기할 수 있었다.[35] 『국조형률』은 결혼 의식을 반포하면서 결혼 절차의 각 단계에서 주고받을 수 있는 선물들을 자세히 규정해 놓고 있다.[36] 위의 『국조형률』 파혼 조문(제315조)에서 주목되는 점은 파혼의 경우 신부 측에만 불리하게 규정되어 있지 않았다는 사실이다. 이 조문은 당률의 것을 모방한 듯한데, 당률에서는 남자 집은 처벌되지 않고 신부 측의 가족만 처벌토록 하여 여자 쪽에 불리하도록 되어 있다.[37]

혼인하기로 결정이 되면 남자의 부모는 선물을 가지고 여자 부모의 집을 방문하여 결혼하기에 좋은 날짜, 즉 길일(吉日)을 의논했다. 결혼 날짜가 정해진 후에 남자는 약혼녀의 집에 가는 것이 허용되었다. 그러나 관리 계층에서는 일반적으로 허용되지 않았다. 이는 아마도 남녀가 동석해서는 안 된다는 유교적 윤리에 입각했기 때문이 아닌가 한다. 약혼의 마지막 단계는 결혼식 전날이나 결혼식 날 신랑이 예물을 가지고 신부를 방문하는 것이었다. 이때 신랑은 신부 마을에 '란 냐이'(攔街, lan nhai)라고 불리는 결혼 사례금을 지불했다.[38] '란 냐이'를 지불하면 마을 사람들은 결혼을 공식적으로 인정해 주었다. '란 냐이'의 요구가 과다해짐에 따라 이를 막기 위해 1663년에 반포된 교화조례(教化條例)에서는 동전 1관(貫)과 술 1항아리로 제한했다.[39] 결혼식 날 신부는 신랑과 부모로부터 받은 선물을 가지고 신랑의 마을로 갔다. 신랑 집에서 올리는 최종 예식으로 신부는 신랑과 결합하는 동시에 신랑 가족의 일원이 되었다.

이처럼 복잡한 결혼 절차는 둘째 부인이나 셋째 부인을 맞을 때는 거치지 않았다. 남편은 선물을 보내고 예식 없이 부인을 데려왔다. 일부다처제는 관리들이나 부유한 집안에서 널리 행해졌는데, 주요 이유는 가계의 영속을 위해서였다. 첫째 부인에서 아들이 없는 경우 둘째 부인을 얻어 그가 아들을 낳기 바랐다. 또 다른 이유로는 흔히 자신의 지위나 부를 과시하기 위한 허영심에서이기도 했다. 17세기 초반에 코친차이나를 방문했던 크리스토퍼 보리(Christopher Borri)에 의하면, 부유한 이들은 권위를 자랑하기 위해 많은 첩을 거느렸다는 것이다.[40] 부유하거나 영향력 있는 집안과 관계를 맺고자 하는 열망 또한 일부다처제의 또 다른 이유였다. 좋은 예로, 팜 꽁 띠엔(范公進, Phạm Công Tiến)은 이미 결혼했음에도 불구하고 1757년 과거 시험에 합격하자 부유한 집안의 딸을 다시 맞아들였다.[41] 이 경우 부유한 집안은 딸의 결혼을 통해 자기네의 신분 상승을 기대했음은 물론이다. 18세기에 가장 잘 알려진 학자요 관리인 레 꾸이 돈(黎貴惇)은 부 똥 지엠(武宗琰, Vũ Tông Diễm)이 과거에 합격하자 자기 조카딸들 중의 하나를 그의 둘째 부인으로 주었다.[42] 그렇지만 이러한 관행은 널리 행해지지 않았다. 대부분의 평민들은 첫 결혼 비용조차 부담하는 것이 어려웠기 때문이다.

한 가지 지적해 두어야 할 사실은 결혼에 의해 항상 신부가 신랑 집으로 가지만은 않았다는 점이다. 때로는 신랑이 신부 집으로 옮겨 가기도 했는데, 이러한 모거제(母居制)는 17, 8세기 베트남에서 상당히 일반적인 관행이었다. 앞에서 보았듯이, 결혼의 마지막 절차를 속칭 '영서', 즉 "사위를 맞아들인다."라고 한 것도 이러한 관행을 말해 준다. 『홍덕선정서』나 17세기의 기록에 의하면, 사위는 아내와 함께 장인 집에 일반적으로 3년 동안 머물렀다.[43] 사실상, 가난한 남자가 결혼 예물을 마련할 수 없을 때 여자 집에 들어가 이를 노동으로 대체하는 것은 흔히 있는 일이었다. 총명한 사위는 노동을 하지 않고 과거 준비만 하면 되었다. 나중에 설명하겠지만, 모거제는 일반적으로 딸만 있고 아들이 없는 경우에 행해졌다.

또한 모거제는 부인의 경제적 상황과 밀접한 관계가 있었다. 남편은 부인의 집으로 가서 경제적으로 의존하며 생활했다. 크리스토퍼 보리는 이러한 관점에서 베트남의 모거제 관습을 말하고 있다.[44]

> 남편들은 자기 몫의 재산을 가지고 집을 떠나 부인 집으로 가서 그녀의 재산에 의존해 생활한다. 부인이 모든 집안일을 처리하고 가족들을 돌본다. 남편은 집안에서 빈둥대기만 하며 집에 무엇이 있는지도 거의 알지 못한다. 그저 고기와 옷이 있는 것으로 만족할 뿐이다.

크리스토퍼 보리가 말한 남편들의 게으름은 과장되었을지 모르지만, 여하튼 부인의 경제적 상황과 모거제의 관련성을 보여 준다고 하겠다. 근세 베트남에서는 부거제(父居制)든 모거제든 간에 부인이 집안일들을 처리하는 것이 거의 일상화되어 있었다. 1790년대 중국에 가는 매카트니 경(Lord Macartney)을 수행했던 존 바로우(John Barrow)는 다음과 같이 말하고 있다. "중국인은 중요한 일을 여자들에게 맡기는 것을 수치스럽다고 생각한다. 코친차이나 사람들은 여자들이 가족의 중요한 일에 관심을 갖는 것은 당연하다고 생각하여 이를 맡긴다."[45] 이런 이유로 해서 부인은 '노이 뜨엉'(nội tướng, 內相)이라고 불린다. 이와 관련하여 베트남 속담에 다음과 같은 말이 있다. "첫째는 부인이요, 둘째는 하늘이다."[46] 좀 과장일지는 모르겠으나 이 또한 부인의 집안 내 위치가 어떠했는가를 잘 보여 주는 속담이라고 생각된다. 또 다른 속담으로는 "남편의 방울은 부인 것보다 값이 덜 나간다."[47]라는 것도 있다. 레 타인 똥의 금지에도 불구하고 모거제의 관습은 없어지지 않았다. 19세기에조차도 이 관습은 특히 남부에서 흔히 행해지고 있었다는 베트남 인의 기록이 있다.[48]

위에서 언급한 결혼 절차가 끝나면 비로소 새로운 가정이 이루어지고 완전한 부부관계가 정식으로 인정되었으며, 그에 따라 권리와 의무도 생겼다. 야마모또 타쯔로는 베트남 사회에서 남편이 여자 집에서 수년간 거주하며 노동하는 것은, 재물이 없어 노동으로 대신하여 부인을 사는 매매혼(賣買婚)의 성격이 짙다고 보았다.[49] 이때 남편은 부인에 대한 절대적 권한을 행사할 수 있게 된다. 그러나 그런 경우는 둘째 또는 셋째 부인을 얻을 때에 해당된다고 보아야 할 것 같다. 첫 결혼에서의 선물은 신부를 돈으로 사는 값(bride price)과 같은 것은 아니었다. 결혼은 부인을 남편의 소유로 만들지 않았으며, 상업 거래도 아니었음은 말할 것도 없다. 선물 중에서 가장 중요한 것은 빈랑나무 열매로, 이는 베트남 사회에서 종교 의식이나 장례식 등과 같은 경우에 널리 사용되었다. 가난한 이들은 단순히 이를 교환함으로써 결혼을 할 수 있었다. 따라서 결혼이란 아래의 논의에서 분명해질 것처럼 아내의 중요성이란 점에서 이해되어야 할 것이다.

비록 부부 상호 간의 권리와 의무가 완전히 정해져 있지는 않았지만, 일반적으로 남편은 가정 내에서 우위의 지위를 점하고 있었다. 남편의 우위는 유교의 영향 때문에 현실보다는 이론 면에서 더욱 그러했다. 레 왕조의 지배 이념으로서의 유학, 특히 송나라 때의 주자학은 지배 계층의 가족도덕에 상당한 영향을 끼쳤으며, 피지배 계층에는 영향을 끼쳤다고 하더라도 한계가 있었다.[50] 유교의 가족도덕에 의하면, 여자는 자율성이 없었고 항상 남자에 의존적이었다. 즉, 삼종지의(三從之義)에 의해, 어려서는 아버지를, 결혼 후에는 남편을, 남편이 죽은 후에는 자식을 좇아야만 했다. 이런 제도하에서는 결혼이란 여자에 대한 권위가 아버지로부터 남편으로 바뀌는 것이었다.

베트남의 군주들이나 관리들은 이러한 부부관계에 대한 관념을 조금도 바꾸지 않고 그대로 받아들였다. 이론상 부인은 남편에 종속되도록 요구되었으며, 따라서 그의 지시나 동의 없이는 어떠한 일도 하는 것이 용납되지 않았다. 응우옌 짜이가 지었다고 하는 『가훈가』(家訓歌, Gia Huấn Ca)[51]에는 결혼한 여인의 도리에 대하여 다음과 같은 내용이 있다.[52]

> 아내는 남편과 같이 같은 요 위에서 같은 이불을 덮고 친근하게 잠을 자기는 하지만, 남편 섬기기를 왕이나 아버지같이 해야 한다."

까인 찌(景治) 원년(1663)에 관리들의 도덕성을 강조하기 위해 반포된 교화조례에서 남편과 아내는 서로 사랑하고 존중해야 한다고 했다.[53] 그러나 실질적으로는 부인에 대한 남편의 우위를 강조하고 있는 점이 눈에 띈다. 즉, 남편은 아내에게 덕을 가르칠 책임이 있는가 하면, 아내는 남편에 불복종하거나 질투심을 가져서는 안 된다는 것이다. 칙령은 또한 아내의 덕목은 복종이라고 했다. 남편이 잘못을 지적하면 이를 고쳐야 하고 불만을 품어서는 안 된다는 점을 언급하고 있다. 이는 가족의 화목은 사회 질서 확립에서 첫 단계가 되며, 이러한 화목은 아내의 행동에 딸린 것으로 보았기 때문이다. 『가훈가』의 말대로라면, "집안이 화목하려면 아내는 남편의 명령에 절대 복종해야 한다."[54]라고 했다. 아내가 남편에게 복종하지 않고 대드는 행동은 가족의 화목에 역행하는 것으로 보았으며, 따라서 그녀의 절대복종이 요구되었던 것이다. 아내는 남편의 잘못된 행동을 보았을 때조차 침묵을 지켜야만 했다. 『국조형률』에 의하면, 아내가 남편을 고소하는 경우, 그 죄는 십악의 하나인 '불목'(不睦)에 해당되었다.[55]

사실상 근세까지 베트남에서 유교적 부부관계의 개념을 법적으로 가장 강력히 규정해 놓은 것이 『국조형률』이었다. 이 법전에서 부부의 상대적 관계는 부자의 관계와 유사했다. 이러한 개념은 당률과 명률을 계수한 결과였다. 남편을 구타한 처는 용서받을 수 없는 죄악의 하나를 범한 것으로, 형벌은 외주(外州)에의 유형이었다.[56] 이는 자녀가 부모에 대한 같은 행동보다 겨우 한 등급 가벼웠을 뿐이다. 자녀의 경우는 원주(遠州)에의 유형에 처해졌다.[57] 친족이 아닌 제삼자 간의 구타 행위는 장 60에 해당하는 형벌이었음을 고려하면,[58] 남편에 대한 처의 구타가 얼마나 중하게 다스려졌는가를 쉽게 알 수 있다. 말할 것도 없이 만일 처가 남편을 구타하여 상처를 입히든가 또는 사망하게 되면 형벌은 당연히 더욱 무거워졌다. 상처를 입힌 경우는 원주에의 유형이었고, 사망하면 교형(絞刑)에 처해지게끔 되었다.[59] 남편의 살해를 모의한[謀殺] 처에 대한 형벌은 참형(斬刑)이었다.[60]

반면에 남편에게는 처에 비해 법적으로 우월한 지위가 부여되었다. 일례로, 남편을 구타한 처에 대한 형벌이 중했던 것과는 대조적으로 남편은 처를 체벌(體罰)할 수 있는 권한이 있었다. 이때 만약 처가 상처를 입든가 사망하더라도, 형벌은 제삼자 간의 동일한 행위에 대한 것보다 3등급이 가벼웠다.[61] 만약 첩이 남편을 구타하거나 상처를 입혔으면, 그에 대한 형벌은 정처(正妻)가 했을 때보다도 한 등급 무거웠다.[62] 그런가 하면, 남편이 첩을 구타했을 때의 형벌은 정처에 대한 구타의 경우보다 두 등급이 가벼웠다. 고의가 아닌 사고로 첩을 사망케 했으면 남편은 법적인 책임이 없었다.[63]

문제는 『국조형률』 내의 이러한 제반 규정들이 17, 8세기 베트남 사회에서의 실질적인 부부관계를 어느 정도로 규율하고 있었는가 하는 점이다. 추측건대, 이러한 규정들이 엄격히 적용되었다고 보기는 어렵다.

법에 규정된 것이 아닌 현실 생활에서의 부부관계는 양가의 사회적 지위나 경제적 여건에 따라서 상당한 차이가 있었다. 만약 아내가 남편보다 영향력이 있고 부유한 집안 출신이면, 남편과 남편 집안을 낮추어 보는 경향이 있었다. 그리고 남편의 체벌이 어느 정도 허용되었다고 하더라도 잦은 체벌은 아내의 친정으로부터 강력한 항의를 초래했을 것이다. 또한 『국조형률』의 금지 조항에도 불구하고 아내가 남편을 고소하는 것 역시 사실상 가능했다. 앞에서 과거 합격 후 둘째 부인을 얻은 것으로 언급된 팜 꽁 띠엔이 수도 탕 롱으로부터 고향 마을로 돌아가는 행차에서 첫째 부인과 둘째 부인 사이에 앞자리를 놓고 언쟁이 벌어졌다. 첫째 부인은 이 문제를 당국에 제소하였는데, 이 때문에 팜 꽁 띠엔의 관직 임명은 취소되고 말았다.[64]

모거제하에서는 말할 것도 없이 아내의 영향력이 클 수밖에 없었다. 아내는 시어머니의 눈치를 살필 필요가 없었으므로 결혼 전과 마찬가지로 행동의 자유를 누릴 수 있었다. 반면에 남편은 경제적으로 장인이나 아내에게 의존하지 않으면 안 되었다.

부거제거나 모거제거나 간에 경제는 부부의 상대적 지위와 관련하여 중요한 요인이었다. 많은 학자들은 일반적으로 믿기를, 가정이나 사회에서 여성의 지위가 낮은 주된 원인은 경제적으로 남편에게 의존하고 재산 소유권이 없기 때문이라고 한다. 바꾸어 말하면, 여성들은 대체로 집안일에 종사하며 그들의 재산은 남편이나 가족에 흡수된다는 의미이다. 그러나 17, 8세기 베트남 여성들의 경우에는 그렇지가 않았다. 남편들과 마찬가지로 그들은 자기 재산을 소유하고 경제적 활동에 참여했다. 재산 소유권 문제는 제2부의 제3장에서 자세히 논하기로 하고, 이곳에서는 아내의 경제적 활동에만 국한하고자 한다.

앞에서 베트남 여인들은 자유로이 돌아다닐 수 있다고 했다. 베트남 여인들이 누린 이러한 행동의 자유는 17, 8세기에 베트남을 방문했던 유럽 인들에게 매우 인상적이었던 모양으로, 그들은 이를 이슬람 여인이나 중국 여인의 부자유와 비교하고 있다. 사무엘 바론은 그의 저서에서 다음과 같이 표현하고 있다. "이 나라 사람들은 무어 인이나 중국인과는 달리 여인을 남의 눈으로부터 엄격하게 감추지 않는다."[65] 여인을 집 안에만 있게 하여 남자들로부터 격리시켰던 중국인들에게도 베트남 여인들이 제한받지 않고 돌아다니는 모습은 이상하게 보였던지 이를 잊지 않고 적어 놓았다. 『안남지원』에 서문을 쓴 고웅징은 "(베트남의) 남녀들은 왕래하거나 자리를 같이할 때 서로 피하지 않는다. 이는 고귀한 집안에서도 마찬가지다."[66]라고 했다. 우리나라의 제주도 사람인 고상영(高商英)이란 이가 17세기 후반 베트남에 표류한 적이 있는데, 그는 돌아와서 전하기를 이 나라 사람들 중에는 "남자가 셋이면 여자는 다섯이다."라고 했다는 것이다.[67] 17세기 말에 후에를 방문한 중국인 승려 대산(大汕) 역시 "해안가의 행인 중에는 남자보다 여자가 많다."[68]라고 했는데, 이러한 기록은 무엇을 의미하는가?

앞에서 언급한 것처럼 베트남 여인들의 외부 활동에는 사회적 신분에 따라 차이가 있었다. 관리 계층에 속하는 여인들은 일반적으로 집 안에만 있고 외출을 삼가는 경향이 있었다. 이들은 유교적 예의범절에 따라, 자유로이 바깥출입을 한다거나 커다란 소리로 이야기하는 등의 행동은 하지 않도록 요구되었다. 『가훈가』에서는 이를 다음과 같이 강조하고 있다. "그들에게 공손한 말씨와 올바른 행동을 하도록 가르쳐야 한다. 딸들은 집에 있으면서 집안일 하는 것을 배워야 한다."[69]

한편 하층 집안의 여인들은 농사일이나 상업에 종사했다. "남편은 쟁기질을 하고, 아내는 모를 심고, 물소는 써레질을 한다."[70]라는 속담이 말해 주듯이, 여인들은 논을 갈며 모를 심고 추수를 하는 등 들판에서 열심히 일하지 않으면 안 되었다. 당시 베트남의 농업은 노동 집약적으로, 모판의 준비로부터 수확까지 상당한 노동력이 필요했다. 더욱이 홍 강 델타의 저지대는 이모작을 하였으므로 노동력이 무한정 필요하여 여인들도 남자들만큼 일하지 않으면 안 되었다. 이러한 상황에서 남편이 아내를 통제하기란 쉽지 않았으며 또한 바람직하지도 않았다.

아내에 대한 남편의 통제가 불가능하지는 않았지만 그렇게 하기가 어려웠던 또 다른 이유 중의 하나는 상업 활동을 통해 아내가 가족 경제에 크게 기여했기 때문이기도 하다. 1778년 영국의 인도 총독에 의해 코친차이나에 보내졌던 찰스 샤프만(Charles Chapman)은 남편들이 경제적으로 아내에게 의존했던 경우들을 다음과 같이 보고하고 있다.[71]

> 부인들은 (남자들보다) 훨씬 활동적이었다. 이들이 일상적으로 모든 업무를 처리하는 동안, 게으른 남편들은 한가로이 다리를 꼬고 앉아서 담배를 피우든가 혹은 빈랑 열매를 씹든가 아니면 차를 마시고 있을 뿐이었다.

이와 비슷한 내용은 풍랑을 만나 1794년 11월 베트남에 표류했던 일본인 선원이 귀국 후 한 이야기에서도 발견된다.[72]

> 이 나라의 풍습으로 말하면, 여자가 상당히 현명하고 굳건하여 장사의 흥정도 열의 아홉은 여자가 한다. 대개 남자는 그저 건들건들 술을 마시고 노래를 흥얼거리고 샤미센 비파소궁(三味琵琶小弓)을 켜며 장사는 남의 집 일인 양 게으름만 피면서 놀러 다닌다.

이런 이야기들을 고려하면, 대산(大汕)이 해안가에서 본 많은 여인들은 단순한 행인들이 아니라 상인들이었음에 틀림없다. 일본인 선원도 말했지만, 당시 베트남을 방문한 유럽 인들도 베트남 여인들은 유능하고 끈질긴 장사꾼들이었다고 했다. 그들은 시장의 물가를 조작하면서까지 이익을 추구했다는 것이다. 17세기 후반 베트남을 방문했던 영국인 여행가인 윌리엄 댐피어(William Dampier)는 베트남 여인들은 런던의 주식 중매인만큼이나 교활하다고 말했다.[73] 이런 상술로 인해 외국 상인들이 베트남 여인들을 자신들의 중개인으로 고용하곤 했다고 한다.[74]

상업에 종사하는 여인들은 대부분이 피지배층의 빈한한 집안 출신이었지만, 사회적 신분이 높은 가족 출신들도 상당수 있었다. 앞서 언급한 중국인 반정규가 말하기를, 관리들의 부인조차 상업에 종사하는 것을 꺼리지 않았다고 했다.[75] 1749-1750년 사이에 몇 달 동안 코친차이나에 머물렀던 포르투갈 인 코플러(Jean Koffler) 또한 베트남 여인들은 고관의 부인들도 상업에서 이윤 남기기를 결코 게을리하지 않았다는 기록을 남겨 놓았다.[76] 특히 집안 형편이 넉넉하지 못한 선비들 중에는 그들이 과거 시험을 준비하는 동안, 부인들이 농작물이나 수공업 제품을 시장에 가져다 팔아 가족의 생계를 유지하는 한편, 남편의 지필묵(紙筆墨)까지 마련해 주는 것이 흔한 일이었다. 베트남의 옛날 민요 가운데 다음과 같은 노래가 있다.[77]

> 나는 풍 티엔(Phung Thiên) 지방 출신의 젊은 여인이에요.
> 채소를 팔아서 낭군의 붓과 종이를 마련한답니다.
> 앞으로 어느 날엔가 그의 이름이 등과자(登科者)의 명단에 오를 때,
> 채소에 거름 주며 키운 나의 노고를 갚아 주겠죠.

여인들이 상업에 종사한 것과 관련하여 주목할 사실은, 베트남 관리들은 상업에 대해 중국 관리들처럼 그렇게 반대하는 태도를 취하지는

않았다는 점이다. 그렇다고 그들이 상업에 호의적이었다는 말은 물론 아니다. 중국에서는 전통적으로 상인들의 과거 시험 응시가 허용되지 않았다. 이와는 달리 베트남의 왕조들은 상인 계층의 과거 응시를 허용했다. 그 뿐만 아니라 레 왕조 후기, 즉 17, 8세기에는 관직의 매매가 성행했는데, 이때 관직을 사는 이가 상인인가 아닌가는 문제 삼지 않았다.(중국에서도 청나라 후기에는 상인들 역시 관직을 살 수 있었다.) 아마도 이런 배경에서 고관들의 부인이 상업에 종사할 수 있지 않았을까 생각된다.

베트남의 많은 촌락들은 대부분은 자신들이 필요로 하는 옹기나 광주리 같은 물건들을 자급자족해 왔었다. 그러나 15세기에 이르자 판매를 위해 물품들을 전문으로 생산하는 마을들이 나타나기 시작했다.[78] 17, 8세기에 이르러서는 대외 무역의 증가로 인해 수공업 제품의 생산에 더욱 박차가 가해졌다. 이에 따라 여인들은 옹기를 굽거나, 비단을 짜거나, 바구니를 만드는 등의 일에 종사했다. 이때 각 마을은 자기들의 기술이 다른 마을에 전수되지 않도록 결혼한 여성에게만 일을 시켰고, 처녀들은 생산 과정에 참여시키지 않았다. 완성된 물건들을 시장에 가져다 파는 것 역시 주로 여인들의 몫이었다.

여인들의 경제적 활동과 관련하여 흥미로운 점은 농업이나 수공업에서 지불되는 임금이 남녀가 동일했다는 것이다. "남녀 사이에 품삯의 차이는 없었다."라고 19세기 초 영국의 사절로 후에를 방문한 존 크로퍼드(John Crawfurd)는 말하고 있다.[79] 임금은 하루에 30문(文) 내지 60문(一錢)이었던 것 같다. 『국조형률』에는 일당(日當)이 30문으로 되어 있는데,[80] 피에르 푸아브르(Pierre Poivre)라는 프랑스 동인도 회사의 직원은 1794년 9월부터 4개월 가까이 후에에 체류하는 동안 하루 품삯으로 30문 내지 1전을 지불했다고 한다.[81] 이는 여자들의 노동력이 높이 평가되었으며, 아울러 그들의 사회적 지위가 상당히 존중되었음을 나타내는 것이 틀림없다.

베트남 여인들은 그들의 사회적 신분에 따라 어느 정도 차이는 있었겠지만, 일반적으로 가정 경제에서 차지하는 중요한 역할로 인해 집 안에서 상당히 중요한 권력을 행사할 수 있었다. 앞에서 이미 언급한 바와 같이, 이들 여인이 번 것은 가계 수입의 상당한 몫을 차지하였을 뿐만 아니라, 때로는 유일한 수입이기도 했다. 이러한 아내의 경제적 역할로 인해 처의 상실은 가정 경제에 커다란 위협이 아닐 수 없었고, 특히 가난한 집안에서는 더욱 그러했다. 비록 유교적 성향의 법이 남편에게 아내에 대한 우위를 인정했다고 하더라도, 현실적으로는 남편이 아내에 대한 권위를 행사하기 어려웠고 또한 적절치도 않았다. 부부 사이의 지배와 종속이라는 법적 관계는 명목에 불과했고, 현실적으로 양자는 거의 평등했다. 부부관계를 단순히 상하의 문제로만 볼 수 없다는 것은 베트남의 속담에도 잘 나타나 있다. "부부는 끈으로 영원히 묶여져 있으므로 혹 다투는 경우에도 승자와 패자는 있을 수 없다."[82]라는 것이 그들의 생각이다. 또 "남편이 한 걸음 내딛으면 아내는 한 걸음 물러나야 하고, 남편이 화해적인 태도를 취하면 아내는 친근감을 느끼게 해야 한다."[83]는 말도 있는데, 이는 부부란 서로 양보하고 희생적이어야 하지 어느 한 편이 다른 한 편을 지배해서는 안 됨을 뜻하는 것으로 풀이된다. 우리가 부부(夫婦)라고 하는 말을 베트남 인들은 '버쫑'(vợ chồng), 즉 '부부'(婦夫)라고 하는 것도 결코 우연한 일은 아니다. 이는 남편에 대한 아내의 중요한 위치를 보여 주는 것이다. 이처럼 평등한 관계는 이혼의 경우에서도 분명히 엿볼 수 있다.

어느 사회, 어느 시대에서나 마찬가지로 근세 베트남에서도 결혼이 영원히 계속되고 와해되지 않기를 바랐다. 그러나 부부간의 갈등이라든가 부정행위(不貞行爲) 등과 같은 이유로 이혼을 원하는 경우에는 이를 용인했다.

법으로 인정된 이혼에는 3가지 종류가 있었으니, 첫째는 남편에 의한 아내의 일방적 방기, 즉 출처(出妻), 둘째는 법에 의한 강제 이혼, 그리고 셋째는 부부 쌍방에 의한 합의 이혼이었다. 여자에 대한 지배권은 결혼에 의해 아버지로부터 남편으로 옮겨 간다는 당시의 이념에 따라 남편은 처를 일방적으로 버릴 수 있는, 다시 말하면 처를 친정으로 되돌려 보낼 수 있는 권한이 있었다. 중국에서와 같이 출처할 수 있는 원인으로는 이른바 '칠출'(七出)로, 무자식 · 질투 · 악질(惡疾) · 음탕 · 부모에 대한 불경(不敬) · 형제와의 불화 · 절도 등의 일곱 가지였다.[84] 그러나 칠출에는 세 가지 예외가 있었는데, 즉 1) 부모의 상을 당한 경우, 2) 결혼 초에는 빈천했다가 후일 부귀해진 경우, 3) 처가 의지할 곳이 없는 경우였다.[85] 이런 경우에는 처가 비록 칠출의 하나에 해당하더라도 그를 내보내는 것이 금지되었다. 출처는 그 원인에서 알 수 있듯이 가족 전체의 이익과 관련이 있었지, 부부간의 관계는 덜 중요했다. 이러한 점에서 볼 때, 출처는 사회적 집단으로서의 가족을 강조하고 가족원 개개인을 경시하는 유교사상의 반영이었던 것이다.

출처의 권리가 남편에 의해 실제로 17, 8세기 베트남 사회에서 어느 정도로 행사되었는지는 알려져 있지 않다. 출처가 일단 법에 의해 규정되어 있는 이상 적기는 하지만 몇몇 부류의 사람들에 의해서는 실행되었을 것으로 추측된다. 유교의 가족도덕을 철저히 신봉하는 유학자들은 처를 희생시키면서까지도 법규를 지켰을 것으로 생각된다. 법을 위배하면 관직을 잃을 위험이 있는 관리들도 규정을 따르지 않았을까 한다. 그리고 부인과의 사이가 좋지 않아 내보내고자 하는 이들에게 칠출은 하나의 편리한 수단일 수도 있었을 것이다. 사실상, 법은 만약 처가 칠출의 하나에라도 해당하면 남편은 반드시 처와 이혼해야 한다는 강제 규정을 두고 있다. 『국조형률』에 따르면, 남편이 그런 처와 이혼하지 않는 경우 형벌은 폄벌(貶罰)이었다.[86]

이러한 규정에도 불구하고 출처가 널리 행해졌다고 보기는 어렵다. 이유 중의 하나는 무엇보다 결혼 비용 때문이었을 것이다. 베트남 인들은 결혼 예물이나 결혼식에서의 손님 접대에 과대한 비용을 지출하는 경향이 있었고, 그 때문에 결혼 후에 부채를 짊어지거나 파산하는 예들이 적지 않았다.[87] 따라서 남편은 결혼을 위해 이미 사용한 비용을 낭비해 버리지 않고자 했고, 그 뿐만 아니라 재혼할 만한 경제적 여유도 거의 없었다. 그리하여 남편은 처를 내보내기보다는 가능하면 같이 살기를 더 원하는 경향이었다고 생각된다.

출처를 꺼리는 더 중요한 이유는 아내가 상업·농업·수공업 등과 같은 활동을 통해 가정 경제에 크게 기여했기 때문이었다. 그 뿐만 아니라, 출처는 처의 재산 소유권 때문에 가족의 재산에도 커다란 타격을 초래할 수 있었다. 남편은 처를 내보낼 때 그녀의 재산이나 다른 모든 개인 소유물을 돌려주어야만 했다. 이에 대해 18세기 중반 프랑스의 한 선교사는 다음과 같이 전하고 있다.[88]

> 남편은 아내가 결혼할 때 가져온 것들은 말할 것도 없고 그녀에게 준 선물들까지 돌려주어야 했고, 모든 가구와 그녀가 살았던 집도 반분해야만 하였다.

관리들이나 일부 부유층 사람들은 결혼 비용이라든가 가족 경제의 측면에서는 이혼하기에 훨씬 유리한 입장에 있었다. 그렇지만 이들은 출처하는 경우 처의 친정과 불편한 관계를 가지게 된다는 또 다른 문제에 직면했다. 출처란 처의 가족 입장에서 볼 때 결코 명예로운 일은 아니었고, 따라서 그들은 출가한 딸을 보호하려고 모든 노력을 기울였다. 이들 계층에서의 결혼은 흔히 같은 계층에 속하는 집안들 사이의 일이었기 때문에, 만일 남편이 권문세가나 부호 집안의 출신이라면 처의 가문 또한 이와 비슷했다. 부부간의 이러한 집안 배경으로 인해, 처가 칠출 중의 한 원인에 해당하는 때조차도 출처하는 예는 별로 없었다. 사무엘 바론은 말하기를, 아내가 칠출의 하나와 관련되었을 때조차 출처는 거의 행해지지 않았다고 했다.[89] 이런 경우 문제는 다른 방식으로 해결되었다. 예컨대, 부부 사이에 아이가 없으면 남편은 아내의 동의를 얻어 둘째 또는 셋째 부인을 얻었다. 결국 출처라는 남편의 일방적인 이혼은 실제라기보다 이념상의 문제였을 뿐이며, 그리하여 아내의 지위는 확고했다고 할 수 있다.

남편에 의한 일방적인 이혼이 아내의 법적 권리에 대한 차별이었던 데 비해, 부부 상호 간의 합의에 의한 이혼은 서로의 자율성을 의미하는 것이었다. 존 크로퍼드는 말하기를, 베트남에서는 합의 이혼이 아니면 이혼이 불가능하다고까지 했다.[90] 아내는 남편으로부터 이혼에 동의해 달라고 요청받았을 뿐만 아니라, 자신이 이혼을 요청할 수도 있었다. 합의 이혼에 관한 최초의 성문법은 홍 득(洪德) 시대까지 거슬러 올라간다. 『홍덕선정서』에 의하면, 부부가 서로 화합하여 살 수 없어 헤어지기를 원하는 경우, 법은 이혼을 허락했다. 사실상 법은 상호 합의에 의한 이혼을 증명하기 위해서는 공식 문서를 요구하는 한편, 전통적으로 행하여지던 동전을 반으로 나누거나 젓가락을 부러뜨리는 관습에 의한 이혼은 무효라고 했다.[91] 동전을 반으로 나누는 것은 재산의 분할을 상징하고, 젓가락을 부러뜨리는 것은 음식을 같이 먹지 않는다는, 말하자면 별거를 의미한다. 이혼 문서에는 이혼 서약, 날짜, 남편의 서명, 그리고 아내의 점지(點指)[92]를 포함해야 했다. 증인은 필요 없었다. 이혼 문서의 작성을 요구한 것은 중국 제도의 도입에 따른 것임이 분명하다. 중국에서는 이를 휴서(休書) 또는 이서(離書)라고 했다. 결혼 증서는 필요하지 않았는데 이혼 문서가 요구되었다는 것은 흥미롭다. 이유야 어떻든, 이혼 문서의 작성이라는 새로운 제도는 대부분이 문맹자인 일반 대중들에 의해 받아들여진 것 같지는 않다. 글자를 모르는 이들은 식자에게 대서토록 했지만,[93] 거기에는 많은 불편이 따랐을 것이다. 17, 8세기 유럽 인 방문자들에 의하면, 동전을 반으로 나누거나 젓가락을 부러뜨리는 옛 관습이 합의에 의해 이혼할 때의 일반적인 방법이었다고 한다. 그들 중 한 사람인 존 바로우는 다음과 같이 말하고 있다.[94]

> 코친차이나에서는 남편과 아내가 증인들 앞에서 동전의 하나를 반으로 나누거나 젓가락을 부러뜨리면, 이전의 계약이 해소되고 별거하는 것으로 인정되었다.

이를 보면, 남편과 아내가 단순히 동의하여 이혼하는 예전 방식이 분명히 선호되었고, 이로써 이혼이 성립된 것으로 인정되었음에 틀림없다.

합의 이혼이 근세 베트남 사회에서 어느 정도로 빈번하였는지는 알려져 있지 않지만, 드문 일은 결코 아니었을 것으로 생각된다. 인류학자인 에드먼드 리치(Edmund Leach)는 이혼율이 남편의 권위나 아내의 친정과의 친소와 밀접한 상관관계가 있다는 설을 제기했다.[95] 다시 말하면, 남편의 권위가 약하면 약할수록, 그리고 아내와 친정의 관계가 밀접하면 할수록 이혼율은 높아진다는 것이다. 이와는 반대로, 남편의 권위가 강하고 아내와 친정의 관계가 약하면 이혼율은 낮아진다고 한다.

우리가 이제까지 보아 온 베트남의 남편은 가족 내에서 권위적 존재가 아니며, 한편 아내가 남편과 거의 동등했다는 점에서, 결혼은 신부가 그의 친정으로부터 남편 가족으로 완전히 흡수되는 것이 아니었다. 그녀는 결혼 후에도 여전히 친정과의 관계를 유지했다. 이는 베트남의 오랜 전통이었다. 예컨대, 기원후 40년 중국 관리의 착취에 반기를 든 쯩 짝(徵側, Trưng Trắc)은 이미 결혼했지만 여동생 쯩 니(徵貳, Trưng Nhị)와 저항 운동을 일으켰다. 그러고는 저항 운동이 어느 정도 성공을 거두자 왕을 칭하고는 도읍을 친정이 있는 메 린(麊泠, Mê Linh)으로 정했다.[96] 최근 팜 티 투이 빈(Phạm Thị Thùy Vinh)이 조사한 레 왕조 시기 낀 박(京北, Kinh Bắc)[97] 지역의 비문들에 의하면, 특히 17, 8세기에 결혼한 부인들은 부모의 제사를 자기 대신 모시도록 고향에다 절을 지어 주기도 하였고, 촌락의 사당인 딘(亭, đình)을 수리해 주곤 했다.[98] 물론 이러한 비용은 앞에서 본 여인들의 경제력 때문에 가능했다.

이와 관련하여 흥미롭게도 레 왕조의 상속법에 따르면, 결혼한 여인이 자녀가 없이 사망한 경우 그 여인의 재산은 그녀의 제사를 위해 친정으로 돌아갔다.[99] 이는 분명히 여인이 결혼에 의해 자동적으로 남편 가족의 완전한 일원이 되지 않았음을 의미한다. 그녀는 남편과의 사이에서 자녀를 낳았을 때에야 비로소 그 가족의 완전한 일원이 될 수 있었다. 여인이 결혼한 후에도 친정과 밀접한 관계를 유지했다는 것은 그녀에게 확고한 근거지를 마련해 주었다. 그녀는 결혼 후에도 자유로이 친정을 방문했다. 냐 짱(Nha Trang)에 의하면, 결혼한 딸은 일단 가족원으로부터 제외되었지만, 현실적으로 그녀는 친정 부모와 정신적인 면에서 굳게 연결되어 있었다고 한다.[100] 실제로 1698년 뜨 썬 부(慈山府, phủ Thừ Sơn) 옌 퐁 현(安豐縣, huyện Yên Phong) 호이 꽌 사(回官社, xã

Hồi Quan)에 세워진 비문에 의하면, 같은 현 내의 먼 싸 사(xã Mẫn Xá) 찌 롱 촌(thôn Chi Long) 출신인 부 티 띤(Vũ Thị Tín)이란 여인은 어머니를 부양해 주도록 고향 마을에다 현금과 논을 기증했다. 그에 앞서 1694년에는 찌 롱 촌의 딘(亭)을 짓는 데 사용토록 현금과 논을 바쳤다.[101] 그리고 결혼 생활이 만족스럽지 못하면 여인들은 이혼을 요구하고 친정으로 돌아와 버리기도 하였다. 유교의 가족도덕 개념을 수용한 레 왕조의 법이 이러한 행위를 엄격히 금지하였음은 물론이다. 『국조형률』에서 처의 위배 행위에 대한 처벌은 취실비(炊室婢)라는 도형이었다.[102] 여인은 형이 끝난 후 남편에게 되돌아갔고, 재산은 남편에게 몰수되었다.

법의 규정이 어떠하였든 간에 베트남 여인들은 이혼에 대해 아무런 두려움을 느끼지 않았고, 따라서 쉽게 이혼을 요구할 수 있었던 것이 확실하다. 처는 자신의 권리나 이익이 침해된다고 느낄 때는 거리낌 없이 헤어지자고 요청했던 것 같다.

『국조형률』의 전반적 경향은 남편의 권리를 옹호하는 편이었음에도 불구하고, 몇몇 경우에는 부인을 보호해 주었다. 일례로, 남편이 5개월 동안 제대로 돌보지 않으면 부인이 당국에 이혼을 요청하는 것이 허용되었다.[103] 『국조형률』은 만일 부인이 이를 당국에 고발하면, 강제로 이혼하도록 하는 규정을 두었다. 이 규정에 내포된 바는 남편이 처에 대한 의무를 충실히 이행하지 않는다면, 처 또한 남편에 대한 의무를 다할 필요가 없다는 것이다. 중국 법의 어디에도 없는 이 규정은 베트남 가정 내에서 부부의 비교적 동등한 지위를 보여 준다.

이혼하면 부부관계는 완전히 끝나고, 어느 쪽이나 상대편에 대해 더 이상 아무런 권리도 없고 의무도 지지 않았다. 남편은 전처에게 자신과 재혼하도록 강요할 수 없었다. 『국조형률』에는 이 규정을 어긴 남편은 폄벌에 처하도록 되어 있다.[104] 재산에 관한 한, 남편은 자기 재산을 가지며, 아내는 남편이 준 것들을 포함한 모든 자신의 소유물에 대한 권리를 가졌다. 결혼 후 부부 공동의 노력에 의해 취득한 재산은 똑같이 나누었다. 자녀들은 일반적으로 남편에게 권한이 있었다. 그러나 만일 부인이 자녀들을 원하면 관습상 절반에 대한 주장이 가능했다.[105] 부부가 자녀를 나누는 이러한 관습은 베트남 역사의 초기까지로 소급된다. 베트남의 전설에 의하면, 베트남 인들이 자기네 시조라고 생각하는 락 롱 뀐(貉龍君, Lạc Long Quân)과 어우 꺼(嫗姬, Au Cơ)는 그들 아들 100명을 둘로 나누어 전자는 절반을 데리고 바다로 가고, 후자는 나머지 절반과 함께 지상에 남았다. 지상에 남은 자들 중 가장 뛰어난 자가 왕이 되었다.[106]

이혼의 경우와는 달리, 배우자 중의 한 사람이 사망할 때는 모든 관계가 끊어지는 것은 아니었다. 생존한 배우자는 사망한 배우자와 배우자의 부모에 대한 어떤 의무가 있었다. 레 왕조의 유교는 남편이 살아남아 있을 때 그에게 많은 의무를 요구하지 않았다. 남편은 죽은 아내를 위해 유교의 윤리에 따라 1년 상복을 입게 되어 있었지만, 중국에서와 마찬가지로 상중에 재혼하는 것이 실제로는 가능했다. 모거제의 경우, 남편은 장인·장모와 함께 살고 있었기 때문에 사정이 달랐다. 특히 자녀가 있을 때에는 더욱 그러했다. 경우에 따라서는 죽은 아내의 자매와 결혼했을지도 모른다. 베트남 사료들은 이에 대해 어떤 언급도 없다. 이런 관습의 존재를 언급한 것은 1800년 전후 시기 파리외방전교회 소속의 르모니에 드 라 비사쉐르(Lemonnier de la Bissachère) 신부였다.[107] 베트남 사회는 전근대 시기에 부계와 모계의 친족 제도가 공존했던 만큼,[108] 위와 같은 자매연혼(姉妹緣婚, sororate marriage)은 있었을 가능성이 많다. 사실상 딸들만이 있는 부모는 가계의 영속성을 위해 이러한 결혼에 호의적이었을 것이다.

남편과 달리, 남편이 먼저 죽은 부인에게는 법에 의해 많은 의무가 요구되었다. 무엇보다 우선 그녀는 남편을 위해 삼년상(喪)을 치러야만 했다. 삼년상을 치르지 않는다든가 또는 그동안에 재혼을 하는 행위는 십악 중의 하나인 불의에 해당되었다.[109] 남편의 삼년상을 치르지 않으면 상실부(桑室婦)라는 도형에 처해지도록 하였고, 일시라도 상복을 벗고 즐기면 형벌은 2등급 강등에 해당되었다.[110] 법은 삼년상이 끝나더라도 부인에게 토지의 증여라든가 열녀비의 건립 등과 같은 방법으로 재혼하지 않도록 권장했다. 이러한 권장의 중심 사상은 '삼종지의'였다. 다시 말하면, 남편의 사후 부인은 아들에 의존하도록 요구되었다. 관리층 집안의 일부 여인들은 이러한 생각을 받아들였던 것 같다. 18세기 중반 도어사였던 부 꽁 쩐(武公珍, Vũ Công Trân)의 딸은 한 관리 집안의 아들과 약혼을 했었다. 불행히도 약혼자가 결혼 전에 사망하자, 그녀는 여자란 한 남자만을 따라야 한다면서 끝내 결혼을 하지 않았다.[111]

한편 일부 베트남 인들 사이에서는 형제연혼(兄弟緣婚, levirate marriage), 즉 남편이 죽으면 부인이 남편의 형제와 결혼하는 관습도 행해졌던 것 같다. 이 관습은 전근대 베트남 사회에서 결혼이란 아들을 낳아서 부계 가족을 영속시켜야 한다는 점에서 이해되어야 할 것이다. 기록에 나타나는 한, 이 관습은 중국 삼국 시대 오(吳)나라가 지배하던 시기까지로 거슬러 올라간다. 당시 오의 관리였던 설종(薛綜)은 자오 찌(交趾, Giao Chỉ)의 메 린과 끄우 쩐(九眞, Cửu Chân)의 도 롱(都龐, Đô Long), 두 현(縣)에서는 남편이 죽으면 부인은 죽은 남편의 동생과 결혼한다고 했다.[112] 키스 테일러가 말했듯이, 이러한 초기의 형제연혼 풍습은 고대 베트남 사회의 양계적(兩系的) 성격과 관련이 있을지 모른다.[113] 그러나 그 성격은 후대로 내려올수록 다소 부계적으로 바뀌었음에 틀림없다는 생각이다. 형제연혼은 『국조형률』이 편찬될 때까지도 존속했던 모양으로, 법은 이를 금하고 있다. 만약 위반하면 유형에 처해졌다.[114] 법이 완전히 지켜졌는지는 알 수 없다. 레 타인 똥 이후 베트남 내의 계속된 내전으로 인한 정치적·사회적 혼란으로 보아 금지령이 지켜졌을 가능성은 희박하다.

남편의 사후 자녀가 없는 젊은 아내들은 친정으로 돌아가 재혼하는 경향이 강했다. 유교적 가족도덕 관념과 법이 그녀들의 재혼을 부정적으로 보았음에도 불구하고, 법은 이를 엄격하게 금하지는 않았다. 다만 남편의 사후에도 아내는 시부모와의 관계가 끊기는 게 아님을 강조하고 있을 뿐이다. 『국조형률』에서 과부가 된 며느리가 이전 시부모에 대해 행한 범법 행위는 며느리가 시부모에 대한 같은 행위보다 한 등급만이 가볍게 규정되어 있다. 예컨대, 며느리가 시부모를 모살(謀殺)하려는 행위에 대한 형벌은 참형(斬刑)이었는데, 같은 행위를 한 이전 며느리는 교형(絞刑)으로 한 등급이 낮았다.[115] 그러나 전의 며느리가 범법 행위에 연루되지 않는 한, 그녀와 시부모의 관계는 결혼하기 전처럼 통상적으로 되고 특별한 의무는 없었다.

이제까지의 논의로부터 두 가지 사실이 확인된다. 즉, 법적으로는 아내에 대한 남편의 절대적 권위가 인정되었지만 실제로는 부인과 남편의 지위가 비교적 대등했다는 점이다. 법이 강조한 남편의 절대적 권위란 말할 것도 없이 베트남이 중국의 유교적 가족도덕을 받아들인 결과였다. 대등한 관계는 베트남 고유의 관습과 밀접히 관련되어 있음에도 불구하고 어떤 이는 베트남 가족제도에 끼친 참파의 영향이란 잘못된 견해를 피력하기도 했다.[116] 베트남 인들이 음악·무용·조각·건축 등등에서는 참파 문화의 영향을 받은 것이 틀림없지만,[117] 여인들의 높은 사회적 지위는 베트남 인들이 참 족과 접촉하기 이전의 훨씬 앞선 시대로 소급해 올라간다. 다시 말하면, 그것은 동남아시아 모든 사회에 공통되는 베트남 고유의 관습이었다. 여기서 한 가지 언급되어야 할 것은, 사회적 관습에 관한 한 베트남 사회는 실제로 동남아시아 사회의 일부였다는 점이다.

제2장_부모와 자녀의 관계

부모와 자녀의 관계란, 부모는 나이가 많고 자녀는 젊다는 세대의 문제였다. 따라서 지배와 복종은 전통 베트남 사회에서도 일반적인 행동 양식이었다. 이는 법에 명시되었듯이, 유교의 영향을 받은 가족도덕의 관점에서 보면 더욱 그러했다. 그러나 베트남 고유의 관습에서는 지배와 복종이란 관념이 중국에서처럼 그렇게 분명하지가 않았다.

베트남 인들의 결혼이 중매에 의해서든 아니면 당사자들의 자유로운 선택에 의해서든 간에 가계의 영속성, 즉 출산과 밀접히 관련되어 있음은 앞 장에서 보았다. 대부분의 결혼한 부부는 하나 또는 그 이상의 자녀를 낳았고, 이들 자녀는 출생과 동시에 자동적으로 가족원이 됨과 동시에 가계를 영속시켰다. 가계의 계승은 관습상 부계로 이어졌지만, 모거제 결혼인 경우에는 사실상 모계적인 면이 강했다. 자녀들이 자동적으로 가족원이 된다는 것은 가산(家産)의 상속과 같은 권리를 갖게 됨을 의미했다. 물론 이는 가족원으로 남아 있는 한에서였다. 다시 말해, 만일 아들이 다른 집안에 양자로 가게 되면 그는 더 이상 태어난 집안의 가족원이 아니고, 따라서 상속권을 잃었다. 어린아이가 태어나면 부모는 그를 양육할 의무가 있었으며, 특히 어릴 적에는 더욱 그러했다.[118]

그러나 자녀의 권리와 부모의 의무는 중국으로부터 도입된 가족도덕과 법에서는 중요한 관심거리가 아니었다. 이들 가족도덕과 법에서 강조하는 것은 부모에 대한 자녀의 복종과 의무 및 자녀에 대한 아버지의 거의 절대적인 권위였다. 부모와 자녀 사이의 이러한 지배와 복종이라는 도덕적·법적 개념에 강한 인상을 받은 베트남 학자인 쩐 반 짜이(Tran Van Trai)는 베트남 가족의 성격을 가부장적이라고 정의했다.[119] 이보다 앞서 1870년대 베트남 남부 지방의 통치를 위한 프랑스인 식민 관료들의 훈련을 맡은 루로(E. Lurô) 역시 아버지는 집의 주인[主家, chúa gia]으로서 절대 권력을 휘두른 것으로 보았다.[120] 문제는 가부장적이라는 이 용어가 어느 정도로 17, 8세기 베트남 가족의 특징을 말해 주고 있는가 하는 것이다.

부모와 자녀 사이에 존재하는 지배와 복종의 이론적 근거는 유교도덕의 최고 덕목인 효(孝) 개념이었다. 자녀들은 최대의 존경심을 가지고 부모를 모시고 복종하도록 요구되었다. 제1부에서 보았듯이, 유교는 레 왕조의 초기에 지배 이념으로 확립되었다가 한 세기 이상 쇠퇴의 길을 걸었다. 그러다가 17세기 중반에 이르러 다시금 강조되기 시작했다.[121] 유교가 지배 이념으로 존속하는 한, 효의 중요성은 아무리 강조해도 결코 지나치지 않았다. 『가훈가』에서는 다음과 같은 구절이 있다.[122]

> 커다란 어려움을 겪으며 너를 양육해 준 부모님에 대한 신세 때문에,
> 너는 헌신과 존경심을 가지고 끊임없이 그들을 섬겨야 한다.
> …(중략)…
> 부모님에 대한 감사하는 마음에서 일차적으로 고려해야 할 것은 효이다.

네가 할 수 있는 한 최선을 다해 섬겨라.

한편 사회도덕과 가족도덕에 관한 1663년의 교화조례를 보면 47조 가운데 효는 임금에 대한 충성 바로 다음인 두 번째에 언급되어 있다. 이 조문의 규정은 "자녀가 된 자는 마땅히 부모에 대해 존경하고 효도해야 한다."[123]라고 되어 있다. 효는 또한 『국조형률』에 내포된 두 가지 기본 원칙 중의 하나이다. 다른 하나는 군주에 대한 충으로, 이는 효보다 더 강조되었다. 『국조형률』은 형법이기 때문에 효를 직접 강조한 것이 아니라, 효에 어긋나는 행동을 처벌하는 강제 규정으로 되어 있다.

『국조형률』에서 효가 얼마나 중요했는가는 십악을 규정한 제2조에서 불효가 그 중의 하나로 규정된 것을 보면 쉽게 알 수 있다.[124] 제2조에 따르면, 불효는 다음과 같은 행위들을 말한다. 즉, 부모를 고발하거나 또는 부모에게 욕하는 것, 부모의 가르침에 따르지 않는 것, 부모를 부양하지 않는 것, 부모의 상중에 결혼하는 것, 부모의 상중에 상복을 입지 않고 즐기는 것, 부모의 사망을 감추거나 또는 거짓으로 말하는 것 등이다. 효의 개념은 중국으로부터 도입된 것이기 때문에, 그것에 위배되는 행위에 대한 규정들도 중국의 법들로부터 받아들였다. 당률의 방식에 따라서, 『국조형률』은 조부모 및 부모의 명령에 불복종하거나 그들을 부양하지 않거나 또는 그들을 당국에 고발하는 자손을 호정(犒丁)이라는 도형에 처했다.[125] 이와 마찬가지로, 『국조형률』은 부모의 상을 당하고도 상복을 입지 않는다든가 또는 이기적인 목적에서 거짓으로 부모의 상을 당했다고 하는 자들에 대한 처벌 규정을 두었다. 전자의 경우는 호정, 후자의 경우는 3등급 강등에 해당하는 처벌을 받았다.[126] 부모가 죽으면 자녀는 삼년상을 치르게 되어 있었는데, 이는 중국에서와 동일한 것이다. 결혼한 딸만은 삼년상이 아니라 일 년 동안만 상복을 입었다. 이와 같은 것은 결혼에 의해 딸에 대한 권위는 아버지로부터 남편에게로 옮겨 간다는 유교관념의 반영이었다. 그렇다고 해도 금은 등으로 화려한 몸치장을 하는 것은 삼가야만 했다.[127]

모든 자녀는 부모의 상중에 행동거지를 조심하지 않으면 안 되었다. 그렇지 않으면 엄한 처벌을 받아야만 했다. 부모 상중에 간음하는 행위는 참형에 처해졌다.[128] 부모 상중에 결혼도 금지되어, 이를 어긴 결혼은 무효였을 뿐만 아니라 도형의 형벌까지 받았다.[129] 그러나 관습에 따르면, 부모의 사망 3일 이내에는 결혼이 가능했다.[130] 이러한 관습은 죽은 사람이 3일 이내에 다시 살아날 수도 있다고 믿어, 그가 완전히 사망한 것으로 보지 않는 베트남 사람들의 죽음에 대한 관념 때문이었다.

효의 원칙은 한 걸음 더 나아가 부모를 위해 복수하는 것까지 인정해 주었다. 중국 사람들은 흔히 자녀들에게 "아버지의 원수와는 같은 하늘 아래에서 살지 않는다."[131]라는 말을 해 주었다. 사실상 유교사상을 받아들인『국조형률』은 사회 질서와 군주의 위치가 복수에 의해 심각하게 위협을 받지 않는 한 자녀들의 그러한 행동을 장려했다. 자녀들이 그들 부모의 살해자와 타협하는 것은 엄격히 금지되었다. 이를 어기면 원주에의 유형에 처해졌다.[132] 그런가 하면 자녀들이 부모를 살해한 자를 살해하더라도 형벌은 제삼자 간에 일어난 살인 사건의 경우보다 훨씬 가벼웠다. 형벌은 3등급 강등이었다.[133] 제삼자 간의 살인 사건에 대한 형벌이 교형(絞刑)이었던 것과[134] 비교하면 얼마나 가벼웠는가를 쉽게 알 수 있다. 자녀들은 또한 부모를 구타한 사람을 구타하더라도 심각한 상처가 없는 한 처벌을 받지 않았다.

자녀들이 당국에 부모를 고발하는 행위는 십악의 하나로 결코 용서

받을 수 없었다. 이 경우 『국조형률』에서의 형벌은 원주에의 유배였다.[135] 군주가 자녀의 부모 고소를 금지한 의도는 가족의 화합을 바탕으로 한 사회 질서의 유지였다. 군주는 사회 질서의 혼란이 자기의 지배권을 위태롭게 하지는 않을까 두려워했던 것이다. 이러한 금지는 어디까지나 군주가 자기를 지키기 위함이라는 데서 알 수 있듯이, 부모에 대한 효가 군주에 대한 충보다 우선적일 수는 없었다. 따라서 부모가 모반이나 모대역에 연루되었을 때는 고소가 허용되었다.[136] 이러한 예외는 베트남 법이 유교의 도덕관념을 보급하려는 것보다 근본적으로 왕권을 유지하기 위함이라는 것을 확인시켜 준다. 바꾸어 말하면 유교 도덕의 보급은 왕권을 유지하기 위한 하나의 수단이었다고 보아도 틀리지 않는다.

다음으로 논할 것은, 자녀의 부모에 대한 단순한 불복종이라든가 부모를 고발하는 행위가 중하게 처벌되었다면, 이를 넘어 자녀가 부모에 대해 가한 공격적인 행동은 효라는 이름하에 가장 중한 처벌의 대상이 되었으리라는 점이다. 『국조형률』이나 중국 법은 모두 십악 중 하나인 불경(不敬), 즉 부모를 구타하거나 살해하려 모의하는 행위를 종묘사직과 국가에 대한 반역 행위들인 모반(謀反)·모대역(謀大逆)·모반(謀叛) 바로 다음인 네 번째로 꼽고 있다. 이에 반해 불효는 순서상 일곱 번째에 두었다. 이러한 순서는 자녀들의 부모에 대한 공격적인 행동이 군주와 왕조에 대한 범법 행위들 다음의 가장 심각한 범죄로 간주되었음을 보여 준다. 『국조형률』은 자녀가 부모를 구타하면 원주에의 유형으로 규정하고 있다. 부모에 대한 욕설조차 외주로의 유형에 처해졌다.[137]

이와 대비되는 면은 아버지의 권위였다. 부모, 특히 아버지는 자녀를 가르칠 책임이 있었고, 만약 가르침에 복종하지 않으면 벌을 주게끔 되어 있었다. 벌은 사회의 규범으로부터 일탈하는 자녀의 나쁜 행동을 바로잡기 위함이었다. 그것은 자녀를 가르치는 전 과정의 필요한 일부로 간주되었다. 베트남 속담에는 "사랑하면 자녀를 회초리로 때린다. 싫어하면 자녀에게 단것과 설탕을 준다."[138]라는 말이 있다. 이와 관련하여 흥미로운 사실은, 『설문해자』(說文解字)에 의하면 아버지를 뜻하는 한자인 '부'(父)는 법도(法度)로, 가르치는 가장(家長)을 의미하며, 손으로 막대기를 들고 있는 형상이라는 점이다.[139] 『국조형률』은 부모가 훈계를 듣지 않는 자녀를 때려 혹 상처를 입힌 행위에 대해 아무런 처벌 규정을 두지 않았다. 사망한 경우에만 처벌을 받게 되었는데, 이때 형벌은 호정이었다.[140] 이는 자녀가 한 행위의 경우와 비교하면 매우 대조적이다. 부모의 자녀 살해에 대한 처벌은 현저히 경감되었는 데 반해, 자녀가 부모를 살해한 경우는 제삼자 간의 같은 행위보다 훨씬 무겁게 다루어졌다.

자녀를 구타하여 살해까지 한 부모에 대한 처벌 규정은 부모 권한의 한계성을 보여 준다. 즉, 부모에게 그들 자녀의 생명을 박탈할 권한까지 인정한 것은 아니었다는 점이다. 부모는 자녀가 훈계에 심하게 저항하면 당국에 고소하게끔 되어 있었다. 이런 자녀가 어떻게 법으로 다스려졌는가는 이미 언급했다.[141]

친자녀뿐만 아니라 양자도 부모에게 종속적이었다. 가족에 자녀가 없는 경우의 입양은 널리 행해졌다. 자녀가 없는 이유는 주로 부부가 출산을 못 하거나 아니면 높은 유아 사망률 때문이었다.[142] 양자를 들이는 주요 목적 중의 하나는 조상에 대한 제사를 위해 가계의 영속성을 유지할 필요성에서였다. 양자를 들일 때에는 같은 성을 가진 집안의 아들을 선호했지만 성이 달라도 또한 받아들였다. 레 타인 똥은 1464년 성이 다른 경우의 입양을 금지했다가,[143] 1494년에는 이를 허락했다.[144] 그는 즉위 초 유교적 이념만 강조했다가, 말년에는 베트남에서

성을 바꿀 수 있는 현실을 부정할 수 없어 타협책으로 이러한 허락을 한 것이 아닌가 한다. 양자는 일곱 살 전에 입양되어 그로부터 입양된 집안에서 같이 생활했으면 완전한 가족원의 자격이 주어졌다.[145] 다시 말하면, 그는 친자녀와 똑같은 권리와 의무가 있었다.

입양은 항상 가계의 계승에만 관계된 것은 아니었다. 일부 가족들은 친자식이 있더라도 입양을 하는 경우가 종종 있었다. 이런 경우는 주로 집안의 세력을 과시하기 위해서였다. 오늘날도 그렇지만, 근대 이전 베트남 사회에서도 집안의 크기와 부(富)는 사회적·정치적 영향력과 밀접히 연관되어 있었다. 사무엘 바론은 다음과 같이 말하고 있다. "통킹 사람들은 많은 부양가족과 번듯한 친족에 대한 야망 때문에 남녀를 구분하지 않고 서로 아이들을 입양하여 가족으로 삼는 관습이 있다."[146] 이 범주에 속하는 아이들은 입양하는 집안과 동등한 집안 출신들이었다. 그러나 입양되는 아이들의 거의 대부분은 성이 다른 가난한 집안 출신이었으며, 이들에게는 친자식과 같은 권리가 주어지지 않았다. 이러한 형태의 입양은 의제친족(擬制親族)의 성격이 짙었으며, 입양한 부모와 입양된 아이의 관계는 후원자와 피보호자의 그것과 유사했다. 사무엘 바론의 경우가 이러한 관계를 잘 보여 준다. 바론은 당시 북부 베트남에서 실권을 장악하고 있던 찐 딱(鄭柞)의 후계자인 찐 깐(鄭根)의 양자가 되어 항상 그에게 선물을 보냈고, 그 대가로 찐 깐은 바론이 하는 교역(交易) 일을 보호해 주었다.[147]

이제까지 논한 것은 주로 법에 나타난 부모와 자녀의 관계였다. 『국조형률』은 적어도 이론상 중국의 법 규정들을 계수했기 때문에, 베트남에서의 부모와 자녀 관계는 중국의 그것과 유사했다. 그러나 베트남 토착의 관습을 더 면밀히 살펴보면 법과 현실 사이에 차이가 있는 것이 발견된다. 베트남 관습에서도 부모에게 자녀에 대한 상당한 정도의 권위를 부여했다는 것은 부정할 수 없는 사실이다. 필요한 경우 부모가 자녀를 매매하는 것이 허용되었다. 베트남의 역사를 보면, 가뭄과 홍수로 인한 기근이 자주 발생해 많은 사람들이 빈곤에 시달렸다. 이럴 때 부모는 가족이 먹을 식량의 양을 줄이거나 쌀을 사기 위해 자녀를 팔지 않으면 안 되었다. 레 왕조의 법은 왕조의 초기부터 자녀의 매매를 인정했다. 『국조형률』도 이런 관습을 받아들였다. 다만 일단 매매한 자녀를 다른 사람에게 이중매매하는 것에 대해서만은 처벌 규정을 두었다. 이 경우 처벌은 한 등급 강등이었고, 이중매매로 인해 노동하지 못한 날짜만큼의 임금을 지불하도록 했다.148)

그렇다고 자녀의 매매가 그들을 노예의 신분으로 낮추는 최종적인 거래는 아니었다. 매매에는 제약이 있었다. 바꾸어 말하면, 매매되는 것은 그들의 노동력뿐이고 육체까지는 아니었다.149) 자녀의 원래 신분은 현금이나 노동력으로 갚으면 회복될 수 있었다. 가난해서 자녀를 팔아야만 하고, 그런 다음 빚을 갚을 수 없는 이들에게는 매매된 자녀들의 노동으로 빚을 청산하는 것이 허용되었다. 정해진 노동 기간이 지나면 이들 자녀는 자유 신분을 회복했다. 홍 득 연간에 반포된 칙령에 의하면, 노동에 의한 상환액을 20세 이상의 남자는 일 년에 6띠엔(錢, tiền), 20세 이상의 여자는 4띠엔으로 계산하도록 정해 놓았다.150) 이 칙령이 의도한 바는 인력의 수를 제한하여 권력 가문의 성장을 억제하자는 것이었다. 실제로 『국조형률』은 관리와 평민의 노예 소유를 제한하고 있다.151)

부모에 의해 결정된 곤궁한 시기의 자녀 매매는 그들의 생명과 다른 가족의 생명들까지도 구할 수 있었다는 점을 지적해도 좋지 않을까 한다. 그러나 베트남 사회에서는 빈곤 때문에 유아를 살해하는 일은 없었던 것 같다. 리샤르 수사는 다음과 같이 지적하고 있다. “통킹 사람들에게는 중국인들이 (가난으로 인해) 어린아이를 기를 수 없을 때 익사시키는 그런 야만적인 풍습이 없다."[152] 리샤르 수사는 계속해서 말하기를, 많은 사람들이 공공연히 가난한 집안의 아이들을 받아들였고, 어떤 아이들은 공식적으로 입양되어 친자식과 같은 권리가 주어지기까지 했다고 했다. 그러나 대부분의 아이들은 논에서 일하는 노동자들이었다. 17, 8세기 남북 대립으로 인한 조정의 세력 약화와 무관심 때문에 권문세가들은 이 기회를 이용하여 자신들의 농토를 넓혔다. 이들 아이들의 생활이 어떠했는지는 알려져 있지 않지만, 적어도 그들은 먹을 것이 있었기에 자기 집에 있는 것보다는 낫지 않았을까 생각한다.

근세인 17, 8세기 베트남에서 유교는 사회 전체에 깊이 침투하지는 못했다. 일반 대중은 유교의 윤리보다는 자신들의 전통적인 관습에 더 친근감을 느꼈다. 이러한 증거는 앞의 장들에서 논의된 경우들에 잘 나타나 있다. 유교적 가부장권은 소수인 지배 계층에만 영향을 끼쳤다. 이들 계층에서 부모는 자녀들에 대해 복종을 강요했고, 만약 자녀가 말을 듣지 않으면, 이는 곧 복종하지 않거나 존경하지 않는 것으로 간주되었다. 그와 같은 것은 대부분의 베트남 인들의 경우에는 적용되지 않았다.

여인들을 외부 세계와 격리시키며 남자들과 동석하지 않도록 강조하는 유교 윤리에도 불구하고, 대부분의 베트남 가족들은 이러한 도덕 개념에 주의를 기울일 생각이 없었다. 여인들은 자유롭게 돌아다니며 이웃을 방문하고 또 마을의 축제에 참석하는가 하면 들판에서 일을 하고 상업에도 종사했다. 젊은 남녀는 서로 어울려 놀며 장래의 배우자를 선택할 수 있었다. 부모들은 이러한 자녀들의 행동을 자유롭게 내버려 두었지, 못하게 하려는 생각이 거의 없었다. 유교의 영향을 거의 받지 않은 산간 지대의 젊은이들은 중국 문화와 오랫동안 접촉해 온 저지대의 젊은이들보다 더 많은 자유를 누렸다. 리샤르 수사의 말을 빌리면,

"산간 지역의 주민들 중에서 …(중략)… 소녀들은 가장 제약을 받지 않고 생활하고 있다."[153] 위와 같은 자녀들의 행동 유형은 가족 내에서 유교적인 부모의 권한이 취약했음을 보여 주는 것으로 풀이될 수 있다.

유교도덕과 대조되는 베트남 고유의 관습은 베트남 지배자들로 하여금 정통 유교의 개념들을 받아들이는 과정에서 그것들로부터 어느 정도 벗어나게 했다. 제1부 제2장에서 언급했듯이, 베트남의 자녀들은 부모의 생존 중이라도 분가하는 것이 허용되었다. 이러한 행동은 유교도덕에 기반을 둔 중국 법에서는 십악 중의 하나인 불효에 해당하는 것이었다. 분가의 허용이 의미하는 것은 자녀들이 분가를 원하면 부모는 그들에게 같이 살자고 강요할 수 없었음을 말해 준다. 그러나 자녀들은 열다섯 살 이상이 되어야 부모로부터 분가할 수 있었다.[154] 15세 미만은 성년으로서의 법적 신분이 없었다.

사회적·경제적 문제들은 자녀의 분가와 관련해서 중요한 요인으로 작용했다. 부유한 집안의 자녀들은 거의 분가를 하지 않았는데, 부모의 강력한 권위와 부모에 대한 불복종이 주는 위험성 때문이었다. 또한 분가하는 자녀들은 그동안 누렸던 사회적 지위와 경제적 부를 잃을 가능성도 감수해야만 했다. 이들과는 달리 가난하고 신분이 낮은 집안의 자녀들은 분가로 인해 잃을 것이 별로 없었기 때문에 더 독립적인 경향을 보였다. 더욱이 그들은 일단 분가하면 마을의 공동소유인 공전(公田)을 분배받을 수 있는 자격이 주어졌고, 이와 같은 공전에 대한 자격이 그들의 분가를 용이하게 했다. 사실상 많은 베트남 인들은 사유 토지보다 공전에 더 의존하고 있었다.

인류학자인 존 엠브리(John Embree)는 자녀들의 부모에 대한 의무감이 20세기 베트남과 중국 및 일본 사회에서는 강했던 데 비해 태국 사회에서는 그렇지 않았다고 했다.[155] 그러나 엠브리의 베트남 자녀들에 관한 말은 근세가 아니라 현대 사회에서 더욱 사실에 가깝다고 하겠다. 자녀들의 개인주의적인 경향과 부모로부터의 분가는 17, 8세기 베트남 사회에서 부모에 대한 그들의 의무감이 강하지 않았음을 보여 준다. 이런 점에서 본다면, 베트남 인 자녀들은 동아시아 국가들의 자녀들보다 태국 사회의 자녀들과 더 공통점이 있었다고 하겠다. 현대 베트남 가족과 중국 가족의 유사성은 앞으로 좀 더 연구가 되어야 할 문제이지만, 아마도 19세기 응우옌 왕조의 노력에 의한 결과가 아닌가 한다.

자녀들의 개인주의적인 행동은 베트남 가족에 중요한 영향을 끼쳤다. 다시 말하면, 이는 중국 가족이 부자 중심적인 것과 달리 베트남 가족을 부부 중심적인 것이 되게끔 했다고 생각된다. 결혼의 경우에서 보았듯이, 베트남 부모들은 자녀들의 문제에 직접적으로 개입하지 않았는가 하면, 자녀들은 부모로부터 독립하려는 경향을 보였다. 이런 경향을 반영하듯, 법은 자녀들이 일단 분가하여 떠나면 부모는 그들에 대한 책임을 어느 정도 면제하였다. 예컨대, 『국조형률』은 분가하여 살고 있는 자녀가 도적질을 했을 때 부모가 이를 관가에 알리면 형벌을 면해 주었다.[156] 그러나 이는 동거하고 있는 경우에는 해당되지 않았다.

자녀들의 자유와 부모로부터의 분가와 관련하여 두 가지가 더 고려되어야 한다. 베트남 가족에서 딸들은 자유를 즐긴다는 점에서 아들들과 거의 동일했다. 반면에 중국에서는 성(性)은 가족 내의 계급에서 중요한 요소였다. 이미 언급했듯이, 중국 여인들은 남자들에 비해 매우 낮은 위치에 있었다. 그 이유로는 여러 가지 원인을 들 수 있다. 우선 가족제도가 부계 중심으로, 남자가 가계를 계승하고 여자는 출가외인이 되었다는 것이다. 다른 하나는 여자들은 육체적으로 남자들보다 열등하여 그들에게 복종하도록 요구되었다는 것이다. 또 다른 중요한 요인으로는 남자들이 항상 가족 경제를 관리하고 여자들은 그들에게 의

존해야만 했다는 것을 들 수 있다. 여자들은 집 안에서 지위가 낮았기 때문에 딸들은 태어나면서부터 별로 좋은 대우를 받지 못했다. 가난한 집안에서는 더욱 그러했다. 악명 높은 중국에서의 여아 영아 살해는 이러한 성 관념과 직접 관련이 있었다. 법은 이를 반복해서 금지하고, 중국 지식인들이 이를 개탄했음에도 불구하고,[157] 이 관습은 쉽사리 없어지지 않았다. 여아 영아 살해의 주된 이유는 잦은 천재지변으로 인한 기아 때문이었다.

베트남의 경우는 이와 반대였다. 베트남 인들도 아들을 선호했다는 것은 부정할 수 없는 사실이었다. 그러나 이들은 중국 사람들처럼 그렇게 딸을 차별하지는 않았다. 17세기 후반의 중국 사람인 반정규에 의하면, 베트남 사람들은, "딸이 태어나면 기뻐하고, 아들이 태어나면 우울해 했다."는 것이다.[158] 전술한 제주도 사람 고상영(高商英)도 베트남의 풍습으로는 "남자는 천하고 여자는 귀하다."라고 했다.[159] 베트남의 가보(家譜)에서 아들들과 딸들을 구별하지 않고 열거한 것도[160] 딸에 대한 차별이 없었음을 보여 주는 것으로 생각된다. 이미 말했듯이, 베트남 여인들은 남자에게 의존하지 않을 뿐만 아니라 때로는 가족의 유일한 부양자이기도 했다. 그들의 경제적 능력은 특히 가난한 집안들에서 명백히 드러났고, 그리하여 그들의 지위는 상승되었다. 이러한 여인들의 경제적 능력으로 인해 사람들은 남아인지 여아인지를 가리지 않고 아이들을 입양했다.[161]

가계 상속에 대해서 말한다면, 베트남 인들은 분명히 딸보다는 아들을 선호했지만, 그렇다고 딸들이 그 상속에서 배제된 것은 결코 아니었다.[162] 딸들의 가계 상속이 너무나 보편화되어 있었기 때문에 유교 지향적인 조정에서조차 이를 인정하지 않을 수 없었다. 딸의 가계 상속은 레 타이 똥의 티에우 빈 연간(紹平, Thiệu Bình, 1434-1439)에 처음 공식적으로 인정되었고,[163] 레 타인 똥과 레 찌에우 똥(昭宗, Chiểu Tông, 1516-1522)에 의해 재확인되었다.[164] 이 관습은 『국조형률』에서도 받아들여졌다. 이에 의하면, 장남이 조상 숭배에 필요한 비용을 충당하기 위한 향화(香火) 토지를 관리하되, 만일 아들이 없으면 장녀가 이를 맡도록 하였다.[165] 딸이 향화 토지를 상속할 수 있다는 것은, 딸에게 가계가 상속된다는 것을 의미하는 것이었다. 왜냐하면 가계 상속과 조상 제사에 대한 상속은 동일한 것이었기 때문이다. 이 관습은 부계 상속을 주장하는 유학자들의 눈에는 한탄스러운 일로 비쳤다. 19세기 유학자들 중의 한 사람인 팜 딘 호는 딸의 가계 상속을 비난하면서 돌아가신 이는 딸과 그의 후손들이 바치는 제물(祭物)을 받지 않을 것이라고 했다.[166]

딸에게 상속권을 인정하는 관습은 몇 가지 면에서 유리한 점들도 있었다. 이러한 관습은 야망이 있지만 가난한 학자들에게는 유리했다. 그들은 빈곤에 대한 걱정 없이 과거 시험 준비에만 전념할 수 있었기 때문이다. 예컨대 레 느 호(黎如虎, Lê Như Hổ)라는 이는 가난한 집안 출신인데, 부유한 집안의 딸과 결혼한 덕분에 1541년 과거 시험에 합격할 수 있었다.[167] 부유한 부모들은 딸의 가계 상속을 이용했다. 당연한 이야기겠지만, 그들은 가계와 재산을 제삼자에게 넘겨주기보다 딸에게 주기를 더 원했다. 이러한 상황에서 아들과 딸의 차별은 비현실적이지 않았을까 한다. 재산 상속에서 아들과 딸의 동등한 권리에 대하여는 다음 장에서 자세히 논할 생각이다.

다른 한편, 자녀들이 부모로부터 쉽사리 분가할 수 있었던 것은 가족의 규모를 작게 만드는 경향이 있었다. 가족의 규모를 작게 만든 또 다른 주요 요인은 부모 사망 후 형제들의 즉각적인 분가였다. 중국적 개념인 '형제동거'(兄弟同居)[168]는 대부분의 베트남 사람들에게는 낯선 개념이었다. 경제적 요인 또한 가족의 규모를 작게 만드는 경향을 띠게 했다. 정기적인 공전의 재분배는 대규모 사유 토지의 형성에 반대 작용을 했고, 그 결과 대가족의 형성이 어려웠다. 알렉산더 우드사이드(Alexander Woodside)는 베트남 사회에서의 소가족제에 대한 또 다른 이유를 주장한다. 하나는 높은 사망률이고, 다른 하나는 중국적 대가족 제도를 빌려 오면서 베트남 식으로 변형시켰다는 것이다.[169]

지배 계층은 대가족으로 이루어지는 경우가 많았다. 농민들과는 달리 이들은 많은 가족을 부양할 수 있었다. 이들 가족은 관직에 있으면서 많은 토지를 국가로부터 받았고, 이를 다시 토지나 상업에 재투자했다. 또한 이들은 힘없는 농민들의 토지를 불법으로 점유함으로써 토지를 넓혔다. 가구의 분할은 권력과 재산의 축소를 의미하기 때문에 이들은 분할하기를 꺼렸다. 여기에 더하여, 유교의 대가족 개념도 이들의 가족 크기에 영향을 끼쳤다. 자녀들은 분가가 허용되지 않았을 뿐만 아니라 그들 자신 역시 이를 별로 원하지도 않았다. 지배 계층의 가족 형태가 대가족이 되는 또 다른 이유는 부인이 여럿인 데다가 입양도 했기 때문이다. 1822년 후에에서 크로퍼드가 만난 한 관리는 아들이 54명이었데, 그 중 36명이 같이 살고 있었다고 한다.[170] 입양에 대해서는, 베트남 사람들이 얼마나 부양가족과 입양 아들을 갖기 원하는지를 이미 언급했다. 이들 대가족은 흔히 조부모, 부모, 자녀, 삼촌, 고모, 조카들과 다른 부양가족, 즉 먼 친척과 양자들 및 하인들로 이루어졌다. 하지만, 이러한 대가족들은 지배 계층에만 한정되어 있었고, 그 숫자는 지극히 적었다는 점에 유의할 필요가 있다.

근세인 17, 8세기 베트남의 인구 자료는 남아 있는 것이 없어서 정확한 가족 크기는 알려져 있지 않다. 명나라가 베트남을 지배하던 1400년대 초기의 인구 통계는 이 문제에 대해 어느 정도 참고가 될 수 있을 것이다. 『안남지원』에 의하면, 명 군대가 지배했던 지역에서의 가구 수와 인구는 각각 120,412와 500,246으로,[171] 가구당 평균 가족 수는 4.15인이었다. 이는 동시대 중국 명나라보다 적다. 『명실록』(明實錄)에 기재된 통계에 의하면, 영락제(永樂帝) 15년(1417) 중국의 가구 수와 인구는 각각 9,443,766과 51,501,867로,[172] 가구당 평균 가족 수는 5.45인이다. 이와 동일한 자료에 나오는 또 다른 통계에 따르면, 5년 후인 영락 20년(1422)의 가구 수와 인구는 각각 9,665,133과 52,688,691로,[173] 역시 가구당 가족 수는 5.45인이다. 이로 보면 동시대 베트남의 가구당 가족 수는 중국의 가구당 가족 수보다 1.30인이 적다. 이러한 통계와 베트남 성인 자녀들의 분가 경향으로부터 우리는 레 왕조 사회에서 가족은 부모와 어린 자녀로 이루어진 핵가족이 지배적이었다는 결론을 내려도 무리가 없지 않을까 한다.

여기서 혈족 관계의 개념을 확실히 밝혀 두는 것이 도움이 될 것으로 본다. 부모와 자녀의 관계는 자녀가 부모로부터 분가한다고 해서 끝나는 것은 아니다. 자녀는 분가 이전처럼 부모에 대한 의무를 지녔다. 그들은 부모의 생존 중 복종하며 존경하고, 부모의 사망 후에는 거상 기간을 지켜야만 했다. 또한 자녀들은 부모의 재산에 대한 상속권을 유지했고, 재산의 분배에 참여할 수 있었다. 다른 한편 부모는 자녀에 대한 책임감을 느끼고, 그들을 가르치고 좋지 않은 행동은 고쳐 주어야 했다.

그러나 자녀의 개인주의적 행동은 분가에 의해 더욱 강화되었으며, 부모는 아직 같이 살고 있는 자녀들에 대한 관심 때문에 분가한 자녀에 대해 주의를 덜 기울였다. 이리하여 부모와 분가한 자녀의 관계는 시간이 지날수록 점차 멀어져만 갔다. 그 뿐만 아니라 분가한 자녀는 다른 가족들과의 관계도 역시 소원해졌다.

이러한 느슨한 관계는 어른들을 부를 때 그들 자녀의 이름을 붙여 부르는 베트남 인들의 '테크노니미'(teknonymy) 관습에서도 엿볼 수 있다.[174] 로드 신부는 말하기를, 베트남 사람들은 집안에 어린아이가 태어나면 그와의 관계에 따라 집안 어른들을 부른다고 했다. 예컨대, 어린아이의 이름이 '동'(Đồng, 베트남의 화폐 명칭)이면, 아버지는 '동의 아버지', 어머니는 '동의 어머니', 할아버지는 '동의 할아버지', 할머니는 '동의 할머니', 삼촌은 '동의 삼촌', 고모는 '동의 고모' 등등으로 불린다.[175] 삼촌이나 고모가 자기 아이를 낳으면, 그때는 그 아이의 이름을 붙여 '누구의 아버지', '누구의 엄마'로 불린다. 할아버지와 할머니는 같이 살고 있는 아들이 낳은 아이의 이름을 붙여 불린다. 어느 친척도 그 자신의 이름이나 또는 자신과의 관계에 따라 불리지 않는다. 이리하여 아버지의 동생을 삼촌이라 부르지 않고 '누구의 아버지'라고 부른다. 마찬가지로 아버지의 여동생도 고모가 아니라 '누구의 엄마'라고 부른다. 폴 베네딕트(Paul Benedict)는 이런 의미에서 베트남 인들은 중국 사람들처럼 그렇게 복잡한 친족 명칭이 발달하지 않았다고 했다.[176] 그가 지적한 바에 따르면, 핵가족원들의 베트남어 명칭인 짜(cha, 아버지), 까이(cái, 어머니),[177] 아인(anh, 형), 엠(em, 동생)과 꼰(con, 아이)은 몬-크메르(Mon-khmer) 기원인 반면에, 옹(ông, 翁, 할아버지), 바(bà, 婆, 할머니), 꼬(cố, 증조할아버지)는 중국어로부터 빌려 온 것으로 중국의 가족 유형에 맞는다고 한다. 복잡하고 세세한 친족 명칭과 직계가족이 아닌 친척에 대한 호칭의 변화는 베트남의 친족 제도가 느슨했었기 때문이라고 보아도 좋을 듯하다. 사람들이 서로 친족 명칭으로 부르지 않을 때 그들 간에 매우 친밀한 친족이라는 생각이 들기는 어렵지 않을까 한다. 결국 베트남 인들은 자기 가족 중심이었다고 할 수 있다. 우리가 족보(族譜)라고 하는 것을 그들이 '가보'(家譜)라고 하는 것도 이런 이유에서였을 것이다. 그러나 자기 가족 중심이라고 하는 것은 어디까지나 피지배 계층의 이야기이다.

'테크노미니'의 예는 물론 지배 계층에게는 적용되지 않았다. 로드 신부는 이 집단에는 테크노미니의 관습이 없었다고 했다.[178] 지식층이나 관리들은 중국의 정교한 친족 제도를 받아들였다. 친족끼리는 서로 적절한 친족 명칭으로 불렀다. 조카는 삼촌을 '삼촌'이라고 불렀지 삼촌의 자녀 이름을 붙여 '누구의 아버지'라고 부르지 않았다. 이러한 친족 용어의 사용은 친족 관계를 긴밀하게 하는 동시에 친족 간에서 상하의 위치를 분명하게 해 주었다.

중국 법과 베트남 법에서 오복제(五服制)에 의해 상복 입는 기간을 달리하는 것 역시 이들 지배 계층의 사상을 반영하는 것으로 보아 틀림없다. 『국조형률』이나 여타 베트남 법에서는, 만약 가해자와 피해자가 같은 친족 집단에 속한다면 형벌이 두 사람 사이의 관계에 따라 달리 적용되었다. 앞에서 이미 언급한 구타의 경우를 다시 들어 보자. 어떤 이가 삼종형매(三從兄妹), 즉 팔촌형이나 팔촌누나를 구타했으면 형벌은 한 등급 강등이었다. 그러나 재종형매(再從兄妹), 즉 육촌형이나 육촌누나를 구타한 경우는 한 등급, 종형매(從兄妹), 즉 사촌형이나 사촌누나를 구타한 경우는 형벌이 두 등급 증가되었다. 그러나 만약 윗사람이 아랫사람을 때렸어도 상처가 없으면 무죄였다. 상처를 입힌 경우, 팔촌형은 친척이 아닌 제삼자 간의 형벌보다 한 등급이 감해졌다. 육촌형의 형벌은 여기에 다시 한 등급, 사촌형의 경우는 두 등급이 감해지도록 하였다.[179] 따라서 사건에 연루된 두 사람의 관계가 가까우면 가까울수록, 연하인 친족에 대한 형벌은 더욱 무거워졌고 연장자에 대한 형벌은 더욱 가벼워졌다. 이와는 반대로, 두 사람의 관계가 멀면 멀수록 연하인 친족에 대한 형벌은 가벼워졌고, 연장자에 대한 형벌은 무거워졌다.

여기서 한 가지 주목할 것은, 『국조형률』이 전반적으로 중국의 친족 제도를 수용하고 있음에도 불구하고 몇 가지는 바꾸었다는 점이다. 『국조형률』의 두 조문, 즉 제411조와 제412조에 의하면, 모반(謀反)·모대역(謀大逆)·모반(謀叛)과 같은 왕조에 대한 중대 범죄를 저질렀다고 하더라도 형벌은 처와 자녀들과 같은 직계가족에게만 한정되었다.[180] 다른 친족들에 대한 형벌은 언급되어 있지 않다. 그러나 중국의 당률과 명률에서는 직계존속(尊屬)과 직계비속(卑屬)뿐만 아니라 다른 친족까지 형벌을 받았다.[181] 『국조형률』의 또 다른 조문인 제130조에 의하면, 조부모 또는 부모의 상(喪)을 당하고도 이를 숨기고 슬퍼하지 않는 남자는 호정, 여자는 상실부라는 도형에 처한다고 되어 있다.[182] 당률과 명률에서는 부모상뿐만 아니라 기친존장(期親尊長)[183]의 상을 당하고도 이를 감추는 자녀 및 손아래 친족들은 형벌에 처해졌다.[184] 예를 하나 더 들면, 『국조형률』의 규정으로는 조정에 경사 있을 때, 집안에 기친 이상의 상사(喪事)가 있는 이는 그 일의 책임자가 될 수 없었다.[185] 그러나 당률과 명률에서는 시마친(緦麻親) 이상의 상사(喪事)로 하여 친족의 범위를 확대시켜 놓고 있다.[186] 『국조형률』에서 이처럼 바꾸어 놓은 것은 베트남의 지배 계층조차도 중국인들과 동일한 친족 개념을 갖고 있지 않았음을 보여 주는 것이다. 베트남 사회 전체로 본다면, 친족 개념은 『국조형률』에서의 규정보다도 훨씬 더 느슨했다고 보아 틀림없지 않을까 한다. 각 가족은 다른 친척 집안과 막연한 친족 개념만 있었고 어떤 책임감 내지 의무감도 없었다.

제3장 _ 재산과 상속

앞 두 장의 논의는 근세인 17, 8세기 베트남 가족 내에서 가장(家長) 중심의 강력한 권위가 존재하지 않았음을 보여 준다. 이 장에서 다룰 중심 문제는 가족재산의 성격과 가족재산과 그 상속은 가족 구조와 어떤 관련이 있었는가 하는 것이다. 재산 관계는 가족 내에서 가족원 개개인의 권리와 의무 및 그들의 상대적 위치를 이해하는 데 매우 중요하다. 그 뿐만 아니라 친족 조직과 결혼은 물론 이에서 한 걸음 더 나아가 그 사회 자체를 이해하는 데도 밀접한 관련이 있는 문제이다.

레 왕조 사회에서 가족재산의 소유권에 관하여는 일찍이 두 연구가 행하여졌다. 하나는 1930년대 일본인 학자인 마키노 타쯔미(牧野巽)에 의해서였고,[187] 다른 하나는 1952년 프랑스 학자인 로베르 렝가(Robert Lingat)에 의해서였다.[188] 『국조형률』, 특히 그 중에서도 제374조, 제375조, 제376조 세 조문의 자세한 분석을 통해, 가족재산은 다음과 같은 세 종류로 구성되어 있었다는 데 두 학자는 의견이 일치하고 있다. 이들 연구에 의하면, 가족재산은 남편이 자기 자신의 가족으로부터 상속 받는 재산[夫宗田產, phu tông điền sản]과 아내가 자기 가족으로부터 물려받은 재산[妻田產, thê điền sản], 그리고 부부가 결혼 생활 중에 공동으로 취득한 재산[新造田產, tân tạo điền sản, 또는 辨造田產, biện tạo điền sản]으로 이루어져 있다. 최근 『국조형률』을 영문으로 번역한 응우옌 응옥 후이와 따 반 따이도 이들과 같은 의견이다.[189]

레 왕조 사회에서 가족재산이 부부의 전유물이었음은 히엔 똥(顯宗, Hiển Tông, 1740-1786)의 까인 홍(景興) 28년(1767)에 만들어진 촉서(囑書), 즉 재산 상속 문서를 보아도 명백하다.[190]

> 조상 전래의 재산이거나 자기 취득의 재산이거나를 막론하고, 토지를 비롯하여 연못·노예·가옥 및 기타 동산에 이르기까지 미리 촉서를 만들어 자녀 5인에게 나누어 주려고 한다. 이들 전토 등의 재산은 부부 자신들의 소유이니 친속이 간섭하여 이를 속이거나 이중으로 처분해서도 안 된다.

부모는 가족재산의 소유권은 물론 가족재산으로 생겨나는 과실(果實)에 대해서도 권리를 가졌다. 이러한 부모의 권리 때문에 자녀들이 부모의 사망 후 재산의 상속을 요구할 수 있었음에도 불구하고, 부모의 생존 중에는 가족재산으로부터 생겨나는 과실에 대해서조차도 하등의 권리도 주장할 수 없었음을 말해 준다. 자녀들이 자기 개인 소유의 재산을 가지고 있다면, 그것은 다른 사람을 위한 노동의 제공이라든가 아니면 스스로 상업에 참여하는 것과 같은 활동 등을 통해서 획득한 것이었다. 부모의 재산 소유권에 감명을 받아서인지, 스티븐 영(Stephen Young)은 말하기를, 부모에게 전적으로 가족재산에 대한 법적 권한을 준 것은 가족생활에서 유교 이념을 강화하기 위한 목적에서라고 했다.[191] 이는 잘못된 견해이다. 부모의 재산 통제는 자녀들에 대한 권위 때문이 아니라 그들 자신의 소유권 때문이었음을 분명히 해 둘 필요가 있다. 이와 관련하여 부언해 둘 것은 부모는 자녀들의 개인 재산에 대해 하등의 권한도 없었다는 점이다. 홍 득 연간에 반포된 칙령에 따르면, 가장(家長)인 할아버지 또는 아버지가 자녀들의 허락 없이 그들의 토지에서 나는 과일을 따먹으면 처벌을 받도록 되어 있다.[192] 그런가 하면 앞에서도 언급했듯이, 『국조형률』에서 15세 이상의 자녀들은 자기들의 재산을 분리하여 독자적인 가정을 꾸리는 것이 허용되었다. 자녀들이 독자적인 재산을 소유할 수 있는 권리는 그들이 부모로부터의 분가를 용이하게 하였는가 하면, 부모는 자녀들이 자신의 재산을 소유한 때문에 그들이 혹 부채를 지더라도 그에 대한 책임을 지지 않아도 되었다. 1471년의 칙령은 도망간 자손의 부채를 조부모나 부모가 책임질 필요가 없다고 했다.[193] 이와는 달리 자손은 도망간 부모의 부채에 대해 책임을 지도록 되었다.[194] 이는 아마도 자녀가 부모의 재산을 상속받게 되어 있었기 때문이 아닌가 한다.

중국의 전통 법에 의하면, 가족재산은 가족원 전체의 공동소유로 조부와 부(父) 및 아들들의 공동재산일 뿐만 아니라 여자들도 소유권을 가지고 있었다. 다시 말하면, 동거인들 모두의 공동재산[同居共財]이었다.[195]

가족재산 소유권에서의 이러한 차이로 인해 『국조형률』의 몇몇 조문이 중국 법의 조문들과 내용상 다른 양상을 보인다. 일례로, 『국조형률』에서 부모의 재산을 그들 생존 중에 허락 없이 파는 자녀들은 '도죄'(盜罪)에 해당되었다.[196] 당률과 명률에서는 자녀들을 비롯한 모든 동거하는 손아래 사람들[同居卑幼]의 이와 같은 행동을[197] '횡령죄'(橫領罪)로 다루었다.[198] 예를 하나 더 들면, 『국조형률』은 동거하는 식구들이 서로 물건을 훔치면, 많고 적고를 떠나 모두 도죄로 처벌했다.[199] 중국 법에서는 동거하는 가족들 간에는 '훔친다'는 개념이 없었기에 이러한 조항이 없다, 왜냐하면 이들은 모두 가족재산에 대한 소유권을 가지고 있었기 때문이다. 그리하여 '도죄'는 따로 사는 친족의 재물을 '훔친' 경우에만 적용되었다.[200] 당률에서는 기친(期親)의 재물을 훔친 자는 제삼자의 경우보다 3등급을 감해 주었고, 명률에서는 5등급을 감해 주었다.

이제 논의되어야 할 문제는 가족재산이 부부의 전유물이었다고 한다면, 재산과 관련하여 부부는 어떤 관계였는가 하는 점이다. 이들 각자는 과연 앞에서 언급한 남편 재산, 처 재산 및 공동재산의 세 종류에 대해 어떤 권리를 가지고 있었는가? 이 질문에 대답하기 위해서는 우선 『국조형률』의 제375조인 상속과 관련된 조문을 분석하는 것이 좋을 듯하다. 이 조문에 따르면, 만약 부부 중 한 사람이 후손 없이 먼저 사망하는 경우, 촉서가 없으면 먼저 사망한 배우자가 자기 부모로부터 세습받은 재산과 결혼 중 취득한 공동재산은 다음과 같은 방법으로 즉시 상속되었다.[201]

1. 먼저 사망한 배우자의 세습재산 중 절반은 그의 가족에게 되돌려 주어 제사 비용을 충당하도록 했다.
2. 먼저 사망한 배우자의 세습재산 중 다른 절반은 생존한 배우자에게 주어 그의 일생 동안 생계 유지에 사용하도록 했다.
3. 생존한 배우자가 사망하면, 2항의 재산 역시 먼저 사망한 배우자의 가족에게 돌려주었다.
4. 생존한 아내가 재혼을 하게 되면, 그녀는 먼저 사망한 남편의 세습재산 절반에 대한 용익권(用益權)을 잃었다. 그러나 아내가 먼저 사망한 경우, 생존한 남편은 재혼하더라도 먼저 사망한 아내의 세습재산 중 절반에 대한 용익권을 잃지 않았다.
5. 결혼 중 취득한 공동재산은 둘로 나누어, 절반은 생존한 배우자의 소유가 되고, 다른 절반은 사망한 배우자의 소유가 되었다.

6. 먼저 사망한 배우자에 속하는 공동재산의 절반 중에서, 3분의 1은 그의 부모, 부모가 사망했으면 다른 친족에게 주어 제사 비용에 사용케 했다.
7. 6항의 나머지 3분지 2는 생존한 배우자에게 일생 동안 용익권을 주었다.
8. 생존한 배우자가 사망하든가 또는 재혼하는 경우, 이 3분지 2에 대하여는 3항과 4항의 규칙이 적용되었다.

제375조의 위와 같은 분석은 베트남 전근대 가정 내에서 아내의 위치가 중요했음을 잘 보여 준다. 이는 적극적인 경제적 활동으로 가정경제에 기여함으로써 가정 내에서 가지는 아내의 높은 지위가 『국조형률』의 상속법에서 그대로 인정되었음을 잘 입증해 주고 있다. 세습재산에 관한 한 부부 사이에 재산 공유의 개념은 없었다. 비록 이들 재산은 부부가 공동으로 관리하였고, 그로부터 생기는 과실도 공동의 재산이 되기는 했지만, 그것들은 결혼 생활 중에도 분리된 채로 남아 있었다. 남편은 아내의 세습재산에 대해 하등의 권리도 없었고, 아내 역시 남편 재산에 대해 마찬가지였다. 그런고로 만약 부부가 이혼을 하면 그들은 각자 자기의 재산을 가지고 헤어졌다.

부부의 재산 소유권과 관련하여 특히 중요한 점은 아내가 후손이 없이 사망하더라도 남편에게 아내의 재산에 대한 상속권이 인정되지 않았다는 사실이다. 그는 아내의 세습재산 중 절반에 대한 용익권만을 가질 수 있었을 뿐이며, 그가 사망한 후에는 그 절반의 재산마저 아내의 가족에게로 돌아갔다. 요컨대, 자녀가 없는 아내의 재산에 대한 최종적 소유권은 그녀의 친정에 있었다. 만약 남편이 아내의 재산에 대해 소유권을 주장할 수 있었다면, 그것은 아내가 남편에 대해 범죄를 저질렀을 때뿐이었다. 『국조형률』의 규정에 의하면, 혹 아내가 간통죄를 범하든가 또는 남편에게 상처를 입힌 경우, 그녀의 재산은 몰수되어 남편에게 주어졌다.202)

아내의 재산이 친정으로 되돌아갔다는 것은 베트남 여성들이 결혼을 하더라로 남편의 권위에 완전히 흡수되지 않았음을 의미한다. 그렇다면 레 타인 똥이 1460년에 내린 칙령은 이와는 반대가 된다. 칙령의 내용인즉 친정 부모가 중대한 범죄에 연루되었을 때 결혼한 딸들은 처벌이 면제된다는 것이었다.203) 이 칙령의 근본적인 취지는 여자는 일단 결혼하면 출가외인으로 부모가 아니라 남편의 가족에 속한다는 생각에 바탕을 두었다. 말할 것도 없이 이러한 생각은 중국으로부터 빌려온 것이었다. 그러나 베트남의 관습에 따르면 딸들이 결혼했다고 해도 부모로부터 완전히 떨어져서 그들 자신과 재산을 남편의 권위에 맡기지 않았다. 그들은 항상 친정의 일부였고, 그렇기 때문에 만약 자녀가 없으면 그들의 제사는 친정이 책임을 졌다.204) 결혼 생활 중 취득한 공동재산의 절반조차도 자식이 없는 경우에는 친정으로 돌아갔다.

결혼 생활 중 새로이 취득한 재산은 부부의 공동재산으로, 부부 중 누구도 그 재산에 대해 배타적인 권리가 없었다. 왜냐하면 만일 배우자 중 누구든지 한 사람이 사망하면 그의 몫인 절반은 최종적으로 그의 가족에게 돌아가게 되어 있었기 때문이다. 부부는 생존 중 공동재산에 대해 동등한 권리를 누렸으며, 만일 부부 중 한 사람이 그것을 제삼자에게 양도하기 위해서는 다른 배우자의 동의를 얻어야만 했다. 이는 까인 흥 28년(1767년)이란 연도가 있는 토지 매매 문서에 부부가 공동으로 서명[點指]한 것에 의해 입증된다.205) 최근 따 반 따이는 레 왕조 사회에서 재산과 노예의 매매라든가 저당 또는 교환에 관한 양식에는 항상 배우자 두 사람의 참여가 요구되었음을 지적하고 있다.206) 응우옌 왕조 초기에 편찬된 『황월율례』는 남편에게 아내의 재산을 포함한 모든 가족재산을 양도할 수 있는 권한을 부여했다. 그럼에도 불구하고 현실적으로 남편은 배우자의 동의 없이는 재산을 처분하지 않았으며, 매입하려는 사람도 재산이 부부 두 사람의 명의로 되어 있지 않으면 구입을 꺼려했다고 한다.[207] 이와 달리 중국에서는 아내가 비록 가족재산의 공동소유자였지만, 남편은 강력한 권위로 인해 아내의 동의 없이 재산을 처분할 수 있었다.

재산 소유권이란 점에서 볼 때, 남편과 아내의 유일한 차이는 아내가 재혼하면 먼저 사망한 남편 재산에 대한 용익권을 잃은 반면에, 남편은 재혼하더라도 먼저 사망한 아내의 재산에 대한 용익권을 그대로 유지했다는 점이다. 이러한 남편의 용익권에도 불구하고 모거제의 경우에는 그러한 권리를 계속 유지했을 것 같지는 않다. 가족재산권과 관련하여 법적으로 남편이 유리하게 된 주된 원인은 베트남 사회에서 부거제가 일반적인 현상이었기 때문이지 그에게 어떤 강력한 권한을 인정했기 때문은 아니라고 생각된다.

남편의 권위는 재산의 처분권과 밀접한 관련이 있었다. 더 구체적으로 말하면, 재산 소유에 대한 독점적인 권리가 어느 정도였는가 하는 것이었다. 독점적인 권리의 정도가 높으면 높을수록 남편의 권위는 더욱 강했다. 이와는 반대로 독점적인 권리의 정도가 낮으면 낮을수록 그의 권위는 훨씬 약해졌다. 결론적으로 말하면, 『국조형률』이 아내의 재산권을 인정해 준 것은 아내에 대한 남편의 강력한 권위를 인정하지 않았다는 의미이다. 프랑스 학자인 폴 포메이(Paul Pomeỉ)는 이에서 한 걸음 더 나아가 부부간의 재산 소유로부터 해석하기를, 『국조형률』은 결혼에 의한 결합에 의해 남편이 유일한 소유주가 되는 '완전한 하나'(entièreté)가 되는 것으로 간주하지 않았다고 했다. 그보다는 오히려 헤어질 때 배우자 각자가 자기 몫을 챙기는 단순한 '제휴'(association) 내지는 '동반자'(compagnon)로 보았다는 것이다.[208] 요즘 표현을 빌린다면 '동거인'(同居人)에 가깝다는 생각이 들 정도이다. 부부 사이의 단순한 제휴 관계가 완전한 '결합'(union)'으로 바뀌는 것은 자녀들을 통해서였다. 이는 자녀들이 부모 재산을 상속하는 문제와 관련된 『국조형률』 내의 조문들에 의해 입증된다.

앞 장(章)에서 자녀들은 태어나면 자연적으로 부모 가족의 일원이 되고 부모 재산을 상속할 수 있는 권리가 주어진다는 점을 언급했다. 이들 자녀는 부모 재산의 상속에서 다른 어떤 친족들보다도 우선권이 있었다. 『국조형률』의 제374조는 결혼에 의해 자녀가 하나 또는 그 이상 태어났을 경우에 상속을 어떻게 할 것인가 하는 문제를 다루고 있다.[209] 이 조문을 분석해 보면 다음과 같은 사실들이 드러난다.

1. 배우자 중 어느 한편이 먼저 사망했을 때:
   1) 먼저 사망한 배우자 자신의 재산은 즉시 자녀들에게 상속된다.
   2) 생존한 배우자의 재산은 그가 사망할 때까지는 분할되지 않는다.
   3) 부부가 결혼 생활 중에 취득한 공동재산은 2등분되어, 절반은 자녀들에게 즉시 상속되고, 다른 절반은 생존한 배우자의 소유가 된다.
2. 생존한 배우자가 재혼했다가 재혼에서 자녀 없이 사망했을 때:
   1) 사망한 배우자 자신의 재산과 첫 번째 결혼에서 취득한 공동재산의 몫은 첫 번째 결혼에서 출생한 자녀들과 재혼한 배우자가 서로 나눈다.
   2) 생존한 배우자는 1)항의 재산에 대하여 생존 중에만 용익권을 갖는다.
   3) 재혼 중에 취득한 공동재산은 2등분되어, 절반은 첫 번째 결혼

에서 출생한 자녀들에게 상속되고, 다른 절반은 재혼 후 생존한 배우자의 소유가 된다.

이들 규정으로부터 분명한 사실은 남편의 재산이든 아내의 재산이든, 또는 결혼 중에 취득한 공동재산이든 간에 부부의 모든 재산은 그들 자녀들에게 양도되었다는 점이다. 앞에서 언급한 제375조가 보여주듯이, 부부 사이에 자녀가 없을 때에만 그들 부모 또는 친족이 재산을 상속하여 제사를 지내게 했다. 결혼에 의해 자녀들이 태어났을 경우에는 자녀들만이 유일한 상속자였다. 이러한 자녀들의 상속에 의해 부부 각자의 재산은 하나의 가족재산으로 통합되고, 그 결과 결혼에 의해 제휴 관계에 지나지 않았던 같은 부부의 결합이 완전히 이루어졌다. 『국조형률』은 자녀들의 상속을 절대적인 것으로 간주했기 때문에 이 상속권에 대한 여하한 침해도 묵과하지 않았다. 이 법전의 제377조는 어린 자녀들이 아버지로부터 재산을 물려받았을 때 그들이 어린 것을 이용하여 사사로이 처분하는 어머니에 대한 처벌을 규정하고 있는가 하면,[210] 제379조는 자녀들이 사망한 조부모나 부모로부터 상속받은 재산을 자의로 매각하는 친족에 대한 처벌 규정을 두고 있다.[211] 형벌은 전자의 경우 태(笞) 50대였고, 후자의 경우는 장(杖) 60대에 2등급 강등이었다. 두 경우 모두 매매가 무효였음은 말할 것도 없다. 만일 자녀들이 15세 미만이면 생존한 부모가, 부모가 모두 사망한 경우에는 가장 가까운 친족이 그들의 재산을 임시로 관리할 책임은 있었다. 떠이썬(西山, Tây Sơn) 정권의 실질적 건설자인 응우옌 반 후에(阮文惠, Nguyễn Văn Huệ)의 꽝 쭝(光中, Quang Trung) 2년(1789)에 만들어진 토지 매매 문서를 보면, 모자가 공동으로 서명을 하고 있다.[212] 이는 아마도 미성년자인 아들의 재산을 어머니가 관리하고 있었기 때문이 아닐까 한다. 야마모토 타쯔로(山本達郎)는 모자의 공동 서명이 모자간의 재산 공동소유 때문이었던 것으로 해석하고 있지만,[213] 이는 분명 오류이다. 앞에서 이미 보았듯이, 당시 베트남 사회에서 부모와 자녀들 사이에는 재산의 공동소유란 존재하지 않았다.

지금까지 논한 것은 가족원들 사이의 재산 소유 관계와 이러한 관계와 관련지어 가족 내에서 가족원들 사이의 상대적 위치였다. 이제는 재산 상속은 어떤 원칙에 의하며 이루어졌으며, 그러한 원칙이 내포하는 사회적 특성은 무엇이었는가를 검토하고자 한다.

17, 8세기 베트남 사회에서 부모의 재산은 상속에 의해 재분배되었다. 상속에 의해 재분배되는 데는 두 가지 경우가 있다. 하나는 재산의 상속이 피상속인의 사후에 발생하는, 다시 말해 사후상속(死後相續)이고, 다른 하나는 피상속인이 그들 재산의 전부 또는 일부를 생존 중에 양도하는 생전상속(生前相續), 다른 말로는 유언상속(遺言相續)이었다. 레 왕조의 법은 사후상속보다는 생전상속을 더 장려했던 것 같다. 부모는 자녀들에게 자기 재산을 남겨줄 때 유언의 자유가 있었다. 다시 말하면, 피상속인의 지정이라든가 또는 재산 분할에 대한 부모의 유언이 있는 경우에는 그대로 따르지 않으면 안 되었다. 만일 부모가 그러한 유언을 남기지 않았으면, 그때 비로소 법은 그들 재산의 분할에 개입했다. 『국조형률』이나 상속에 관한 황제의 여타 칙령들은 규정하기를, 만일 유언장이 없으면 재산의 분배는 법이 정한 바에 따라야 한다고 했다.[214] 예컨대, 위에서 언급한 『국조형률』의 두 조문인 제374조와 제375조는 법이 정한 규정을 잘 보여 주고 있다. 부모의 유언에 우선권을 준 레 왕조의 상속 제도는 재산의 분할에서 법이 정한 방식을 더 선호한 중국 제도와는 차이가 있었다. 이러한 차이는 가족재산의 소유권을 누가 장악하고 있었는가 하는 점이 달랐기 때문이다. 베트남에서는 부

모가 가족재산에 대해 독점적 권리를 가지고 있어서 그것을 자유롭게 분배할 수 있었던 반면에, 중국에서는 가족원은 모두 재산의 공동소유자였기 때문에 재산의 분할에 당연히 참여할 수 있는 권리가 있었다.[215] 그로 인해 중국에서는 상속 재산을 분할할 때는 발생할 수 있는 분쟁의 소지를 줄이기 위해 법 규정을 중시한 것이 아닌가 생각한다.

레 왕조 사회에서 부모가 자녀들에게 상속을 하려면 반드시 촉서라고 하는 유언장을 작성해야만 했다. 촉서의 형식은 세 부분으로 되어, 처음 '어느 부(府) 어느 현(縣) 어느 사(社) 어느 촌(村)[216]의 누가[아버지 이름과 어머니 이름] 노쇠(老衰)함에 따라 이에 유언장을 작성한다.'라고 시작하고, 다음에 자녀 각자에 대한 몫이 열거된다. 그리고 맨 끝에는 날짜를 적고 두 사람이 서명하도록 되어 있다.[217] 이 형식이 보여주듯이, 촉서는 부모가 연로하여 더 이상 재산을 관리하기가 어려울 때 작성되는 것이 통례였다.[218] 촉서가 효력을 갖기 위해서는 법이 규정한 일정한 형식을 갖추어야만 했다. 즉, 법은 글을 아는 유언자는 자신의 촉서를 쓸 수 있도록 허용하고, 만일 유언자가 문맹이면 사의 장[社長]이 대신 촉서를 써 주고 증인이 되어야 법적 효력을 인정하였다.[219] 문맹자의 촉서를 사장이 써주게 한 것은 제삼자에 의해 작성된 촉서에 혹 있을지도 모를 부정으로부터 문맹자를 보호하기 위해서였다. 요컨대 법은 부모의 유언을 존중했고, 촉서의 위조에 대해서는 처벌 규정을 두었다. 여기서 한 가지 부언해 두어야 할 것은 대다수 문맹자들의 사유 재산은 너무나 적어서 조정의 수입에 아무런 도움이 되지 않았기 때문에 1720년대까지는 과세 대상에서 제외되었다는 사실이다. 사무엘 바론은 17세기에 다음과 같이 말하고 있다. "모든 베트남 인들은 자신들의 노력에 의해 취득한 재산을 향유했으며, 그것을 상속인들에게 자유로이 넘겨줄 수 있었다."[220]

촉서가 일단 만들어지면, 부모의 재산은 그 규정에 따라 배분되었으며, 규정을 받아들이지 않고 반발하는 자녀들의 몫은 박탈되었다.[221] 재산의 분할은 일반적으로 부모의 사망 후에 이루어졌다. 그러나 사망 전의 상속도 드문 일은 아니었던 것으로 생각된다. 부모는 자기들 재산의 일부 또는 전부를 생존 중에 나누어 주기도 했다. 1471년의 칙령에 의하면, 만일 상속인 중의 누군가가 자기 상속분의 일부를 부모 생존 중에 팔았을 경우, 부모가 사망한 후 상속재산을 분할할 때 그는 자기 상속분 중 팔지 않고 남은 몫만을 상속받았다.[222] 이 칙령이 말해 주는 것은 상속인이 부모의 생존 중에 자기 상속분의 일부 또는 전부를 물려받았다면, 부모 사후의 상속 때에는 자기 상속분의 나머지 부분만 상속받든가 아니면 상속 재산 분배에서 완전히 배제되었다는 사실이다. 『국조형률』은 또한 양자나 의붓자식이 양부모나 계부모(繼父母)에게 복종하지 않으면 이미 주어진 몫을 잃는다는 규정도 두고 있다.[223] 부모의 사망 전 상속은 그들이 너무 연로하여 재산을 관리할 능력이 없을 때 이루어졌을 가능성이 많다. 아직 충분한 관리 능력이 있는 부모가 미리 재산을 자녀들에게 상속해 주어 경제적으로 그들에게 의존했을 경우란 많지 않았으리라고 믿어진다. 부모의 재산을 분배받은 자녀들은 부모의 여생 동안 그들을 부양할 전적인 책임이 있었다. 앞에서 이미 언급한 바와 같이, 만약 그렇게 하지 않으면 불효에 해당되어 처벌을 받았다. 생전상속이 이루어진다면 자녀들은 자기네 몫을 가지고 부모를 떠나 분가했을 가능성이 많다. 자녀들이 부모의 재산을 분배받은 후 서로 같이 살았을 가능성은 희박해 보인다. 자녀들 중의 하나, 일반적으로 장자만은 분가하지 않고 부모를 모시고 살았을 것이다. 그러나 다른 자녀들, 특히 결혼한 이들은 분가하여 아내와 자기 아이들과 독자적으로 살았을 것임에 틀림없다.

생전상속은 아들들보다는 딸들의 경우에 많았지 않을까 한다. 반정규는 말하기를, 베트남 사회에서 재산이 없는 여자들은 경시된다고 했다.[224] 반정규의 이야기로부터 우리는 레 왕조 사회에서 신부의 재산 내지는 결혼 지참금이 중요했음을 알 수 있다. 다음에 언급할 바와 같이, 딸들도 부모의 재산을 상속받을 권리를 갖고 있었는데, 이들에게는 결혼할 때 각자의 상속분이 주어졌을 것이다. 딸에 대한 생전상속은 특히 부유한 집안들에서 일반적이었다. 이유인즉 이들 집안은 딸의 신분을 유지시켜 주기 위해 많은 관심을 기울였기 때문이다. 앞서 논의한 아내의 세습재산은 이제 쉽게 이해가 간다. 즉, 아내의 재산이란 그녀가 결혼 지참금으로서 상속받은 것이었다. 딸에 대한 생전상속은 빈곤한 가정에서는 그다지 보편적이지 않았을 것 같다. 왜냐하면 이들 집안에서는 딸에게 줄 재산이 거의 없을 뿐만 아니라 자신들의 생계 문제가 더욱 관심거리였기 때문이다. 딸의 입장에서도 부모로부터 많은 재산을 기대할 수 없었기 때문에 결혼할 때 굳이 요청하지도 않았을 것이다. 이런 이유로 해서 부모의 재산 분할은 자연 부모가 사망할 때까지 연기되는 것이 일반적인 경향이었다.

딸과는 달리 아들은 부모의 재산으로부터 기대되는 상속분을 요청할 만한 적절한 이유가 별로 없었고, 따라서 부모가 살아 있는 한 상속분의 분할을 주장할 수 없었다. 그들의 주장이 부적절하다든가 하면 불효로 간주될 수도 있었으며, 그런 경우 상속권을 잃을 수도 있었다. 왜냐하면 부모는 자식이 불효하다고 생각하면 그의 상속권을 철회할 권리가 있었기 때문이다.

이런 관점에서 보면, 부모로부터 재산 상속을 원하는 자녀들은 부모와 동거한 경향이 짙었고, 재산 상속을 거의 기대할 수 없는 자녀들은 제약이 거의 없어 더 자유롭게 분가할 수 있었다. 아내가 부유한 집안 출신인 젊은이들 중에는 모거제를 택해 아내의 지참금으로 생활하기를 바랐을지도 모른다.

이제는 부모가 상속에서 어느 정도의 유언의 자유를 누렸는가 하는 문제를 다루고자 한다. 이 문제는 부모의 권위와 밀접하게 관련되어 있어 매우 중요하다. 유교의 영향을 받은 사회윤리와 레 왕조의 법들은 자녀들이 부모에게 효를 다하도록 요구하고 있다. 이러한 사회윤리와 법에 따라서, 불효한 것으로 간주된 자녀는 의절(義絕)을 당해 부모가 재산을 분배할 때에 자기 몫에 대한 자격을 상실했다.[225] 심지어 부모의 촉서가 법의 규정에 어긋났을 때조차 불효 자식은 자기 몫을 주장할 수 없었다.[226] 그런가 하면 부모에게 효도를 다하고 형제간에 우애가 깊은 자녀는 다른 자녀들보다 더 많은 몫이 주어질 수도 있었다.[227] 어느 자녀와 의절하여 재산 분배에서 배제하는가 하면, 다른 자녀를 편애하여 더 많은 재산을 물려줄 수 있었다는 사실은 부모의 권위가 강했음을 입증해 준다. 사실상 이와 같은 것은 지배 계층이나 부유한 집안에서는 특히 두드러진 현상이었을 것이다. 그러나 대부분의 사람들은 사유 재산이 매우 적어 자녀가 상속받을 수 있는 몫이 지극히 미미했기 때문에, 부모는 상속 재산을 구실로 자녀들을 통제하기가 쉽지 않았다.

부모는 자녀들과 의절할 자유가 있었지만, 실제로 그 자유란 절대적인 것이 아니라 제한적이었다. 부모가 어느 자녀와 의절하려고 한다면 적절한 이유가 있어야만 했다. 예컨대, 자녀의 불효라든가 부모 경시와 같은 행위에 대한 증거가 요구되었다. 아무런 이유 없이 어느 자녀와 의절하여 재산 상속을 제한하는 촉서는 다시 작성되어야 했다. 만일 어느 한 자녀를 좋아한다든지 또는 싫어한다든지 하는 이유만으로 부모가 재산을 불평등하게 배분하여 한 자녀에게는 비옥한 땅을, 다른 자녀에게는 척박한 땅을 줄 수는 없었다. 차별을 받은 자녀가 당국에 이의를 제기하여 사실이 밝혀지면, 그에게 다른 토지가 주어졌다.[228] 그런가 하면 홍 득 5년(1474)에 내린 칙령은 젊은 과부가 수절을 할 수가 없어 재가하려고 할 때 불효를 구실로 자녀와 의절하는 것을 금했다.[229] 부모의 유언장 작성에 따르는 또 다른 제약이 있었는데, 이는 같은 문중의 어른[族長]에 의한 공정성 심사였다. 『국조형률』에 의하면, 부모가 촉서를 작성할 때 문중의 어른은 재산의 분배가 공정했는지를 감시할 의무가 있었다.[230] 만일 재산 분배가 불공정했다면, 문중 어른은 재산의 재분배를 명할 수 있었다. 부모 권리에 대한 제한은 또한 조상 제사에 필요한 향화를 위해 재산의 20분의 1을 별도로 남겨 두도록 규정한 법규에 의해서도 명백하다.[231] 향화 몫은 자녀들에게 재산을 분배하기 이전에 미리 정해 놓아야 했다. 유언상속에 대한 이상의 논의를 종합해 보면, 부모는 자기 재산 중 어떤 부분이 어느 자녀에게 주어져야 할 것인가를 결정하는 권한밖에는 갖지 못한 셈이다. 그런 의미에서 유언의 자유란 다소간 명목상에 불과하지 않았나 한다. 따라서 유언상속과 사후상속 사이에는 커다란 차이가 없었다. 다시 말하면, 부모는 생전상속의 경우 자율적 권리를 누린 듯 보이지만 실제로는 균분상속의 큰 테두리를 벗어나지 못한 것 같다.

상속 재산이 한 사람에게 전부 계승되는가 아니면 몇 사람에게 분할되는가 하는 것은 한 사회의 사회 경제적 상황과 관련하여 중요한 문제이다. 레 왕조 시대 베트남 사회에서는 후자의 방식, 즉 분할 상속, 그것도 균분 분할 상속이 대세였지 않은가 한다. 사무엘 바론과 리샤르 수사는 장자만이 더 다른 자녀들에 비해 더 많은 몫을 받았는데, 그 이유는 향화에 필요한 재산을 받았기 때문이었다고 했다.[232] 일찍이 마키노 타쯔미(牧野巽)는 『국조형률』의 제388조를 인용하여 부모가 유언

없이 사망한 경우 그 재산은 형제자매 간에 균분된다고 했고, 1980년대에 응우옌 응옥 후이와 따 반 따이도 동일한 의견을 말하고 있으며, 본인도 이들과 같은 견해를 피력한 적이 있다.[233] 그렇다면 과연 제388조의 내용이 어떠한가를 구체적으로 살펴볼 필요가 있다. 그 원문은 다음과 같다.[234]

> 부모가 모두 사망했을 때 토지는 있지만 촉서를 남겨 놓지 않은 경우 형제자매가 이를 서로 나눈다. (토지의) 20분의 1은 향화를 위해 먼저 정해 놓고 이를 장남에게 주어 관리하게 한다. 나머지는 서로 나눈다. 첩이나 노비의 자녀는 적은 몫을 받는다. 만일 부모의 명(命)이나 촉서가 있으면 그 규정에 의거한다. 위반하는 자는 자기에게 주어질 몫을 잃는다.

생전상속의 경우와 마찬가지로, 부모가 촉서를 남겨 놓지 않았을 때는 그들 재산 중 20분의 1은 향화를 위해 남겨 놓고, 나머지는 첫 부인의 자녀들 사이에 똑같이 나누어졌다. 어느 자녀도 더 받는다든가 또는 덜 받는 일이 없었다. 부모의 생존 중에 의절된 자를 제외하곤 모두 자녀라는 사실만으로 부모의 재산을 상속받을 자격이 있었다. 이러한 규정은 법이 자녀들을 차별할 수 없다는 원칙에 의한 것이다. 만일 차별을 해서 한 사람에게 부가 축적되어 강력한 힘을 갖게 된다면 조정으로서는 바람직하지 않았기 때문이다.

그러나 최근에 와서 쩐 늉 뚜옛(Tran, Nhung Tuyet)은 딸들의 균분상속에 대해 이의를 제기하고 나섰다. 그는 세 가지 이유를 들어 딸들은 균분상속의 대상이 아니었다고 주장한다. 첫째는 『국조형률』의 제388조에 "서로 나눈다[相分]."라고 되어 있지 '균분'이라고 되어 있지 않다는 것이다. 둘째는 『홍덕선정서』에 보이는 "촉서와 문계(文契)에 의해 형제가 균분하기로"(囑書文契 兄弟均分) 했는데, 다시 균분을 요구하는 자는 패도(悖道)로 인정하여 장(杖) 80대에 호정이라는 도형에 처한다."라는 구절을 인용하고 있다. 셋째 역시 『홍덕선정서』에 있는, 부모가 재산 분배 전에 사망한 경우 법은 문계와 촉서를 장남에게 맡기되, 이때 장남은 자기의 몫을 "중자(衆子)와 같게 해야 한다."는 예를 들면서, '중자'가 '아들들'만 뜻한다는 주장이다.[235] 그리고 이에 덧붙여 한 가지 실례로, 까인 흥(景興) 8년(1747) 7월 2일 자 부 반 번(武文彬, Vũ Văn Bân) 부부가 서명한 촉서를 보면 딸은 균분의 대상이 아니었음을 들고 있다.[236]

우선 문제는 중자가 아들만을 의미하는가 하는 점이다. 부 반 번 부부의 촉서 본문에 "소유한 전지(田池)와 토택(土宅)은 미리 촉서를 작성하여 중자에게 균분하되 남녀 3인에게 남겨 준다."는 구절이 있다.[237] 이 구절로 보면 중자는 아들만이 아니라 딸까지도 포함하는 것이 확실하다. 일찍이 니이다 노보루는, 형제들이 부모의 재산을 분할할 당시 형제 중 누군가가 이미 사망한 경우[兄弟亡者]에는 "그 사망한 사람의 '자'(子)가 사망한 이의 몫을 상속한다[子承父分]."라는 당대 및 송대 초에 시행된 법 규정 중의 '자'를 '남녀'라고 해석했고, 최근 베틴 버지(Bettine Birge)도 이에 동조하고 있다.[238] 다음은 『홍덕선정서』의 '촉서 문계 형제 균분'을 남자 형제들만의 균분이라고 한다면 딸들의 몫은 없는데, 그렇다면 『국조형률』의 조문 중 '형제자매상분'(兄弟姉妹相分) 규정과 모순이 된다. 이러한 모순을 어떻게 해석해야 할까 하는 문제가 있다. 이 문제는 부 반 번 부부의 촉서 본문에 보이는 "중자에게 균분하되 남녀 3인에게 남겨 준다."라는 구절에 의해 해결될 수 있지 않을까 한다. 즉, 레 왕조 시대 베트남 사회에서는 형제자매의 균분을 원칙으로 삼았다고 하겠다. '형제균분'이 경우에 따라 있기는 했어도 보편적이었던 것 같지는 않다. 미야자와 치히로(宮澤千尋)가 소개한, 한참 후대인 응우옌 왕조의 자 롱(嘉隆, Gia Long) 16년(1817) 3월 29일 자 토지 분할 문서에서도 장남과 손자 3인(1인은 여성), 그리고 외손(外孫) 5인이 균분하고 있다.[239] 또한 타인 타이(成泰, Thành Thái) 12년(1899) 11월 24일 자 촉서에서도 8인의 자(남 3인, 여 5인)가 균분상속하고 있는 것이 보인다.[240] 요컨대, 베트남 사회에서는 형제자매의 균분상속을 원칙으로 했음이 틀림없다. 그렇기는 하지만, 쩐 늉 뚜옛이 열거한 예에서 보듯이 때로 아들들과 딸들 사이에서는 물론 아들들 사이에도 '균분'이 반드시 이루어졌던 것은 아니다.[241] 앞에서 보았듯이, 이는 주로 부모의 유언상속의 경우에 그러했던 것 같다.

장남이 제사상속을 했다는 것은 『국조형률』에 있는 「증보향화령」의 4개조(388-391)와 『증보참작교정향화』의 9개조(392-400)에 의해 논란의 여지가 없다.[242] 제사상속에서 장자상속과 관련하여 이들 조문을 요약하면 다음과 같다. 첫째 부인의 장자와 장자의 사후에는 그의 장자, 다시 말하면 적장자 계열이 제사를 상속했다. 만일 장자가 불효라든가 또는 질병으로 제사를 상속할 수 없으면, 차남이 제사상속자가 되었다. 혹 아들들이 없으면 장녀가 제사상속을 했다.

장자가 제사를 상속하게 한 것은 부모가 사망한 후 재산을 둘러싼 분쟁을 미연에 방지하는 동시에 제사의 영속성을 확실히 하기 위한 조치였다.[243] 당시 장자상속제는 베트남 인들에게 비교적 새로운 개념이었다. 띠엔 레 왕조(前黎, Thiền Lê, 980-1009)나 리 왕조 같은 앞선 시대에는 장자상속제가 없었다는 것이 그 증거이다. 이들 시기에는 제위의 상속이 미리 정해지지 않았다. 황제들은 흔히 임종 때에 가서야 왕자들 중의 하나를 제위 계승자로 선택했다.[244] 후계자의 선택에서 무엇보다 중요한 것은 나라를 지배할 수 있는 왕자의 능력이었지 나이의 문제가 아니었다. 쩐 왕조의 황실에서는 장자상속을 원칙으로 했지만, 이러한 장자상속 제도가 일반 백성들에게까지 요구되지는 않았다.

레 왕조에서 장자가 제사상속을 하게 된 것은 1461년 레 타인 똥이 내린 칙령에 의해서 비롯되었다.[245] 그렇다고 사람들이 이를 곧바로 받아들이지는 않았던 것 같다. 이는 1472년과 1483년 두 차례에 걸쳐 반복된 레 타인 똥의 칙령에 의해 입증된다. 이 칙령에 의하면, 관리나 일반 백성이나 모두 장자가 제사상속을 해야 하며 장자가 먼저 사망했을 때는 장자의 아들, 즉 장손을 택하여야 하며, 장손이 없으면 차남이 하도록 했다. 또한 첫째 부인[嫡妻]에서 태어난 아들들이 없으면 그때 비로소 첩의 아들들 중 현명한 자를 선택하는 것이 가능했다.[246] 20세기 베트남 사회에서조차 제사의 장자상속은 보편적이지 않았던 것 같다. 레이몽 들루스탈이 지적한 바에 따르면, 일부 지방에서는 향화 재산의 관리를 모든 아들들이 돌아가면서 했다고 한다.[247] 들루스탈은 이러한 윤번제 상속(輪番制相續)이 베트남 사회의 일반적 현상이 아니라 지역적 특성에 불과하다고 한 반면, 헨리 매컬리비(Henry McAleavy)는 이를 제사상속에서 모두 동등했다는 표시로 해석하고 있다.[248] 장자상속제가 비교적 뒤늦게 베트남 사회에 도입된 점을 감안한다면, 매컬리비의 해석이 좀 더 적절하지 않을까 생각된다. 그는 주장하기를, 장자상속제와 아들들 간의 윤번제 상속이라는 서로 다른 두 관습이 공존했던 것 같다고 했다. 아마도 전자는 지배 계층 사이에서, 후자는 일반 대중 사이에서 행해졌지 않았을까 한다.

부모의 동산이든 부동산이든지 간에 모든 재산이 성별에 관계없이 동등하게 나누어졌다는 사실은 딸들의 측면에서 볼 때 특히 중요하다. 또한 딸들 역시 조상의 제사에 필요한 비용을 충당하기 위한 향화 재산을 상속할 수 있었다. 딸들의 제사상속과 관련하여 스티븐 영(Stephen Young)은 결혼하는 경우 향화 재산이 부계로부터 완전히 떠나 버릴지도 모른다는 가능성이 있다고 말하면서 이는 놀랄 만한 일이라고 했다.[249] 하지만 딸의 제사상속은 대체적으로 모거제인 경우였을 가능성이 많고 그런 경우 향화 재산은 본래의 가족에 남아 있었다. 그뿐만 아니라 베트남 관습으로는 부계니 모계니 하는 개념은 그다지 중요하지 않았다. 왜냐하면 베트남 사회는 전통적으로 양계적 성격이 강했기 때문이다. 스티븐 영의 우려는 중국 친족 제도의 영향을 지나치게 고려한 결과였음이 틀림없다.

베트남 사회가 딸에게 상속권을 부여했던 것과는 달리 중국 사회에서는 이를 인정하지 않았다. 전통적으로 중국에서는 딸의 경우 약간의 지참금이 주어졌을 뿐 부모 재산의 분할에서도 거의 배제되었다. 당나라 때와 송나라 초기의 예를 들면, 미혼 여자는 지참금으로 아들들에게 주어지는 결혼 자금의 절반만을 받았다.[250] 예외는 남송(南宋, 1127-1279) 때로, 당시는 딸들이 아들들이 받는 몫의 2분의 1을 상속받았다. 이와 같은 규정은 남송 시대 명판관(名判官)들의 판결을 모아놓은 『명공서판청명집』(名公書判淸明集)에 잘 나타나 있다. 이제 딸의 상속과 관련된 두 예만 들어 보고자 한다. 하나는 유극창(劉克莊, 호는 後村)이 강동제형(江東提刑; 현재의 江西省)으로 근무했던 1244-1246년 사이에 내린 판결문이다. 첫머리에서 그는 말하기를, "법에 의하면, 부모가 사망하여 자녀가 재산을 분배할 때 여자는 남자의 반분을 취득해야 한다."라고 했다.[251] 다른 하나는 범응령(范應鈴, 호는 西堂)이 강남서로(江南西路; 현재의 江西省)에 속하는 숭인현(崇仁縣)의 현승(縣丞)으로 재직하고 있던 시기(1219-1224년)에 일어난 고소 사건에 대한 판결이다. 그는 다음과 같이 제안했다.[252] "설사 부모의 유촉(遺囑)이 없었더라도 (딸은 유산을) 당연히 받아야 할 것이고, 만약 다른 군(郡)에서 균분한 예를 적용하여 처리한다면 두 딸과 양자는 각각 그 반을 받아야 할 것이다."

니이다 노보루는 남송 시기 이들 판결문의 규정들은 화이허(淮河)과 양쯔 강(揚子江) 이남 지역의 관습으로부터 유래한다고 보았다. 최근 몇몇 연구들도 이에 동조하는 경향을 보이고 있다.[253] 사회 관습과 법의 이러한 상관관계는 남중국의 여인들이 북중국의 여인들보다 경제적으로 더욱 활동적이라고 알려져 있는 것과 연관하여 생각해 볼 수 있다. 이와 관련하여 흥미로운 점은 남중국과 북베트남은 북중국의 세력이 남으로 뻗쳐오기 오래 전부터 서로 연결되어 있었다는 사실이다. 중국의 역사서들에 의하면, '백월'(百越)이라 불리는 종족은 양쯔 강 하류와 남중국해 연안을 따라서 남으로 홍 강 델타 지역에까지 걸쳐 오랫동안 생활해 왔다. 그러면서 빈랑 열매를 씹든가, 치아를 검게 물들이든가, 아니면 문신하는 등과 같은 유사한 풍습을 가졌다.[254] 따라서 남송 때 여성의 상속권은 이들 지역에 공통된 다른 관습들과 일치된다고 해도 무리가 없어 보인다. 남송의 법과 레 왕조의 법에서 여성의 상속 차이는 남중국이 레 왕조보다 전통 중국 법의 영향을 더 많이 받은 것이 주요 이유였다.

한편, 양자에게는 친생자와 똑같은 상속권이 주어지지 않았다. 그의 몫은 친생자가 받는 것보다 훨씬 적었다. 『국조형률』이라든가 그보다 앞선 시대의 칙령에 따르면 양자의 상속권은 다음과 같이 규정되어 있었다. 부모의 촉서가 있으면 촉서에 정해진 바에 따르지만, 촉서가 없으면 부모의 재산은 3등분되어 3분의 2는 친생자에게, 나머지 3분의 1은 양자에게 분할된다.[255] 양부모에게 친생자가 없고 양자가 일곱 살 이전부터 같이 살았으면 양부모의 재산은 전부 그의 소유가 되었다. 그러나 일곱 살 이전에 입양되었다고 하더라도 양부모와 동거하지 않았으면 재산의 3분의 2만 상속되었고 나머지 3분의 1은 양부모의 제사 비용에 사용토록 그의 친족에게 주어졌다. 전자의 경우 입양은 제사상속이 목적이었지만, 후자의 경우는 앞서 언급한 사무엘 바론의 예처럼 제사상속과는 무관했다.

상속 제도와 관련하여 또 다른 면이 언급되어야 할 것 같다. 그것은 레 왕조 사회의 제도에 함축된 사회 경제적 특색을 말한다. 베트남 가족에서 부모의 약한 권위와 자녀들의 개인주의적인 행동은 이미 앞에서 언급했다. 균분상속 제도는 이러한 경향과 일치한다. 자녀들은 사실상 자동적으로 균분상속권이 주어졌는데, 이는 부모들이 재산을 나누어줄 때 그들이 할 수 있는 역할을 감소시켰다. 자녀들은 부모로부터 상속분을 확보하기 위해 맹목적인 복종을 할 필요가 없었고, 그 결과 그들의 행동이 개인주의적인 경향을 띠게 했다. 형제자매 사이의 횡적인 관계는 부모와 자녀들 간의 종적인 관계보다도 더욱 독립적으로 되었다. 균분상속의 원칙에 의해 모든 자녀는 부모의 재산에 대해 동일한 몫을 가지고 독자적인 가정을 꾸릴 수 있어서, 차자나 차녀 이하의 자녀는 장자나 장녀에게 의존할 필요성이 없었기 때문에 이들 상호 간에는 강한 유대 의식이 발달하기 어려웠다. 이 모든 것들, 즉 부모의 약한 권위와 자녀들의 개인주의 및 느슨한 친족 개념은 대부분 베트남 가족들의 특징이었다.

지배 계층의 가족들에 대해서도 같은 말을 할 수 있는 것은 아니다. 지식층이나 관리들의 가족에서는 가산의 분할이라든가 분가가 부모의 사망 후 즉시 이루어지지 않았다. 왜냐하면 그와 같은 것은 집안의 권력과 권위를 약화시키기 때문이었다. 형제들은 흔히 장자의 지도하에 계속 동거했고, 이는 친족 의식을 강화시켰다. 이런 상황하에서는 개개 가족원의 활동이나 행동은 제한을 받았고, 그들 사이의 종적인 관계는 강화되었다.

또한 균분 분할 상속은 사람들의 경제생활에 중대한 영향을 끼쳤으니, 그것은 다름 아닌 빈곤화였다. 많은 사회에서 재산 상속은 부의 분배를 결정하는 중요한 요인들 중의 하나이다. 베트남도 예외는 아니었다. 만일 자녀들이 부모의 재산을 균등하게 분할한다면, 상속 제도는 부의 분배를 균등하게 하여 이들의 생활을 안정시킬 것이라고 단순히 생각할 수만은 없다. 이는 레 왕조의 사회에도 그대로 적용되었다. 균분상속은 사실상 역효과를 나타냈다. 농민들은 대부분 사유 재산이 너무나 적어 분할한다면 가족의 생활 수단이 파괴될 수밖에 없었다. 몇 세대에 걸친 계속적인 분할 끝에 한 개인에게 상속된 사유 재산은 그 집안의 생계를 유지하기에 필요한 정도가 되지 못했다. 설상가상으로 농가의 주요 수입원이었던 촌락의 공전 제도는 17, 8세기 찐 씨와 응우옌 씨의 남북 대립으로 인한 국가 권력의 쇠퇴와 이를 틈탄 관리들의 부패로 제 기능을 다할 수 없었다.

이런 상황 속에서 빈곤으로부터 도피하는 한 가지 방법은 다른 지방으로 이주하는 것이었다. 리샤르 수사는 적지 않은 사람들이 부를 찾아 자기 마을을 저버리고 타향으로 전출한다고 했다.[256]『국조형률』도 빈곤 때문에 자기 집을 떠나 다른 지역으로 가는 아이들에 대해 언급하고 있다.[257] 그러나 전입할 여지가 있는 지역들이란 무한하지 않았다. 비록 17, 8세기에 수공업과 상업이 어느 정도 발달했고 새로운 경작지의 개간도 행해졌지만,[258] 빈곤에 시달리는 많은 사람들을 모두 받아들이기에는 충분하지 못했다. 여기에 더하여 자기 고장에서 가족들과 함께 살아온 대부분의 농민들은 농촌 사회에서 흔히 볼 수 있는 보수성으로 인해 미지의 세계로 떠나려 하지 않았다. 그리고 부모부터 기대되는 상속분은 그것이 아무리 적더라도 이런 경향을 더욱 조장했다. 그리하여 대부분의 사람들은 어쩔 수 없는 상황이 아닌 한 자기가 태어난 고향에서 살려고 했다. 자기 마을을 떠난 이들조차도 고향과 계속 연락을 하면서 언젠가는 돌아가 살기를 바랐다. 사무엘 바론의 말을 빌리면, "상인들이 비록 도시에 살더라도 (자신들을) 자기 조상과 부모가 있는 마을의 사람으로 여겼다."[259] 이는 자기 마을에 대한 베트남 인들의 강한 애착심을 보여 준다.

제 3 부

가족과 촌락, 그리고 국가

가족은 경제적·사회적·정치적으로 그것을 둘러싸고 있는 구조적 사회, 즉 촌락과 촌락을 통해 국가에 의해 영향을 받았다. 간단한 예를 들면, 가족이 기본적으로 필요한 것들인 음식물이라든가 물품의 재료들은 사회 전체와의 접촉을 통해 충족될 수 있었다. 결혼도 마찬가지였다. 제3부에서는 촌락과 국가가 가족에 끼친 영향을 검토하려고 한다.

제1장 _ 가족과 촌락

제2부에서의 논의로부터 추측할 수 있듯이, 가족에 대한 주요 변화는 촌락 내부보다는 외부 세계로부터의 영향 때문이었던 것 같다. 근세 베트남의 가족에는 두 가지 다른 유형이 있었음을 알 수 있다. 하나는 가부장권이 비교적 약한 남편과 거의 대등한 부인의 지위 및 자녀들의 개인주의적인 행동 등에 의해 특징지어지며, 다른 하나는 이와 달리 가부장권의 절대적 권위하에 다른 가족원들, 이를테면 부인과 자녀들이 그에게 복종하는 것이다. 첫 번째 유형이 이전부터 계속해서 전해 내려온 베트남의 오랜 전통인 반면에, 두 번째 유형은 중국의 유교 전통과 밀접히 관련되어 있었으며 토착 전통으로부터의 변화를 보여 준 것이었다고 하겠다. 촌락이 마을 사람들과 외부 세계의 사이에 있었으므로 가족생활에 어떤 주요 변화가 있었다면, 이는 촌락이 외부 세계와 연결됨으로써만 가능했다. 촌락이 외부 세계와 연결이 되지 않는다면 변화는 거의 있을 수가 없었다. 따라서 논리적으로 생각해 보면, 만일 촌락이 외부 세계와 접촉을 많이 하면 할수록 촌락 내의 가족들은 그만큼 새로운 사상에 노출될 가능성이 많은 동시에 이를 받아들일 기회도 더 많을 것임에 틀림없다.

그러나 염두에 두어야 할 것은 가족은 외부로부터 들어오는 영향을 항상 받아들이지만은 않았다는 점이다. 앞에서 이미 본 바와 같이, 일부 가족들은 옛 전통을 버리고 새로운 형태를 받아들였지만, 다른 가족들은 이를 거부했다. 그러기에 타마라 하레븐(Tamara K. Hareven)이 강조한 것처럼, 가족을 변화에 대한 단순한 피동적 수용자로 보아서는 안 되고 그 수용 여부에 대한 능동적 주체로 간주해야만 한다.[1]

가족의 변화라는 점에서, 촌락과 외부 세계의 접촉 및 가족의 변화에 대한 능동적 주체라는 두 가지 요소를 고려할 때 다음과 같은 의문들이 제기될 수 있다. 우선 촌락은 외부 세계와 어느 정도 접촉을 했으며, 그 접촉의 결과로 어떤 새로운 사상을 접하게 되었는가 하는 것이다. 또한 변화를 받아들인 이들은 누구였으며, 받아들이지 않은 이들은 누구였고 그렇게 한 이유는 무엇이었는가 하는 점이다.

전근대 베트남 촌락은 일반적으로 독립적이며 자율적이었다고 일컬어진다. 이처럼 이야기되는 이유는 촌락의 외형적 모습과 관습 및 전통 때문이었다. 사(社, xã)는 베트남 촌락 사회의 가장 기본적인 정착 단위였다. 속칭으로는 '랑'(làng, 쯔놈[字喃]은 廊)이라고도 한다. 사라고 하면 행정 단위로서의 의미가 강하고, 랑이라고 하면 자연 촌락을 뜻하는데 한자어의 촌(村)과 동일시되기도 한다.[2] 사는 하나의 랑으로만 이루어진 경우도 있고 둘로 이루어진 예도 있다. 전자의 경우는 일사일촌(一社一村), 후자는 일사이촌(一社二村)이라고 한다.

사(社)는 글자 그대로는 수호신과 그를 모신 사당을 뜻하지만, 본래는 특정 집단의 사람들이 사회 경제적 협력을 하며 함께 살았던 공동체였지 않을까 한다. 그 후에 외부의 위협과 자연재해로부터 공동체와 그 내부 주민들의 생활을 보호하기 위해 수호신의 개념이 발달하고 그에 대한 연례적 제사가 행해졌다. 대부분의 촌락은 사(社)라고 불렸지만, 촌(村, thôn) · 동(峒, động) · 책(冊, sách) · 장(庄, trang) 등으로 불리는 촌락들도 있었다. 17세기 중반에 편찬된 지도에 의하면, 이들 촌락의 수는 8,826사·201촌·442동·451책·314장이었다고 한다.[3] 사와 촌은 대부분 통킹 델타와 그 남부에 위치했던 반면에, 여타 촌락들은 해안 지방이나 국경 지대 또는 산간 지역에 있었다.[4]

저지대에 있는 촌락들의 외형상 특징은 외부로부터의 침입이 불가능하게끔 대나무 울타리로 빽빽하게 둘러싸여 있었다는 것이다. 17, 8세기 유럽 인 방문자들은 이러한 모습이 매우 인상적이었던 모양으로, 그들 중의 한 사람인 윌리엄 댐피어(William Dampier)는 다음과 같이 말하고 있다.[5]

> 입구에 다가갈 때까지 마을들은 거의 보이지 않는다. 이는 마을을 둘러싸고 있는 나무숲들 때문이다. 따라서 바다에 가까운 저지대에서 마을이 없는 숲을 본다는 것은 거의 있을 수 없고, 또 숲 없는 마을을 본다는 것 역시 어려운 일이다.

이처럼 촌락들은 그를 둘러싸고 있는 외부 세계와 어느 정도 분리되어 있었다. 외부인들은 마을에 동서남북으로 각각 하나씩 있는 입구[6]를 통해서만 그 안으로 들어갈 수 있었다. 외부로부터의 침입이 불가능한 이러한 빽빽한 울타리 안에서 베트남 사람들은 안전함을 느꼈고, 따라서 자기 마을 및 마을 사람들과 동일체라는 생각을 가졌다. 사람들은 촌락이 자신들의 것이라는 강한 믿음을 가졌기에 매년 촌락의 사당[亭]에서 수호신에 대한 제사를 지냈다. 이 제사에는 마을 사람들 모두가 참여했는데, 이는 단순한 종교적 의식이 아니라 일종의 마을 축제로서 춤과 노래와 운동경기와 같은 행사가 행해졌다. 17세기 말경 통킹에 머물렀던 가톨릭 선교사인 프랑스와 데이디에(François Deydier)에 따르면,

베트남 사람들은 축제 기간에 촌락에 대한 충성을 맹세했다는 것이다. 사람들은 종이에다 귀신의 이름을 쓴 다음 이를 불에 태웠다. 그러고는 그 재를 술과 돼지의 피 및 식초에 섞어 마시면서, 만일 마을에 충성하지 못하면 마시는 동안 죽을 것이라는 말을 했다고 한다.[7] 이런 식으로 마을 사람들은 자기 마을에 대한 생각과 그들 간의 단결력을 강화했다. 베트남 인들의 자기 마을에 대한 애착심은 "(우리 마을의) 좁은 땅에서 나는 야채가 (먼 지방에서 먹는 좋은 음식보다) 더 맛있다."[8]와 같은 속담에도 잘 나타나 있다.

일반적으로 베트남 인들은 자기네 마을 그 자체가 세상의 전부로, 자기들이 태어나고 살다가 죽는 곳이라고 생각했다. 혹 다른 곳으로 떠나 살아야만 하는 일이 있더라도 그들은 자기가 태어난 마을에 적(籍)을 두고 그곳에서 죽고 싶어 했다. "나뭇가지에서 떨어진 잎들은 나무 뿌리로 돌아간다."[9]라는 속담이 이를 잘 말해 준다. 이러한 촌락에 대한 애착과 마을 사람들 간의 단결심은 흔히 외부로부터의 변화를 받아들이지 못하게 하곤 했다. 각각의 촌락에는 모든 주민들이 지켜야만 하는 그 자체의 고유한 규정과 관습이 있었다. 옛 전통으로부터 벗어나 새로운 사상을 받아들이면 소외되거나 추방될 수도 있었는데, 이는 일반 주민들에게는 대단히 두려운 일이었다. 빈 찌(永治, Vĩnh Trị) 원년(1676)에 사장이 재판권을 잃을 때까지는[10] 결혼이라든가 재산이라든가 또는 여타 사소한 일들에 관련된 민사 사건은 그의 관할로 촌락의 규정과 관습에 따라 판결이 되었다. 흔히 인용되는 속담이 말해 주듯이, 황제의 법보다는 촌락의 관습이 우선이었다. 일반적으로 촌락은 외부 세계의 영향으로부터 자유로웠다. 외부 세계의 영향은 촌락의 문전에서 멈추었으며, 이런 의미에서 촌락은 그를 둘러싼 외부 세계로부터 완전한 독립체였고, 그리하여 '촌락 국가'(làng nước)라고까지

불렀다.[11]

그러나 이러한 독립체의 유지는 절대적이 아니라 어느 한도 내에서만 가능했으며, 황제의 법이 항상 촌락의 관습을 용인해 준 것은 아니었다. 사장의 결정에 불만인 사람은 지방관에게 호소할 수 있었고, 그런 경우 판결은 국가의 법에 따라 결정되었다.

촌락 관습의 자율성은 궁극적으로 황제의 법 앞에서 굴복해야 했으며, 촌락을 외부 세계로부터 분리시켜 놓은 신성한 경계선인 빽빽한 울타리는 촌락이 외부의 국가 권력과 충돌하게 되면 베어져야만 했다.[12] 사실상 촌락은 원하든 원하지 않든 간에 그를 둘러싸고 있는 외부 세계와 접촉을 해야만 했고, 그 결과 외부의 새로운 사상과 계속해서 접할 수밖에 없었다. 여기서 고려되어야만 할 것은 접촉의 범위와 정도는 촌락의 지리적 위치, 형태, 경제적 특성 및 다른 외적 요인들에 따라서 상당히 다양했다는 점이다.

통킹 델타와 그와 인접한 평야 지대의 촌락들은 오랜 역사를 가지고 있으며, 이러한 역사는 그곳 촌락들이 대나무 울타리로 둘러싸인 밀집된 형태를 이루게 했다. 이러한 외형이 촌락들로 하여금 외부 세계로부터 독립된 인상을 주기는 하지만, 실제로는 이웃 촌락과의 사이에 논들만 있고 다른 아무런 장애물도 없어서 서로 내왕하기가 어렵지 않았다. 다른 한편 집들이 밀집해 있지 않고 강둑이나 수로를 따라서 길게 늘어서 있는 형태의 마을들도 있다. 20세기에 구루(Pierre Gourou)가 인용한 좋은 예를 보면, 몇몇 촌락은 홍 강의 왼쪽 제방을 따라서 옌 랑 현(安浪縣, Yên Lãng)의 싸 막(Xá Mạc)으로부터 동 아인 현(東英縣, Đôgn Anh)의 꼬 디엔(Cổ Điền)까지 길게 뻗쳐 있다.[13] 샤를 로브켕(Charles Robequain) 또한 우리에게 응예 안 성(省)에 유사한 형태의 촌락이 존재함을 알려 준다. "촌락들은 서로 이어져 있어서 이전의 수로를 따라서

짜 동(Trà Đông)을 거쳐 허우 히엔(Hậu Hiền)으로부터 비 장(Vị Giang)까지 이르면 쭈 강(Chu 江)의 오른쪽 제방에서 거의 맞닿을 정도이다."[14] 이들 기다란 형태의 촌락들은 수로를 이용한 운송이 용이하여 이동이 쉬웠기 때문에 외부 세계에 더욱 개방되어 있었다고 할 수 있다. 실제로 통킹 델타에서는 강과 수로에서 남자들이나 여자들이 능숙하게 배를 젓는 광경을 쉽게 볼 수 있었다. 17, 8세기의 유럽 인 방문자들도 배를 이용하여 이들 촌락에 접근하는 것이 용이했다.

산간 지역의 촌락들은 집들이 흩어져 있어서 저지대의 마을들처럼 조직적이지 못했다. 이들 촌락은 드문드문 있는 데다가 그들 사이에 나무가 울창한 정글이 있어서 상호 접촉에는 한계가 있었다. 레 꾸이 돈에 의하면, 뚜옌 꽝 처[15](宣光處, Tuyên Quang) 비 쑤옌 주(渭川州, Vị Xuyên)의 동 몽 사(東蒙社, Đông Mông)는 지리적 장애로 인해 이웃 바오 락 주(保樂州, Bảo Lạc)의 흐우 빈(有永, Hữu Vĩnh) · 안 민(安銘, An Minh) · 바익 딕(百的, Bách Đích) 3사(社)와 한 달에 한 번만 접촉하며 물건 판매를 했다고 한다.[16] 산간 지역의 촌락들은 오히려 계곡과 강을 이용하여 저지대 촌락들과의 접촉이 용이했다. 중국과의 국경 지역에 위치한 몇몇 마을들은 중국 측의 사람들과 더 많은 접촉을 했고, 실제로 중국인들이 그 마을들에 거주하는 예까지 있었다. 그리하여 이들은 베트남 영역 내에 속해 있으면서도 중국 사회에 참여했다. 레 꾸이 돈은 비 쑤옌 주의 동 몽과 보 끄우(無咎, Vô Cứu) 두 마을이 이런 범주에 속한다고 했다.[17]

촌락들이 외부 세계와 접촉하는 이유는 다양했다. 저지대의 마을은 논들이 이웃 마을의 것들과 접해 있어서 사람들은 들에서 일하다가 다른 마을 사람들을 만날 수가 있었다. 어떤 이들은 이웃 마을 가까운 곳에 토지를 소유하고 있는 수도 있었고, 그런 경우 이들은 그 마을 사람들과의 접촉이 용이했고 빈번하기도 했다. 사람들은 또한 결혼이나 장례 및 마을의 축제 때에 이웃 마을을 방문했고, 이러한 접촉은 흔히 새로운 접촉을 갖게끔 했다. 즉, 이웃 마을 사람들이 답례로 찾아오고, 경우에 따라서는 이때 혼담이 오고갈 수도 있었다.

이보다 더 중요한 것은 경제적 이유로 인한 연결이었다. 수공업을 전문으로 하는 촌락들은 외부와의 접촉이 필수적이었고, 접촉의 범위도 넓었다. 17, 8세기 수공업 발달로 인해 촌락들 간에 노동의 분업과 생산에서의 협력이 생겼다.[18] 예컨대, 한 마을은 원자재를 생산했고, 다른 마을이 이를 가지고 반제품(半製品)을 만들면, 또 다른 마을이 이를 가지고 제품을 완성했다. 이들 상품의 생산은 시장에서의 판매를 목적으로 한 것이었기 때문에 수공업 촌락과 시장의 접촉은 점차 빈번해지는 동시에 지속되었다. 대부분의 농촌 마을들은 경제적으로 거의 자급자족이었지만, 이런 마을들에서도 사람들은 자기들 생산품을 팔거나 일상생활에서의 필수품인 소금이라든가 생선 액젓인 '느억 맘'(nước mắm)을 사기 위해 시장에 가지 않으면 안 되었다. 그 뿐만 아니라 명절이라든가 결혼식 및 제사에 필요한 옷가지나 물건들을 구입하기 위해서도 시장에 가야만 했다. 15세기 초 시장의 수는 통킹 델타 중심부에 38군데, 그리고 여타 지역에 50군데가 있었다고 한다.[19] 15세기에 레 타인 똥이 상품의 유통을 더 용이하게 하기 위해 시골 장을 더 많이 만들도록 장려한 덕분에[20] 특히 통킹 델타에서는 그 수가 크게 늘었다. 윌리엄 댐피어의 기록에 의하면, 네다섯 마을마다 시장이 하나씩 있어 일주일에 한 번씩 장이 섰다고 한다.[21] 이에 대해 천징허(陳荊和)는 대부분의 시장은 5일에 한 번씩 장이 섰다고 했다.[22] 이들 중 가장 큰 시장은 서울인 탕 롱[23]으로, 통킹 델타의 각지로부터 온갖 물건을 실은 대단히 많은 수의 배나 바지선들이 모여들었다. 이 외에도 흥 옌 도

(道)의 포 히엔(舖憲, Phố Hiến)과 중부 베트남의 호이 안(會安, Hội An) 같은 시장이 널리 알려져 있었다. 탕 롱의 상업적인 면에 대하여는 사무엘 바론이 잘 묘사해 놓았다.[24] "이 도시에서 팔리는 각종 상품들은 (상품 종류마다) 특정 거리에서만 판매하도록 지정되어 있으며, 이들 거리는 한두 마을 또는 그 이상의 마을에 할당되어 있어서 그곳 마을 사람들만이 그 거리에 상점을 가질 수 있는 특권이 있다." 상점 주인들은 상거래를 하는 동안만 도시에 머무르는 것이 허용된 반영구(半永久) 거주자들로, 시장에 오는 다른 마을 사람들과 광범위한 접촉을 할 수 있었음에 틀림없다. 이러한 접촉을 통해 사람들은 다른 마을의 관습은 물론 국내 다른 지방의 사정까지도 알 수 있었다.

또 다른 중요한 접촉은 국가와의 관계였다. 촌락의 행정 담당자들은 인구나 세금 및 군역(軍役) 등의 일로 현의 관리들과 계속 접촉해야만 했다. 관리가 되고자 하는 이들은 현청(縣廳) 소재지와 성청(省廳) 소재지, 또는 더 나아가 서울에서 행하는 시험을 보았다. 그 외에 같은 촌락 사람들 간의 갈등이라든가 촌락 간의 분쟁은 현관(縣官)이나 성의 관리들에게까지 가서 국법에 따라 해결되기도 했다. 촌락 수호신에 대한 숭배도 촌락과 국가 간의 중요한 연결 고리였다. 촌락들은 종종 자기들의 권위를 높이기 위해 수호신에 대한 황제의 재가를 요청했는가 하면, 한편 궁중은 이러한 재가를 통해 촌락을 통제하곤 했다. 『견문소록』에 의하면, 바오 타이(保泰, Bảo Thái) 3년(1722)에 2,511수호신(상등 832, 상중등 1, 중등 817, 중하등 1, 하등 860)이 재가를 받았다.[25] 수호신으로 받들어지는 이들은 주로 유학자들, 외침을 물리친 유명한 장수들, 선행을 한 관리들 및 여타 촌락과 관련된 인물들이었다. 이렇게 하여 촌락의 전통은 국가의 전통과 결합되고 촌락은 국가 구조에 연결이 되었다.

이런 요인들 외에도 또 다른 외적 요소들이 촌락을 주변의 외부 세계와 더욱 접촉을 하게 했다. 레 왕조의 후기는 내란과 농민 반란이 계속된 시기였다. 찐(鄭) 씨는 17세기 막(莫) 씨와 싸우는 한편, 17, 8세기는 남쪽의 응우옌(阮) 씨와 전쟁 상태에 있었다. 17세기에 산발적이던 농민 반란이 18세기에 들어와 잇따라 발생하면서 통킹 델타 전체로 퍼졌다.[26] 많은 남자들이 반란의 진압을 위해 동원되어 먼 지방으로 보내졌다.[27] 그런가 하면 어떤 사람들은 자기 마을에서 전란의 고통을 이기지 못하고 생계를 위해 다른 지방으로 떠나야만 했다.

빈번하게 발생하는 홍수와 가뭄 같은 자연재해 역시 촌락 생활의 안정에 심각한 위협이 되었다. 『흠정월사통감강목』을 인용하여, 응우옌 타인 냐(Nguyen Thanh Nha)는 17, 8세기 2세기 동안 홍수로 심각하게 타격받은 지역들을 다음과 같이 열거하고 있다.[28] 1660년 탕 롱, 1663년 썬 남(山南, Sơn Nam) 지방의 콰이 쩌우(快州, Khoái Châu)와 뜨엉 띤(常信, Thường Tín), 1684년과 1713년 썬 떠이(山西, Sơn Tây)와 썬 남 및 타인 호아, 1729년 박 닌(北寧, Bắc Ninh) 지방의 끄 린(巨靈, Cự Linh), 1754년 썬 남의 보 더우(步頭, Bộ Đầu), 1766년 낀 박(京北) 지방 등등이다. 찐 씨의 구제 활동은 더디고 효과도 별로 없었다. 이유는 한편으로는 전쟁과 반란에 대한 대처 때문에, 다른 한편으로는 관료들의 무능 때문이었다. 많은 사람들은 어쩔 수 없이 자기 마을을 떠나 권문세가의 농노가 되든가 아니면 도적이나 유랑민 또는 반도(叛徒)가 되었다. 『흠정월사통감강목』의 숫자에 의하면, 1741년까지 찐 씨 지배하의 전체 촌락 중 3분의 1에 해당하는 3,691마을에서 주민들이 고향을 등졌다고 한다.[29]

한편 어떤 촌락들은 외래 종교인 기독교를 전파하는 선교사들과 접촉하기도 했다. 적지 않은 수의 가톨릭 선교사들이 16세기 말부터 베트남에 오기 시작하여, 1620년대부터는 베트남 인들의 개종에 많은 노력을 기울였다.[30] 이들 선교사의 활동은 곧 금지되고, 이러한 금지는 레 왕조의 말까지 계속되었다. 가톨릭이 유교의 이념을 부정함으로써, 기존의 사회 질서를 해치리라는 것 때문에 베트남의 지배자들이나 지배계층은 이를 받아들일 수가 없었다. 그러나 조정의 금지령에도 불구하고 선교사들은 중앙으로부터 멀리 떨어진 촌락에 은밀히 침투하여 적지 않은 수의 사람들을 개종시켰다.[31]

여기서 제기되는 의문은 촌락이 외부 세계와 이렇게 접촉한 결과가 과연 가족에게는 어느 정도의 영향을 끼쳤는가 하는 점이다. 이런 의문에 대답하기란 쉽지가 않다. 왜냐하면 사람들과 촌락들마다 변화에 대한 반응은 같지 않았기 때문이다. 그러나 한 가지는 확실하게 말할 수 있을 것 같다. 즉, 엘리트 계층은 일반 대중들보다, 그리고 중심 지역의 촌락들은 주변 지역의 촌락들보다 일반적으로 더 많은 영향을 받았으리라고 생각된다.

지방의 엘리트는 외부로부터의 '대전통'을 받아들여 왕조 차원의 문화로 통합된 반면에, 일반 촌민들은 과거로부터의 전통과 관습을 그대로 유지했다. 상층과 하층 계층 간의 차이는 매우 뚜렷하여 19세기 초에 방문했던 크로퍼드(John Crawfurd) 같은 외국인의 눈에도 쉽사리 뜨일 정도였다. 그는 다음과 같이 말하고 있다.[32]

> 하층민들은 활기가 넘치는 게 눈에 두드러진다. 그들은 아무것도 불평할 것이 없는 듯이 항상 웃고 큰 소리로 말한다. …(중략)… 그러나 이처럼 쾌활하고 활기찬 태도는 전혀 용납되지 않는다. 이곳에 오랫동안 거주한 프랑스 인들 중의 한 사람은 우리에게 말하기를, …(중략)… 웃고 왁자지껄하게 떠들면 대나무 곤장으로 맞게 되어 있다고 했다. 따라서 상층 계층 사람들은 중국인들처럼 행동거지가 근엄하고 엄숙하다.

다른 어느 사회에서나 마찬가지로 근세 시기 베트남 사회에서도 사람들을 사회적 신분에 따라 상대적으로 평가하기 때문에 사람들은 자신의 신분을 향상시키고자 했다. 지배 계층에 속하는 이들은 다른 사람들보다도 신분에 대하여 더욱 관심을 가져 자신들의 신분을 유리하게 하기 위해 '대전통'에 따르려 했다. 레 왕조의 지배 이념이 유교였기 때문에 가장 빠른 사회 신분의 상층 이동 수단은 유학 교육을 받아 과거 시험에 합격하여 관리가 되는 것이었다. 사무엘 바론은 다음과 같이 말했다. 통킹 사람들은 학문을 매우 좋아했는데, 이는 품위 유지와 관직 진출을 위한 유일한 길이기 때문이었다. 이리하여 학문을 열심히 배웠다는 것이다.[33] 그 결과로 이들 교육을 받은 계층은 유교사상에 익숙해지면서 유교의 근본 방침들을 받아들였다.

경우에 따라서는 새로운 사상을 받아들인 이들은 사회로부터 소외되는 수도 있었다. 그러나 사회의 지배 세력이 새로운 사상을 적극적으로 추진하는 한 이러한 사상을 받아들인 이들은 사회적 지위가 높아지면 높아졌지 결코 낮아지지는 않았다. 베트남 레 왕조에서의 촌락 엘리트는 바로 이런 경우에 해당되었다. 어떤 의미에서 이들 엘리트는 선택의 여지가 없이 유교의 가르침을 따라야만 했다. 왜냐하면 유교는 왕조의 지배 이념이어서 이를 거부하면 신분의 상향 이동을 포기해야만 할 뿐만 아니라 기존의 지위조차 유지할 수 없기 때문이었다. 우리는 앞에서 유교의 원칙에 어긋나는 행동을 한 사람들이 법에 의해 어떻게 다스려졌는가를 이미 보았다.

유교의 주요 내용은 가족도덕이어서, 이를 받아들이면 무엇보다도 가족생활과 구조에 커다란 영향을 끼쳤다. 여성의 지위는 낮아지고 그들의 활동 범위는 가정 내로 국한되었다. 아내는 남편의 권위에 예속되고, 남편에 대한 위배 행위는 심각한 범죄로 여겨졌다. 자녀는 부모에게 철저히 복종하도록 요구되었으며, 불순종하면 결코 용서받을 수 없었다. 그들의 결혼은 부모에 의해 정해졌으며, 부모로부터의 분가는 법적으로 금지되지는 않았지만 가능한 한 이를 단념시키려 했다. 이 모든 것이 지배 계층의 부(富)와 결합되어 그들의 가족은 대가족제의 경향을 보였다. 부계 가족 구조는 오복제도 및 복잡한 친족 제도와 결합해서 더욱 강화되었다. 유교 가족제도를 받아들인 지배 계층 가족들의 이러한 면들은 다음 장(章)에서 좀 더 자세히 논의되겠지만, 국가와 종적으로 접촉한 결과였지 이웃 촌락들이나 시장(市場)과의 횡적인 접촉과는 아무런 관련도 없었다.

일반 촌민들의 가족은 여러 가지 면에서 지배 계층의 가족들과는 달랐다. 제2부에서의 상세한 논의가 보여 준 것처럼, 부부는 가족 내에서 거의 동등했으며, 자녀들의 행동은 개인주의적인 경향이 있었다. 가족의 규모는 작았고, 친족 개념은 느슨했다. 이와 관련하여 중요한 것은 이들이 일상생활에서 국가와는 거의 접촉이 없었으며, 있었다고 하더라도 촌락의 지도자들을 통해 간접적으로 하였을 뿐이라는 점이다. 같은 마을 사람들 간의 분쟁은 촌내에서 해결되었다. 촌내에서의 결정에 불만인 사람들은 현관에게 호소할 수 있었지만 그렇게 하기를 꺼려했다. 이유는 촌락 지도자들의 감정을 상하게 할까 두려워했고,[34] 또 소송에서 이긴다는 보장도 없을 뿐더러 비용이 많이 들었기 때문이다.[35] 종국적으로 황제의 칙령과 법은 촌락의 지도자들을 통해 시행되었다. 유교도덕에 따라서 사람들의 행동을 변화시키라는 황제의 칙령이 1663년 반포되었을 때, 사장과 여타 마을 지도자들은 마을 사람들을 모아 놓고 칙령의 내용을 자세히 설명하라는 명을 받았다.[36]

배우지 못하여 문맹인 사람들이 복잡한 유교사상을 받아들이기는커녕 이해할 수도 없었으리라고 생각된다. 18세기 말 존 바로우는 말하기를, 유교도덕은 베트남 인들의 행동에 별 영향을 주지 못했는데, 주요 이유는 그 가르침이 한문으로 된 것을 반복하여 대부분의 사람들은 이해할 수 없었기 때문이라고 했다.[37] 유학 교육을 받으면 관리로 진출할 수 있는 명백한 사회적 이점에도 불구하고 일반 대중은 여러 해가 걸리는 이 교육을 받을 만한 여유가 없었다. 성공에 대한 상당한 열망이 있는 지극히 소수의 사람들만이 과거 시험 합격을 바라면서 오랫동안 유학의 경전들을 공부했다. 1556년 과거 시험에 합격하여 뒷날 상서(尙書) 자리에까지 오른 응우옌 조안 컴(阮允欽, Nguyễn Doãn Khâm)은 하이 즈엉 도(海陽道, Hải Dương) 찌 린 현(至靈縣, Chí Linh) 끼엣 닥 사(傑特社, Kiệt Đặc)의 농부였다. 어느 날 논에서 일하고 있었는데, 도(道)의 행정을 담당하는 승정사(承政使) 일행이 지나갈 때 그의 수종자들을 보고 크게 감명을 받아 농사일을 그만두고 공부에 열중했다고 한다.[38] 하이 즈엉 도의 빈 라이 현(永賴縣, Vĩnh Lại) 띠엔 리엣 사(前烈社, Tiên Liệt) 출신인 응우옌 뜨 끄엉(阮自彊, Nguyễn Tự Cường)은 어려서 하도 가난하여 부유한 집에 걸식(乞食)을 할 정도였지만, 학문을 좋아하여 열심히 공부한 결과 1604년의 회시(會試)에서 합격했다.[39]

그러나 이러한 야망을 가진 이들은 오히려 예외였다. 거의 모든 사람들은 자기네 생활을 숙명적으로 받아들였고, 유교사상을 배우기보다는 생계 유지에 더 많은 관심을 가졌다. 아내들은 집 밖에서의 일에 종사했으며, 그들의 이런 활동은 남편의 통제 밖이었다. 부모로부터 많은 재산을 기대할 수 없는 아이들은 분가해서 독자적인 가정을 꾸렸다. 이러한 유형은 이웃 마을들이라든가 시장에서 사람들과 접촉을 하더라도 아무런 변화가 생기지 않았는데, 그곳 사람들의 생활 양식 역시 동일했기 때문이었다. 더군다나 일반 가족들은 전쟁과 자연재해 및 그에 따른 사회의 분열에 더욱 취약했다. 전쟁이 발발하면 사람들은 장기간의 군복무 동안 다른 지방으로 보내졌다. 어떤 이들은 자녀들을, 심지어는 자신들을 팔든가, 그도 아니면 다른 지방으로 생계를 찾아 떠나야만 했다. 이 모든 요소들로 인해 그들의 가족 규모는 작을 수밖에 없었고, 복잡한 친족 제도 역시 발달할 수가 없었다.

일반인들의 가족과는 달리, 지배 계층에 속하는 가족은 17, 8세기에 인구의 이동을 발생시킨 전쟁이나 자연재해에도 불구하고 별로 분산되지 않았다. 이들은 군역을 면제받거나 아니면 다른 사람에게 군역을 대신 시켰으며, 자연재해에 대해서는 일반 촌민들보다 비교적 잘 견딜 만큼의 부가 축적되어 있었다. 더욱이 이들의 권력 기반은 토지와, 같은 촌락 내의 친족들에 있었기에 누구도 마을을 떠나려고 하지 않았다. 이리하여 이들 가족은 그 규모라든가 복잡한 친족 제도에 아무런 변화도 없었을 뿐만 아니라 어려운 사회적 상황에 대처하기 위해 서로 협력했다.

마을에 권력 기반이 없었던 가난한 지식층 중에는 예외도 있었다. 이들 지식층은 자기네 촌락을 떠나 다른 주변 지역으로 가서 새로이 정착한 마을에 어느 정도의 문화적 영향을 끼치기도 했다. 예컨대, 하이 즈엉 도(海陽道) 찌 린 현(至靈縣) 룩 즈엉 사(綠楊社, Lục Duong) 출신인 즈엉 똔(楊存, Duong Tồn)이란 이는 16세기 말 막 씨 정권하에서 향시에 합격했는데 마침 전란이 일어나 벼슬을 못 하고 응예 안 성(乂安省) 꾸인 르우 현(瓊瑠縣, Quỳnh Lưu)으로 옮겨 갔다. 그가 그곳에서 유학을 가르친 결과 문풍(文風)이 진작되어, 후일 그 제자 중의 하나인 호 씨 즈엉(胡士揚, Hồ Sĩ Duong)이 그 지방 최초의 과거 합격자가 되었다고 한다.[40] 호 씨 즈엉이 과거 시험에 합격한 것은 1652년의 회시에서였다.

위의 이야기가 보여 주듯이, 통킹 델타의 촌락과 촌민들은 다른 지역의 마을들과 사람들보다 훨씬 더 국가에 통합이 되었다. 델타 지역이 오래전부터 베트남 문화의 중심지였음을 고려한다면, 이 지역의 마을과 마을 사람들이 훨씬 더 국가에 통합되었다는 것은 쉽게 이해가 간다. 그의 책 『견문소록』에서 레 꾸이 돈은 1428년 레 왕조의 성립으로부터 1770년대까지 과거 합격자를 가장 많이 배출한 여섯 현을 열거하고 있다. 이들 여섯 현이란 낀 박 성의 동 응안 현(東岸縣, Đông Ngạn, 136명)과 자 럼 현(嘉林縣, Gia Lâm, 61명) 및 르엉 따이 현(良才縣, Lương Tài, 61명), 그리고 썬 남 성의 타인 와이 현(青威縣, Thanh Oai, 61명)과 타인 찌 현(青池縣, Thanh Trì, 59명) 및 트엉 푹 현(上福縣, Thượng Phúc, 52명)으로[41], 이들은 모두 통킹 델타의 중심부에 위치해 있다. 과거 합격자의 수가 문화적 영향의 정도를 정확히 나타낸다고는 할 수 없지만, 어느 정도 반영하고 있는 것은 분명하다. 이들 과거 합격자 수는 위에서 언급한 델타의 해안을 따라 남쪽 변두리에 위치한 꾸인 르우 현이 1652년에야 최초의 과거 합격자를 낸 것과 좋은 대비가 된다.

이들 지배 계층은 '대전통'의 전파에서 직접적 또는 간접적으로 사회를 변화시키는 담당자로서의 역할을 했다. 즉, 한편으로는 황제의 법과 칙령을 일반 촌민들에게 전하고 다른 한편으로는 그들에게 변화에 대한 동기를 부여했다고 할 수 있다. 다시 말하면, 지배 계층은 중앙의 문화가 촌민들에게까지 전해지게 하는 주요 통로였다. 이미 보아 왔듯이, 토착의 전통과 관습은 유지되는 경향이었음에도 불구하고 왕조 차원의 문화가 일반 대중에게 어느 정도 영향을 끼친 것은 부정할 수 없다. 그 영향은 베트남의 다른 어느 지역들보다도 북부에서 컸다. 지역에 따른 이러한 문화적 영향의 차이는 베트남을 다녀간 유럽 인들의 눈에도 분명히 띄었다. 존 바로우는 토착 관습과 종교에 끼친 중국의 영향은 남부의 도(道)들보다 북부의 도에서 더욱 컸다고 했다.[42]

그러나 북부라고 하더라도 통킹 델타를 둘러싸고 있는 산간 지역은 달랐다. 이 지역은 지리적인 면에서 저지대의 정치적·문화적 중심에 접근하기가 용이하지가 않았다. 또한 이들 지역의 대다수 주민은 므엉(Mường), 타이(Thái), 만(Mán), 로 로(Lô Lô) 같은 소수 민족들이었다. 이들은 저지대와 접촉하는 것이 드물었기에, 어떤 의미에서는 고립되어 있었다고 할 수도 있다. 더욱이 이들에 대한 조정의 정책은 반란을 일으키지 않는 한 지역 문제에 개입하지 않는다는 방침이었다.[43] 그 결과 이들에 영향을 끼친 왕조 차원의 문화는 지극히 미미했다.

베트남의 중부 지방은 1471년 레 타인 똥의 군사 원정 후에 레 왕조의 정치적 지배하에 놓였다. 타인 똥은 새로이 정복한 지역의 사람들을 베트남 사회 내로 통합하기 위해 즉각적인 노력을 기울였지만,[44] 실질적 통합은 한 세기를 더 기다린 후에야 시작되었다. 응우옌 호앙(阮潢, Nguyễn Hoàng)과 그의 추종자들은 16세기 중반 후에 지방으로 이주해 와서 사람들을 관대히 다스리고 법의 적용을 공정하게 하는 동시에 이들의 풍속을 바꾸어 놓았다고 한다. 이리하여 상거래에서는 속임수가 없어지고 치안은 안전해졌다는 것이다.[45] 1620년대 정치적으로 독자적 체제를 갖추면서 응우옌 씨는 남쪽으로 더욱 영토를 확장해, 1690년대까지는 현재의 꾸이 년(歸仁, Quy Nhơn) 부근까지 참파의 영토를 완전히 점령하고, 1770년대에 이르면 메콩 델타의 대부분을 지배하에 두었다. 새로이 점령된 영토의 베트남 사회는 촌락 공동체와 쌀농사에 기반을 두었다는 점에서 북부의 사회와 외견상 유사했지만, 실질적으로는 북부의 촌락과는 다른 형태를 띠기 시작했다.

새로운 지역에는 베트남 문화의 유교적 전통을 알지 못하는 참 족

(Chams)과 몬-크메르 인(Mon-kmers)들이 오랫동안 거주해 왔었다. 이 지역의 새로운 촌락들은 수로를 따라 기다란 모양을 이루는 경향이었으며, 특히 메콩 델타에서 더욱 그러했다.[46] 이러한 모양은 촌락들로 하여금 외부 세계와의 접촉을 더욱 개방적이게 했지만, 다른 한편 마을 사람들의 자기 촌락과 촌락 내 다른 가족들과의 관계는 긴밀하지 않게끔 하는 면도 있었다. 이들 촌락에 새로이 정착한 가족들은 주로 포로가 된 찐 씨의 병사들과 전쟁 피난민 및 여타 가난한 이들로,[47] 이들 대부분은 자기 고향에서도 하층민에 속하였고, 전통에 대한 이해가 거의 없었다. 참 족과 피지배 계층의 베트남 인들 중에서 선발된 현지 관리들 또한 베트남의 상층 문화에 대한 이해가 부족하여 이를 정착민들에게 받아들이도록 하지 못했다.[48] 그 결과 새로이 확장된 지역에 정착한 가족들은 레 왕조의 문화로 통합되지도 않았으며, 북부 지방 일반 촌민들의 가족조차와도 다른 모습이었다. 가족원 간 및 친족과의 관계는 긴밀하지 않았고, 조상에 대한 제사도 전통 방식대로 하는 게 아니라 형식적으로 하는 편이었다.[49]

왕조의 문화로 통합되었든 아니었든 베트남 인들은 17세기 초부터 그들 촌락으로 침투하기 시작한 기독교를 받아들이지 않았다. 새로운 종교를 받아들이지 않은 이유는 촌락마다 달랐다. 대부분의 지배 계층은 유교를 신봉했기 때문에 자기들의 이념과 근본적으로 다른 기독교의 교의를 배척했다. 더군다나 이들 지배 계층에 속하는 이들의 생활양식, 즉 흔히 부인이 하나 이상이었던 관습은 일부다처제를 반대하는 기독교의 윤리와 충돌되었다. 일반 촌민들조차도 기독교를 받아들이기 어려웠는데, 주요 이유는 그들의 깊은 믿음인 조상 제사와 촌락 수호신에 대한 숭배를 기독교가 우상과 미신으로 간주했기 때문이었다. 로드 신부는 베트남 인들을 개종시키는 일에서 가장 큰 장애물은 그들의 민간 신앙이었다고 했다.[50] 동업 조합을 조직하고 자신들의 수호신을 모시는 수공업 촌락의 경우는 더욱 그러했다.

이 경우에 베트남 촌락은 주민들이 외부로부터의 변화를 받아들이지 못하도록 하는 하나의 유기체로서 역할을 한 셈이다. 촌락 내의 모든 이들은 그들의 선조들이 살았던 것과 같은 방식은 물론 현재 그들의 이웃이 살고 있는 것처럼 생활하도록 요구되었다. 이러한 요구를 무시하고 일탈하면 촌락으로부터 소외되었고, 그러한 소외는 전통 베트남 사회에서 생활하는 베트남 인들에게 커다란 위협이 아닐 수 없었다. 왜냐하면 촌락 공동체 밖에서 홀로 생활 근거지를 마련하는 것이 거의 불가능했기 때문이다. 촌락은 하나의 유기체로서 흉작이나 기근, 아니면 전염병 등이 발생한 경우 상부상조하며 이를 극복했다. 그러기에 베트남에는 "멀리 있는 형제를 팔아서 가까운 이웃을 산다."는 말이 생겼다.[51] 더욱이 사회적 지위의 상승을 원하는 이들에게 새로운 종교는 받아들여질 수가 없었다. 1678년부터 1714년까지 통킹 지방에서 활발한 선교 활동을 했던 자코비 드 부르주(Jacobi de Bourges)가 전하는 바에 의하면, 기독교 가정에서 태어난 어느 젊은이는 관리가 되기 위해 기독교를 버리고 유교 경전을 공부했다고 한다.[52]

기독교로 개종한 사람들 대부분은 이를 받아들여도 잃을 것이 별로 없는, 촌락 내에서 가난하여 천민과 다름없는 사람들이었다. 『대월사기전서』에 의하면, 기독교의 금지에도 불구하고 이를 받아들인 사람들은 촌락 내의 보잘것없는 남녀들[鄙夫鄙婦]이었다고 한다.[53] 윌리엄 댐피어 역시 다음과 말하고 있다.[54] "선교사들이 개종시킨 이들은 내가 알기로 매우 가난한 사람들로, 먹을 것이 없을 때 선교사들이 구호품으로 주는 쌀이 설교보다 더 많은 사람을 개종시켰다." 댐피어는 영국인이기 때문에 가톨릭에 대해 편견이 있었을지 모르지만, 많은 개종자가 가난한 이들이었다는 것은 부정할 수 없는 사실이다. 이들이 새로운 종교를 받아들인 것은 상대적 이점 때문이었다. 따라서 조정의 탄압으로 개종한 것이 불리하다고 생각되면 이를 쉽사리 포기하곤 했다. 기독교는 왕조의 지배 이념과 배치되기 때문에, 행정과 문화의 중심부로부터 멀리 떨어진 촌락들에서는 성공적으로 침투한 사례도 있다. 응예 안 지방에 있는 푸 디엔(Phú Điền)이라는 촌락은 1685년까지 주민 400명 모두가 기독교로 개종했다고 한다. 이렇게 될 수 있었던 주요 이유는 마을이 도청(道廳) 소재지로부터 멀리 떨어진 삼림 지역에 가까이 위치해 있었기 때문이었다.[55]

기독교로 개종한 사람들은 마을의 축제에 참가하지 않고 촌락의 사당에 기부도 하지 않았을 뿐만 아니라 결혼도 그들끼리만 했다. 그러나 개종자들은 대부분 촌락의 미천한 사람들이었던 데다가 그 수도 적어서, 기독교는 18세기 말까지 종래의 촌락 공동체와 가족들에게 별다른 영향을 끼치지 못했다.

제2장 _ 가족과 국가

앞의 장에서는 촌락과 이를 둘러싸고 있는 외부 세계와의 관계와 그로 인한 가족에의 영향을 다루었다. 다시 말하면, 외부 세계의 영향에 대한 사람들의 반응은 어떠했으며, 또 촌락 내 가족에 대한 변화의 가능성은 얼마나 있었는가 하는 점이었다. 이 장에서는 가족의 변화에 가장 중요한 외적 요인들을 검토하려고 한다. 외적 요인들이란 국가로부터 오는 것으로, 국가는 사실상 가족의 구조와 생활을 변화시킬 수 있는 주요 요인이었다.

우리가 보았듯이, 일부 집단은 유교의 가족도덕을 받아들였다. 이러한 변화는 왕조 차원에서 비롯된 새로운 사상의 도입 결과로서 일어났으며, 이는 촌락으로 전파되었다. 그리하여 촌락 내 가족에의 영향은 두 가지 면, 즉 왕조의 정책과 그 정책을 이행할 수 있는 능력을 고려할 필요가 있다. 왕조의 새로운 정책은 사회에 변화를 가져올 가능성이 크다. 그러나 정책만으로 변화는 일어나지 않는다. 여기서 중요한 것은 그 이념을 실행하려는 국가의 노력인데, 그 노력이란 다름 아닌 이념을 잘 전파하는 동시에 강력히 시행하려는 의지를 뜻한다.

레 왕조의 공식적 입장에 대하여는 제1부에서 길게 논의했기 때문에 이곳에서는 사회와 가족에 대한 잠재적 영향과 관련하여 왕조의 정책을 설명하는 것으로 족하리라 생각한다. 유교는 레 왕조 전 시기를 통해 국가의 지배 이념이었는데, 이것이 지배 이념으로 채택된 데에는 군주들과 신하들의 개인적인 믿음 때문이기도 했고 또한 정치적 이유도 있었다. 이유야 어떻든 간에, 결과적으로는 가부장에 따른 권위와 복종이라는 가족도덕에 대한 강조로 나타났다. 실제로 가족에 대한 유교사상은 가장에 의해 가족이 스스로 다스려질 수 있다면 사회는 저절로 질서가 잡히리라는 것이었다. 군주는 개개 가족의 문제에 직접 개입하지 않고 가족을 파괴하고 사회 질서를 어지럽히는 자들만을 처벌하게끔 되어 있었다. 이런 이유로 해서 전통적 군주의 역할은 흔히 '적극적으로 무엇을 하는 것'보다 '가만히 있는 것'이었다고 했다.

만일 왕조 차원에서 강조하는 이러한 유교의 가족도덕 관념이 촌락에 있는 일반 사람들에게 성공적으로 강요되어 이들이 받아들였다면 베트남 사회와 가족은 커다란 변화를 겪었을 것임에 틀림없다. 여인들의 지위는 낮아졌고 자녀들의 행동도 엄격히 제한을 받아, 그로 인해 결혼과 상속 관행 등에서 많은 변화가 있었을 것이다. 다른 한편으로는 강력한 가부장의 권위하에 대가족들이 등장하면서 복잡한 친족 제도를 발달시켰을 것으로 보인다.

그러나 권력 가문들의 등장은 군주에게는 바람직하지 않았다. 왜냐하면 이들은 군주와 일반민들 사이에 있으면서 군주의 지위에 손상을 줄 가능성이 있었기 때문이었다. 그렇지만 군주의 권력이 강력한 경우 유교는 그에게 도움이 되었다. 다시 말하면, 유교 경전에 기반을 둔 과거 시험을 통해 유능한 관리를 선발하여 그들을 통해 백성들을 통치함으로써 도움을 받을 수 있었다는 의미이다. 이런 경우란 15세기 레 왕조, 특히 타인 똥 치하에서라고 할 수 있다. 그러나 군주의 권력이 약화되면 권력 가문의 세력을 강화시켜 주는 유교는 그에게 역작용을 할 가능성이 많다. 17, 8세기의 레 왕조가 이 경우에 해당된다.

1428년 레 왕조가 서면서 군주들의 주요 관심사 중의 하나는 권문세가의 성장을 억제하는 일이었다.[56] 그리하여 군주들은 유교의 이념에 의해 사회를 변모시키려는 이상과 자기들의 통치권을 안정시키는 데 필요한 현실 정치 사이에서 타협점을 찾아야만 했다. 그 결과 그들은 베트남의 오랜 관습이 세력 가문의 형성과 어긋남을 인식하고 이를 존중하여 새로운 왕조의 법 제도 안에 포함시켰던 것이다. 따라서 비록 부모에의 효와 가족에의 충성이 강조되었다고 하더라도 처의 남편에 대한, 자녀의 부모에 대한 무조건적인 복종은 요구되지 않았다.

가부장의 권위를 강화시켜 그를 통해 간접적으로 가족을 통제하려는 유교의 이념과는 달리, 레 왕조 군주들의 정책은 사실상 가부장의 권위를 약화시키는 방침을 택해 가능한 한 가족원 개개인을 직접 통제하려고 했다. 이러한 증거는 호구의 작성이 촌락 행정 책임자들의 직접적인 책임하에 이루어졌다는 데에 잘 나타나 있다. 『국조형률』 제285조에 의하면, 사장이 호적을 작성할 때 혹시 가구 수나 가족원의 수를 빠뜨릴 경우, 사장은 빠뜨린 자의 수에 따라 다양한 처벌을 받을 수 있었다. 예컨대, 한 사람 이상 5명까지는 폄벌, 6명 이상 14명이면 도형, 15인 이상 19명이면 유형에 처해졌다. 20명 이상인 경우는 원주(遠州)에의 유형으로, 이것이 가장 무거운 형이었다.[57] 레이몽 들루스탈이 지적한 바와 같이, 호적 작성의 잘못에 대해서는 사장이 일차적인 책임을 졌고, 가장(家長)은 책임이 없었다.[58] 『황월율례』에서조차 이장(里長)[59]에게 가족 수와 가족원 수를 직접 확인할 전적인 책임이 지워졌다는 것은 주목할 만하다.[60] 중국에서는 가장이 자기 집안의 가족 수를 보고할 우선적 책임이 있었고 촌락의 장은 이 보고를 근거로 하여 자기 촌락의 호적을 작성하게끔 되어 있었다.[61]

가장의 권위를 약화시키고 개개 가족원의 지위를 강화시킨 레 왕조의 정책은 유교의 가족도덕과는 매우 거리가 멀었다. 그러나 레 왕조 조정의 정책이 베트남 가족에 제한된 영향밖에 주지 못했다고 하여 조정의 정책 자체가 유교 지향적인 면이 약했다는 말은 아니다.

현실적으로 유교 지향적인 정책의 실현 정도는 조정과 촌민들 간의 접촉이 얼마나 빈번했는가에 달려 있었다. 촌락의 지배 계층에 속하는 이들은 조정과 비교적 빈번한 접촉을 했기 때문에 왕조의 이념인 유교를 받아들이려는 경향이 컸다.

앞의 장에서 언급했듯이, 중앙 조정이 유교 이념을 실행하는 것은 주로 행정 기구라는 도구를 통해서였다. 이론적으로 과거 시험은 모든 평민들에게 개방되어 있었지만, 시험을 보려면 먼저 사장의 심사를 거쳐야만 했다. 이 심사에서 가장 중요한 기준은 응시하고자 하는 이들의 평소 행동이 유교의 가족도덕과 부합하는가 여부였다.[62] 이 심사를 통과한 이들만이 향시에 응시할 수 있었고, 거기에서 합격하면 다음 단계의 시험을 볼 수가 있었다. 빈 찌(永治) 3년(1678)에 반포된 칙령에 의하면, 사장이 추천할 수 있는 응시자의 수는 대사(大社) 20명, 중사(中社) 15명, 그리고 소사(小社) 10명이었다.[63] 바오 타이(保泰) 2년(1721)에는 사장의 심사권은 폐지되고 지현(知縣)이 직접 과거 응시자를 심사하게 했다.[64] 사장의 심사권은 1741년 다시 부활되었지만, 단지 6년 동안 행하여졌을 뿐으로, 그 후에는 다시 지현이 직접 심사하도록 하였다.[65] 사장의 심사권을 폐지한 주요 이유는 그 제도가 유교도덕과 학식보다는 권문세가나 부유한 집안의 자제들에게 유리하게끔 편파적으로 이용되는 경향 때문이었다.

과거 시험은 유교 경전에 의거했기 때문에 응시자는 여러 해 동안 경전을 공부하면서 자연히 그 이념을 받아들였을 뿐만 아니라, 과거 시험에 합격한 이들은 평생 그 이념을 지키지 않으면 안 되었다. 이미 앞에서 언급했듯이, 팜 꽁 띠엔은 과거 시험에 합격했음에도 불구하고 첫 부인에 대한 대우를 적절히 하지 않았기 때문에 관직에 임용되지 못했다. 1469년에 이미 레 타인 똥은 관리의 임명과 승진은 그들의 결혼이 유교 의식에 일치하는가 여부를 확인한 다음에 하도록 하라는 칙령을 내렸다.[66]

관리가 되고자 하는 이들과 같은 범주에 속하는 촌락의 사장들 역시 국가와의 접촉에서 지배 이념을 따르도록 요구되었다. 왕조의 행정 체계에서 최하 단위인 촌락은 조세와 인력 동원뿐만 아니라 사회 질서의 유지에서도 절대적으로 중요했다. 그리하여 레 왕조의 군주들은 왕조 초기부터 촌락에 대해 깊은 관심을 보였다. 레 러이(黎利)는 촌락들을 재편하여 크기에 따라 3종류, 즉 대사(大社, 100명 이상)와 중사(中社, 50-99명) 및 소사(小社, 10-49명)로 분류하고 대사에는 사관(社官)을 3명, 중사에는 2명, 소사에는 1명을 두게 했다.[67] 이 경우 인구는 '정남'(丁男)만을 의미한는 것으로 보이므로, 촌락의 실제 인구는 훨씬 많았을 것이다. 이는 다음의 예를 보아도 확실히 알 수 있다. 사관의 명칭은 꽝 투언(光順) 7년(1466)에 사장으로 바뀌었는가 하면,[68] 홍 득(洪德) 14년(1483)에는 그 수도 60호에 1명, 100호에 2명, 300호에 4명, 그리고 500호에 5명으로 재조정되었고,[69] 이 제도는 17세기 중반까지 변함이 없었다.

사장의 역할도 지배 계층과 마찬가지로 중요했다. 이미 언급했듯이, 그는 과세와 인력 동원에서 근거가 되는 호적과 토지 대장의 작성에 직접적인 책임을 지고 있었다. 각 가정에 부과되는 세금은 물론 군역 및 요역에 동원되는 인원을 정하는 것 역시 사장이었다. 또한 중앙 조정의 법과 명령이 촌락과 촌락 내 촌민들에게 전달되는 것도 그를 통해서였다. 사장은 촌락의 축제나 어떤 특정일에 사람들 앞에서 이들 법과 명령을 큰소리로 읽게끔 되어 있었다. 한편 조정은 사장 자신이 촌민들에게 도덕적 모범자인 동시에 촌민들이 유교의 가르침에 따라 선(善)을 가까이 하고 죄(罪)를 멀리하도록 장려하기를 바랐다.[70] 이리하여 변화의 역할자로서 사장은 누구보다도 중앙 조정의 이념을 받아들이도록 요구되었다고 할 수 있다. 이로 인해 사장의 선택에는 매우 신중을 기했다. 사장의 자격은 촌락에서 존경받은 가족의 일원이거나 유학자여야 했으며, 촌민들이 천거하면 지현이 임명하도록 했다.

17세기 중반부터 조정은 사장들에 대한 통제를 강화하는 동시에 사장의 조정과 촌민들 간의 매개자로서의 역할을 축소시키려고 하기 시작했다. 첫 노력은 턴 똥(神宗, Thần Tông)의 빈 토 연간(永壽, Vĩnh Thọ, 1658-1661)에 사장의 임명과 관련된 명령으로 나타났다. 지현이 직접 사장과 그를 돕는 사사(社史, xã sử)와 사서(社胥, xã tư)를 유생 중에서 선택하여 임명토록 했다.[71] 이러한 것은 중앙 조정이 남쪽 응우옌 씨와의 전쟁이 어느 정도 조정 국면으로 접어들기 시작하면서 대내적 안정을 도모하기 위해 유교 이념을 다시 강조하려는 배경과 결부되어 있었다. 유교 이념을 확산시키려는 노력 속에서 조정은 우선적으로 그 이념을 확실히 받아들여 그것을 촌민들에게 강조할 자세가 되어 있는 사장들의 임명이 필요하다고 느꼈던 것이다.

앞에서 언급했듯이, 1663년에 반포된 교화조례(敎化條例)와 같은 철저하게 유교적인 칙령은 사장에게 모든 연령의 남녀를 모아 놓고 거듭 반복하여 칙령의 내용을 설명하라고 요구했다. 6년 후에 반포된 또 다른 칙령에 의하면, 사장은 양가 자제여야 하며, 촌민들을 훈화하여 예의를 깨닫게 해야 한다는 점을 강조했다.[72] 이와 동시에 사장에 대한 고과 제도(考課制度)가 처음으로 도입되어 임무를 충실히 잘 수행한 사장은 현(縣)의 관리로 승진시켰다.[73] 이와는 달리 의무를 게을리하거나 유교의 노선에서 벗어난 행동을 하는 것이 발견되면 사장은 즉시 해임되었다. 새로운 고과 제도는 사장들에 대한 통제를 강화하는 한편, 그들을 중앙 조정의 구조 내로 끌어들이려고 하였음이 분명하다. 반세기 후인 투언 똥(純宗, Thuần Tông)의 롱 득 연간(龍德, Long Đức, 1732-1735)에 사장의 선택은 다시 촌민들에게 돌아가고 고과 제도 또한 완화되었다.[74] 그러나 사장의 이념이 조정의 유교 이념과 일치해야 했음은 말할 것도 없다.[75] 사실상 촌락 내 지도층 대부분의 사회적 지위는 대대로 이어지는 경우가 많았지만, 그들의 지위는 조정으로부터의 지지에 의해 더욱 강화될 수 있었다. 달리 말하면, 조정의 문화를 받아들임으로써 촌락 내에서 그들의 지위는 더욱 높아졌다고 할 수 있다.

왕조의 성립 초로부터 촌락을 통제하려는 깊은 관심에도 불구하고 조정은 17세기 중반에 유교를 재강조할 때까지는 촌락 내의 문제나 관습에 직접 개입하려 하지 않았다. 사실상 타인 똥의 치세를 제외하면 중앙 조정은 그동안 취약했고 불안정한 상태였기에 촌락에의 간여는 어쩔 수 없이 조심스럽게 접근했다. 유교도덕에 따라서 베트남 사람들을 교화시키려 했던 타인 똥은 조정이 제정한 법을 시행하고자 많은 노력을 기울였다. 그는 선언하기를, 나라를 통치하는 데 있어 왕조의 법이 적용되어야 하며 민간의 토착 규범은 철폐되어야 한다고 했다.[76] 그러나 타인 똥조차도 민간의 규약을 유학자로서 덕이 있고 정직한 연장자가 작성하여 현관의 허가를 받는다는 조건으로 인정해 주었다.[77] 사장으로 하여금 촌락의 관습을 어긴 자를 현관에게 알리도록 했다. 이는 레 왕조의 정책이 촌락의 질서가 유지되는 한 실질적인 자치를 인정하고 직접 개입하지 않았음을 의미한다. 사장은 항상 국가와 촌민들을 연결하는 통로였고, 이 과정에서 촌민들에 대한 국가의 영향은 어떤 한계가 있을 수밖에 없었다.

다른 한편 촌민들 간에 일어나는 결혼 문제라든가 재산을 둘러싼 분쟁 등과 같은 민사 사건에 대한 재판권이 사장에게 주어졌다. 사장의 재판권은 이미 레 왕조 초기인 타이 똥(太宗) 때 인정되었다. 타이 똥은 즉위 첫해(1434년)에 몇 가지 칙령을 내렸는데 그 중의 하나가 사소한 소송사건들은 우선 사장에게 가져가서 해결을 보라는 것이었다. 만약 사장이 해결할 수 없으면 현관에게, 현관 역시 못 하면 다시 상급 기관에 호소하도록 했다.[78] 촌락 내의 일이라 사장은 처음부터 분쟁의 내용을 알고 있어서 소송 당사자들을 쉽게 만족시킬 수 있는 촌락의 관습에 따라 판결을 내렸다. 이러한 사장의 재판권은 1645년에 이르러 확인되고 1653년과 1661년에 재확인되었다.[79] 이들 대부분의 사건에 관련해 조정에서 제정한 법과 관습 사이에는 별다른 차이가 없었기 때문에 일반 촌민들에 대한 조정의 법은 그 영향이 더욱 감소했다고 할 수 있다. 더군다나 사장은 촌민들의 가정 문제에 자기 스스로 개입할 수 있는 것이 아니라 촌민들이 문제를 자기에게 가져왔을 때에만 간여할 수 있었다. 예컨대, 부모에게 불효한 자녀가 특별히 악명이 높지 않는 한, 부모가 사장에게 문제를 제기해야만 처벌할 수가 있었다. 이러한 것은 사장이 비록 중앙 조정의 이념을 주민들에게 전달하도록 되어 있었다고 하더라도 이를 수용하느냐 마느냐는 여부는 각 개인에게 달렸음을 의미한다.

촌민들의 생활에 적게 개입하려던 조정의 정책은 17세기 중반 유교의 재강조와 더불어 변화하기 시작했다. 조정은 유교의 도덕 개념을 따르게끔 사람들을 인도하려는 노력을 재개했다. 이미 언급한 47개조로 된 1663년의 칙령인 교화조례는 이러한 노력을 가장 잘 보여 주고 있다. 칙령은 우선 유교 개념인 오륜과 가족 내에서 각 가족원의 의무로 시작된다. 다음에는 연장자에 대한 존경과 자기 생업에의 열중 및 이웃과의 협력 등과 같은 촌락 공동체 내에서의 좋은 이웃으로서 해야 할 적절한 행동을 강조하고 있다. 그런 다음 칙령은 남녀가 승니(僧尼)를 구실로 불사에 몸을 피하는 것을 금하며, 유교 의식에 따른 결혼과 조상 숭배를 강조하는 등의 일반 관습과 관련된 개혁 문제를 언급하고 있다. 이 해에 기독교를 엄금한 것도 이와 관련이 있어 보인다. 교회의 예배에서 남녀의 구분 없이 같이 앉는다는 것이 금지의 주요 이유였다.[80] 2년 후에는 투계(鬪鷄)·장기·도박·무속(巫俗)을 금하는 등 민간 풍속의 개혁에까지 적지 않은 노력을 기울였다.[81]

조정은 이처럼 유교를 강화하려고 노력했지만, 촌락의 경우는 이를 여전히 사장에게 맡겼다. 그러나 이때 사장은 전과는 달리 현관에 의해 직접 임명되어서 전보다는 국가 기구 내에 통합되어 있었다. 이는 촌민들의 생활에 국가가 간여하는 것을 가능하게 했다. 까인 찌(景治) 7년(1669)에 사장들은 처음으로 촌내의 모든 소송사건들을 종결 여부와 상관없이 매년 현관에게 보고해야만 했다.[82] 스티븐 영은 이러한 보고는 사장의 재판권을 인정해 주었기 때문에, 촌락 차원에서 볼 때 중앙 권력의 집중이 아니라 분권이라고 보았다.[83] 그러나 이는 잘못된 해석이라고 생각된다. 매년 보고를 통해 국가는 오히려 사장들을 더욱 엄격히 통제할 수 있었다. 왜냐하면 사장의 결정은 전보다 더 조정이 원하는 바와 일치하지 않으면 안 되었고, 결과적으로 촌락의 관습은 그만큼 자율적 성격이 축소되었기 때문이다.

사장들에 대한 국가의 통제가 점증함에 따라 민사 사건의 재판을 맡았던 사장들의 역할은 마침내 폐지되고 국가 자신이 직접 이들 사건에 개입했다. 빈 찌(永治) 원년(1676)의 칙령은 호혼(戶婚)과 토지 및 잡송 등에 대해 사장이 첫 번째 심급(審級)으로 판결하던 것을 중단시켰으며,[84] 이 새로운 제도는 레 왕조의 말까지 변함이 없었다. 이는 1777년의 『감송조례』에 의해 확인된다. 『감송조례』에 의하면, 토지·혼취(婚娶)·투구(鬪毆)·능매(凌罵)·채무·세전(稅錢)·분묘(墳墓)·수로 등을 둘러싼 분쟁 같은 모든 민사 사건은 현관에 고소하여 처리하도록 하였다.[85]

이론적으로 말하면, 지현이 사장으로부터 민사 소송을 넘겨받았다는 것은 '대전통'과 왕조의 법이 촌락으로 깊이 침투하여 촌락의 관습을 대체했다는 것을 의미한다고 할 수 있다. 이는 또한 사법 행정에 의해 관습이 배제되었음을 의미하기도 한다. 관습과 소송 당사자들을 잘 아는 사장들과는 달리, 현관들은 중앙 조정에서 임명된 낯선 사람들이었다. 실제로 조정의 정책은 지현들을 자기 고장이 아닌 다른 지방에 임명하고 3년마다 다른 곳으로 전임시켜 지방 권력과 결탁하지 못하게 하려는 것이었다.[86] 이리하여 지현들은 한편으로는 지방의 관습을 거의 알 수 없었는가 하면, 다른 한편으로는 조정의 유교적 전통을 존중했다. 그들은 사법 행정을 중앙의 법 제도에 맞추어 운영했으며, 이는 결과적으로 관습을 국가의 전통으로 전환시킬 수 있었음을 의미한다.

그럼에도 불구하고 국가의 문화가 촌락 내로 깊이 침투하는 것을 저해하는 두 가지 요소가 있었다. 하나는 당시 국가 권력이 약하였다는 점, 다른 하나는 관리들의 무능과 부패였다. 중앙 조정의 약화는 16세기로부터 시작되었다. 제1부에서 보았듯이, 16세기는 조정에서 파벌 간의 세력 다툼이 있었던 시기였고, 이후 17세기 후반까지 100년 동안은 내전으로 점철된 시기였다. 파벌 싸움과 내전, 이 모든 것은 중앙 조정의 약화를 가져왔다. 1664년 이래 철폐되었던 3년마다 호적을 수정하는 제도를 1724년에 부활하려던 조정의 시도는[87] 사장들의 비협조로 곧 실패로 끝나고 말았다. 1730년대에 조정은 사장의 선출을 촌민들에게 맡기도록 압력을 받았는데, 그렇게 되면 사장의 선출은 촌락 내 권력가들의 의견에 지배될 수밖에 없었다. 중앙 조정이 촌락 지도자들의 협력을 받을 수 없는 한 촌락 공동체 내로의 침투는 제한을 받았고, 그 결과 중앙의 이념이 촌민들에게 미치는 영향 역시 한계가 있을 수밖에 없었다. 각 현에는 중앙에서 임명한 지현과 현승(縣丞) 두 사람의 관리가 있었고, 이들은 현의 크기에 따라 2~5명의 속리(屬吏)들의 보좌를 받았다. 따라서 이들은 많게는 100개에 달하는 관할 촌락들을[88] 파악하기조차 어려운 데다가 한문으로 된 복잡한 사상들을 사람들에게 충분히 이해시키기란 더욱 힘들었다.

국가와 촌락 사이에서 촌락의 지도자들은 촌민들에게 조정의 이념을 전달하기보다는 촌락 공동체 내에서 자신들의 지위를 유지하는 데 더 많은 관심을 가졌다. 1718년 어사(御使)들은 조정에 "촌락에서 권력가들은 수천의 책략을 이용하여 자의적으로 지배하면서 다른 사람들의 재산을 빼앗아 재산을 모으는 동시에, 가난한 이들을 억압하고 문맹자들을 멸시하며, 별것도 아닌 기회를 이용하여 이들을 고소하고는 소송을 벌인다."와 같은 보고를 올렸다.[89] 사태를 더욱 악화시킨 것은 법을 집행해야 할 위치에 있는 관리들의 무능과 부패였다.

16세기 전반부터 과거 시험은 거의 3년마다 행해지고 관리들은 합격자들로부터 계속 충원되었다. 그러나 과거 제도에는 부패가 만연했다. 시험 문제가 유출되고 응시자 대신 대리인이 시험 보는 것이 결코 드문 일이 아니었다. 1696년의 재시험은 향시에서의 많은 합격자들이 합격하기에는 너무나 자격 미달이었다는 것을 보여 준다. 불합격자가 과반이었다.[90] 응시자들의 자질은 후일 더욱 저하되었다. 까인 흥(景興) 11년(1750)에는 통경전(通經錢)이라 하여 누구나 3관(貫)만 내면 향시에 응시할 수 있게 했다.[91] 『흠정월사통감강목』은 이 칙령의 결과로 당시 시험장의 광경이 어떠했는지를 다음과 같이 묘사하고 있다.[92]

그곳으로 농사꾼·장사꾼·백정 모두가 흔연히 모여들었다. 시험 당일에는 혼잡이 대단하여 서로 밟고 밟혀, 죽는 자까지 생겼다. 시험장 한가운데에는 책을 옆에 끼고 돌아다니는 자들이 있는가 하면, 또 어떤 자들은 돈으로 이를 사기도 했다. 이런 일들은 모두 공공연히 이루어졌다. 그리고 시험 감독관은 장사꾼처럼 벼슬을 외치며 팔고 다녔다. 이후 과거 제도는 완전히 무너지고 말았다.

또 다른 문제는 응시자들 자신이 합격했든 못했든 간에 문장의 형식에만 매달리고 창의성이 부족했다는 점이다.[93] 이러한 경향은 현실적으로 유교 이념을 제대로 배우지 못하게 했고, 이로 인해 관리로서의 준비도 제대로 될 수가 없었다. 그 결과 중앙 조정의 최고위직으로부터 말단 지방관에 이르기까지 부패가 만연했다. 이들은 국가의 이익보다는 자신들의 이익을 앞세웠다. 18세기 초 통킹에 있던 가톨릭 선교사의 보고에 의하면, 조정의 가톨릭 금령에도 불구하고 북부 지방에 있던 어느 도(道)의 수장(首長)은 베트남 가톨릭 신자들로부터 선물을 받은 후 그들의 예배를 허락해 주었다고 한다.[94] 관리들의 부패는 특히 소송사건에서 심각했다. 재판권은 법의 집행이라는 이름하에 개인의 부를 축적하는 데 이용되었다. 제1부에서 이미 언급했듯이, 뇌물을 받지 않는 판관(判官)은 거의 없었으며 대부분의 죄는 돈으로 해결을 보았다.

관리의 부패는 또한 관직의 매매와 밀접한 관련이 있었다. 이미 레 타인 똥 초인 1460년 쌀을 바치면 명예직인 관작이 주어졌기는 했지만, 관직의 공식적인 매매는 1658년에 이르러 시작되었는데, 그 이유는 조정이 남부의 응우옌 씨와의 싸움으로 인한 재정적 곤란을 타개하기 위해서였다.[95] 관직 매매에서 사는 자의 사회적 지위라든가 능력은 거의 고려되지 않았다. 누구든 최고의 값을 지불하면 관직이 주어졌다. 1738년 찐 장(鄭杠)의 명령의 의해, 6품 이하의 관리는 600관(貫)을 내면 한 등급 승진했으며, 평민은 1,800관에 지현 자리를, 그리고 2,800관에는 지부 자리를 얻을 수 있었다.[96] 관직의 매매는 심각한 정치적·사회적 문제를 낳았다. 관직을 산 자들은 자기가 지불한 값 이상의 부를 축적하는 데만 열중하고, 법의 공정한 집행이나 사회 질서의 유지에는 전혀 관심을 두지 않았다. 사무엘 바론의 말을 빌린다면, "만일 그들이 지위를 비싸게 산다면 정의와 공정성을 희생시키면서 그 자리를 최대한 이용하고자 할 것이다."[97] 이리하여 관리들의 무능과 부패는 사람들에 대한 통제를 약화시킴과 동시에 그들의 불만을 사서 직접적으로든 간접적으로든 간에 중앙 조정의 지위를 훼손시켰다.

이러한 상황에서 조정은 환관들에게 의존코자 했다. 1631년에 이미 부이 씨 럼(裵仕林, Bùi Sĩ Lâm)이라는 환관이 타인 호아의 진수로 임명되었다.[98] 시간이 지남에 따라 더 많은 환관들이 행정과 군사 관련 문제에서 중요한 역할을 하기 시작했다. 1739년에 이르면 찐 씨는 마침내 환관들로 조직된 감반(監班)을 만들어 문반(文班)·무반(武班)과 동등한 위치로까지 올려 놓았다.[99] 그러나 이들 환관 역시 부패했기 때문에 권력 구조를 재편하여 자신들의 권력을 행사하려던 찐 씨의 의도는 성공하지 못했다. 그 결과 중앙의 권위가 촌락 내에 영향을 끼칠 수도, 촌민들에게 그 이념을 받아들이게 할 수도 없었다.

앞의 장에서 보았듯이, 주변 지역들에 대한 왕조의 문화적 영향은 한계가 있었다. 레 왕조의 초기부터 중앙의 조정은 이들 지역의 사회 질서가 유지되고 그들이 세금을 정기적으로 납부하는 한 불간섭 정책을 취해 왔다. 대부분의 촌락은 중심부에서 사(社)라고 했던 것과는 달리 동(峝)이라든가 책(册)으로 불렸고, 그 위 단계의 행정 단위도 주(州; 저지대의 현과 동일)라고 했다. 행정은 세습적인 그 지역의 족장(族長)

에 맡겨서 자치를 인정해 주었다.

비록 지리적 장애가 중심부와 주변부의 연결을 어렵게 하기는 했지만, 또 다른 중요한 이유는 중앙 조정의 이들 지역 내 므엉(Mường), 만(Mán), 토(Thổ)와 같은 소수 민족들에 대한 태도였다. 레 조정은 주변 국가들이 조공을 바치도록 한 중국식 조공 제도를 모방했다. 그러나 중국과는 달리 베트남은 영토도 작고 국력도 약했기 때문에 조정은 국내의 소수 민족들까지도 개별 조공국으로 다루었다. 우드사이드(Woodside)는 이런 식의 조공 제도는 베트남 조정이 소수 민족들을 분리시킴과 동시에 베트남 내 다른 종족들 간에 서로 장벽을 쌓게 하는 결과를 가져왔다고 했다.[100] 조정의 의도는 소수 민족들을 자기 문화권 내로 끌어들이려는 것이었다고는 하지만, 사실상 그들의 교화는 별 관심거리가 아니었다. 이는 『국조형률』의 조문을 보면 잘 알 수 있다. 즉, 같은 소수 민족에 속하는 이들 간에 분쟁이 생기면 그들의 관습에 따라 결정하도록 되어 있다.[101] 살인의 경우 형벌은 베트남 인들에게 적용된 것보다 한 등급 낮았으며, 화해가 사전에 이루어지면 처벌도 받지 않았다.[102]

주변 지역에 거주하는 사람들에 대한 조정의 영향이 더욱 적었던 것은 행정 관리의 부족 때문이기도 했다. 레 왕조의 행정 제도에 의하면, 도(道)에는 3명의 고위 관리, 즉 진수와 승정사 및 헌찰사(憲察使)가 있었다. 도의 총책임자인 진수는 무관으로 치안과 도범·도박 같은 범죄 사건들을 책임졌고, 승정사는 행정 업무를, 그리고 헌찰사는 하급 행정 단위 관리들의 감독과 지방 권문세가들의 통제를 맡았다.[103] 그러나 바오 타이(保泰) 2년(1721) 북부와 북서부에 있는 도(道)들, 즉 까오 방(高平)·뚜옌 꽝(宣光)·흥 호아(興化, Hưng Hoá)·랑 썬(諒山, Lạng Sơn)에서는 승정사와 헌찰사를 없앴다.[104] 조정의 재정난 때문에 같은 해 많은 지부와 지현의 부임도 정지시켰다. 철폐된 이들 관리의 모든 행정과 사법 기능은 진수에게 맡겨졌다. 간혹 문관이 진수에 임명되기도 했지만, 유교의 소양이 적은 무관이 수적으로 월등히 많았으며, 따라서 이들은 자기 관할하의 주민들을 교화시키는 데 그다지 열성을 보이지 않았다. 노력했다고 하더라도 넓은 산간 지역에 흩어져 있는 마을 사람들을 통제하기란 거의 불가능했다.

결론적으로 말한다면, 촌락 내의 지배 계층은 가능한 한 조정의 지배 이념을 받아들이려고 하는 편이었지만 일반 촌민들은 예로부터 내려오는 전통을 고수하려는 경향이 있었다. 또한 지배 이념은 일반적으로 주변 지역에서보다 통킹 델타의 중심부에서 그 영향이 컸다고 할 수 있다.

맺음말

서론에서 언급했듯이, 이 책의 목적은 근세 베트남, 즉 17, 8세기 베트남 사회의 가족제도를 이해함으로써, 이를 통해 당시 사회의 특성이 어떠했는가를 밝히고자 하는 것이다. 이러한 목적의 이면에는, 흔히 베트남은 중국 문화의 영향을 받았다고들 말하는데, 그 영향은 과연 어느 정도였는가를 이해하려는 노력도 있음은 물론이다. 여기서 언급해 두어야 할 것은 베트남이란 우리가 오늘날 보는 바와 같은 베트남 전역이 아니라 오랫동안 베트남 문화의 중심지였던 북부 지방만을 의미한다는 점이다. 17, 8세기 당시 현재 베트남의 중부와 남부는 베트남 문화의 주변부에 지나지 않았다. 이들 지역이 북부를 중심으로 했던 왕조들의 남진에 의해 베트남으로 편입되었다는 것은 주지의 사실이다.

이미 보아 온 것처럼, 근세 베트남 북부 사회에는 서로 다른 두 유형의 가족들이 존재했음을 알 수 있다. 하나는 주로 부부와 미성년의 자녀들로 이루어진 소가족이었고, 다른 하나는 이들 가족원 외에 조부모와 부(夫)의 형제자매 등등 근친을 포함한 대가족이었다. 전자에서는 부인의 지위가 남편의 지위와 거의 동등했으며, 자녀들의 행동이 개인주의적인 경향을 보였다는 것에 의해 특징지어진다. 이와 달리, 후자에서는 집안에서의 권위가 할아버지나, 할아버지가 없으면 아버지에게 집중되는 가부장적인 경향을 띠었다. 소가족은 주로 피지배 계층에 속하는 이들 사이에서의 일반적인 현상으로, 이는 베트남 전통 사회에서 오래전부터 내려오는 풍습이었다. 반면에 지배 계층에서 주로 볼 수 있는 확대 가족은 베트남 사회에 끼친 중국 유교 문화의 영향 때문이었다.

베트남과 중국의 직접적 관계가 시작되는 것은 기원전 111년 한의 무제가 남월(南越)을 멸하고 오늘날의 베트남 북부와 중부 지역에 자오찌(交趾)·끄우 쩐(九眞)·녓 남(日南, Nhật Nam)의 세 군(郡)을 설치하면서였다. 그러나 무제는 이들 지방을 직접 지배하에 두지 않고 몇몇 관리를 보내 간접 통치하는 방식을 취했다. 베트남은 아직 생산력이 부족하여 직접 지배하기에는 관리와 군대의 유지에 비용이 많이 들었기 때문이었다. 이곳에 파견된 중국 관리의 주요 임무는 북부 베트남에서 산출되거나 또는 그곳에 집산되는 남해(南海)의 진귀한 물자를 획득하고 무역 노선을 확보하는 것이었다.[1] 따라서 베트남 사회는 중국 지배하에 놓였어도 중국 문화의 영향을 거의 받지 않았다.

베트남 사회에 중국 문화가 어느 정도 영향을 끼치기 시작한 것은 기원을 전후해서였다. 전한(前漢) 말의 평제(平帝, 기원 후 1-5) 때 교지태수(交趾太守)였던 석광(錫光)은 중국식 예의로써 현지인들을 교화시켰다고 한다. 후한(後漢) 광무제(光武帝, 25-56) 5년 구진태수(九眞太守)로 임명된 임연(任延)은 주민들에게 우경(牛耕)과 철제 농기구 사용법을 가르쳐주는 한편, 당시 행해지고 있던 일종의 군혼(群婚)과 같은 풍습을 중국식 부계제로 바꾸고 결혼 비용도 보태 주었다. 이리하여 후대 역사가의 말을 빌리면, 영남(嶺南)의 중국 풍속은 두 태수로부터 시작되었다는 것이다.[2]

그러나 베트남 사회에 대한 중국 문화의 실질적 영향은 10세기 베트남이 천 년 동안의 중국 지배로부터 벗어난 후, 특히 15세기 초 레 왕조가 성립하면서였다. 레 왕조는 베트남에서 처음으로 유교를 지배 이념으로 삼았는데, 이러한 유교적 전범에 따라 베트남 사회를 변형시키려고 적극적으로 노력한 최초의 군주는 15세기 후반의 레 타인 똥이었다. 40년 가까이 다스린 후 그가 사망한 다음에도 지배 이념으로서의 유교의 위상에는 변함이 없었지만 그 영향력은 서서히 약화되기 시작하여 16세기 중반부터 17세기 중반까지 100년 동안은 지극히 미미했다. 주요 원인은 1527년 막 씨의 레 왕조 찬탈과 곧이어 이에 맞서 일어난 레 부흥 세력과의 싸움 및 레 왕조 부흥 후 부흥 운동을 주도했던 찐 씨와 응우옌 씨의 대결 때문이었다.

17세기 중반에 이르러 찐 씨와 응우옌 씨의 무력 대결이 완화되면서 찐 씨는 유교를 다시금 강조하려고 노력했는데, 이는 지난 한 세기 동안의 내전으로 혼란해진 사회 질서를 바로잡기 위해서였다. 가족도덕의 근간이 되는 효는 유교의 중심 관심사였기 때문에 유교를 부흥시키려는 노력에서 이는 무엇보다도 강조되었다. 그러나 당시 유교의 강조는 집권자가 사회를 정치적으로 통제하려는 것과 밀접한 관련이 있었다. 즉, 한편으로는 가족이 효를 근거로 자기 통제를 하여 안정되면 사회 질서의 확립에 도움이 되리라는 것이었으며, 다른 한편으로는 가족이 안정되면 국가가 절실히 필요로 하는 조세와 인력의 공급도 확실히 할 수 있으리라는 것이었다. 그렇기는 하지만 이러한 조정의 정책은 관리들, 특히 지방관들을 통해서 시행될 수밖에 없었다. 문제는 16세기 이래 계속된 내전으로 인해 많은 관리들이 무능하고 부패하여 그 효과가 조정의 기대에 미치지 못했다는 점이다.

레 왕조 초기의 지배자들은 각 촌락에게 어느 정도 자치를 허용하고 그 지도자들을 통해 조정의 정책을 실행하고자 했다. 그러나 이러한 정책은 촌락 지도자들의 세력을 키워줌으로써 조정의 촌민들 지배에 지장이 되었을 뿐만 아니라 국가 권력을 약화시키는 결과를 낳았다. 이러한 상황을 인식하고 조정은 17세기 중반부터 촌락 지도자들을 철저히 통제하려고 했다. 18세기 초에는 이에서 한 걸음 더 나아가 조정은 촌락 내부의 문제에 직접 간여하는 동시에 촌민들로 하여금 중앙 조정의 문화를 받아들이도록 강요하는 정책을 추구했다. 그러나 유교적 가족 도덕의 강조가 세력 가문의 등장으로 나타나지 않도록 조심했음은 물론이다.

레 왕조 지배자들의 이러한 모든 노력이 '대전통'과 토착 관습의 결합이라는 형태로 가장 잘 나타난 것이 바로 『국조형률』이었다. 여기에서 우리는 베트남 근세 사회에 끼친 중국 문화의 한계성을 보는 동시에 그 사회에 예로부터 전해 오는 관습이 지속되고 있음을 발견할 수 있다. 다시 말하면, 당시 지배자들은 한편으로는 중국 문화를 받아들이면서도 다른 한편으로는 베트남의 고유한 관습을 유지시켰던 것이다. 이런 점에서 베트남은 중국 문화권에 속하는 듯이 보이지만 오히려 동남아시아 문화권에 속했다고 할 수 있다. 프랑스의 저명한 동남아시아 역사 전문가인 조르주 세데스(George Coedès)는 일찍이 동남아시아 사회 제도의 특징으로 '여성의 중요한 역할'을 들었다.[3] 이는 중국 사회에서 볼 수 있는 여성의 역할과는 확연히 다른 점이다. 이와 관련하여 사무엘 바론의 말은 자못 흥미롭다.[4]

> 통킹 사람들은 중국인들과는 다른 민족이며 …(중략)… 그들은 빈랑나무 열매를 씹고 치아를 검게 물들인다든가 맨발로 걸어 다닌다는 점에서 다른 인디안[동남아시아 인]들과 유사하다는 것은 조금도 논란의 여지가 없다.

베트남이 전통적으로 중국과 정치적·문화적인 면에서 밀접한 관계를 맺어 왔음에도 불구하고, 오늘날 많은 학자들은 베트남을 동아시아의 일부라기보다는, 오히려 동남아시아 세계 속에 포함시켜 연구하고 있다. 이는 베트남의 지리적 위치와 관련이 있기도 하지만, 베트남을 더욱 중요한 이유는 위와 같은 문화적 친연성(親緣性)을 중시하기 때문이다.

주석

머리말 1-5

1) 일반적으로 베트남 사학계에서는 '근세'를 인정하지 않는다. 이들은 프랑스가 다 낭(Đà Nẵng) 항(港)을 공격한 1858년까지를 중세라고 한다. 그로부터 1945년까지를 근대라고 하며, 1945년부터는 현대라고 부른다. 이와 달리 서구 학계에서는 1500년을 전후하여 유럽과 동남아시아의 본격적인 접촉이 시작되었음을 인정하여 1500년부터 1800년까지를 근세라고 한다. 한편 일본 학자들 중에는 14세기 후반부터 17세기 초반까지를 근세 전기, 17세기 중반부터 19세기 초까지를 근세 후기로 보는 이들도 있다. 그러나 베트남의 경우는 1600년을 전후하여 사회 경제적 변화가 일기 시작했음을 고려하면 17, 8세기를 근세라고 보아야 한다는 것이 최근 젊은 베트남 학자들의 생각이다.

2) 후술하는 레 타인 똥(黎 聖宗, Lê Thánh Tông, 1460-1497) 때 제정된 『국조형률』(國朝刑律, Quốc Triều Hình Luật)을 가리키는 것이 아닌가 한다.

3) 『大南寔錄』 正編 第1紀(東京: 慶応義塾大學 言語文化研究所, 1975), 권 51, 3a-b면.

4) John Demos, *A Little Commonwealth*(New York: Oxford University Press, 1970) p. ix. Tamara K. Hareven, "The History of the Family as an Interdisciplinary Field", in Theodore K. Rabb and Roberts I. Rotberg, eds., *The Family in History*(New York: Harper & Row, 1973), p. 212에서 재인용.

5) Nhung Tuyet Tran, "Women as Nation: Tradition and Modernity Narratives in Vietnamese Histories", *Gender & History* 24-2(August 2012), pp. 411-412.

6) 'Little Tradition and Great Tradition'은 미국의 인류학자인 로버트 레드필드(Robert Redfield, 1899-1958)로부터 빌려 온 개념이다. 레드필드의 정의에 따른다면, 여기에서 말하는 'Little Tradition'은 베트남 고유의 관습을, 'Great Tradition'은 중국에서 받아들인 지배층의 문화를 의미한다.

7) S. P. Simmon and R. Field, "Law and Social Sciences", *Virginia Law Review* 32(1946), p. 858. Adamson E. Hoebel, *Law of Primitive Man*(Cambridge, Mass.: Harvard University Press, 1954), p. 4에서 재인용.

8) 陳荊和 編校, 『大越史記全書』 3권(이하 『전서』로 줄임),(東京: 東京大學東洋文化研究所 附屬東洋學文獻センタ-, 1984-1986)(상), 231면. 潘輝注(Phan Huy Chú), 『歷朝憲章類誌』(Lịch Triều Hiến Chương Loại Chí. 이하 『헌장』으로 줄임),(東洋文庫 X-76), 권42, 文籍誌, 4a면; 黎貴惇(Lê Quý Đôn), 『大越通史』(Đại Việt Thông Sử),(Ecole Française d'Etrême-Orient microfilm A. 1389), 권2, 藝文誌, 65b면. 『大越史略』(Đại Việt Sử Lược)은 이를 『律書』(Luật Thư)로 표기하고 있다. 陳荊和 編校, 『大越史略』(東京: 創価大學アジア研究所, 1987), 54면.

9) 『전서』(상), 324면과 420면.

10) 유인선, 「베트남 李朝와 陳朝의 法」, 『東洋史學研究』 81(2003), 149-182면.

11) 남진에 관한 주요 연구로는 다음과 같은 것이 있다. Trương Bá Phát, "Lịch Sử Cuộc Nam Tiến của Dân Tộc Việt Nam"(베트남 민족의 남진 역사), *Sử Địa*(역사와 지리) 19 & 20(1970), pp. 45-141; Li Tana, *Nguyễn Cochinchina: Southern Vietnam in Seventeenth and Eighteenth Centuries*(Ithaca: Cornell Southeast Asia Program, 1998).

12) Li Tana, *Nguyễn Cochinchina*, pp. 112-113.

13) Alexander de Rhodes, *Rhodes of Viet Nam: The Travels and Missions of Father Alexander de Rhodes in China and Other Kingdoms of the Orient*, trans. Solange Hertz(Westminster, Maryland: Newman Press, 1966), p. 44; John Barrow, *A Voyage to Cochinchina in the Years 1792 and 1793*(Kuala Lumpur: Oxford University Press, 1975), p. 301.

14) Trần Quốc Vượng, "Popular Culture and High Culture in Vietnamese History", *Crossroads* 7-2(1992), pp. 5-37.

15) 『국조형률』의 원본은 1908년 처음 발견되었는데, 당시 책명은 『여조형률』이었다. 이는 응우옌 왕조 때 판각이 있었기 때문일 것이다. 이로 인해 『국조형률』은 흔히 『여조형률』로 알려져 있다.

16) '천남'은 중국을 '북'(北)으로 지칭하는 것에 대하여 베트남을 의미한다.

17) 여타 자료들이란 『사환잠규』(仕宦箴規, Sí Hoạn Châm Qui)와 『국조홍덕연감례제공체식』(國朝洪德年鑑例諸供體式, Quốc Triều Hồng Đức Niên Giám Lệ Chư Cung Thể Thức)을 말한다. Emile Gaspardone, "Bibliograpie annamite", *Bulletin de Ecole Française d'Etrême-Orient*(*BEFEO*) 34(1934), p. 37 및 p. 41, n. 1

18) Gaspardone, "Bibliograpie annamite", p. 41.

19) John K. Whitmore, "Mac Dang Dung", in Carrington L. Goodrich, ed., *Dictionary of Ming Biography*, volume II(New York: Columbia University Press, 1976), p. 1033. 꽝 투언과 홍 득은 둘 다 그의 연호이다.

20) 레 타인 똥의 유교 강조에 대하여는 제1부에서 언급될 것이다.

21) Ch'en Chingho, *On the Various Editions of the Dai Viet Su Ky Toan Thu*(Hong Kong: Center for East Asian Studies, The Chinese University of Hong Kong, 1976), pp. 1-7; Gaspardone, "Bibliograpie annamite", pp. 59-65, 69-71. 『대월사기전서』와 『대월사기속편』을 합한 교합본(校合本) 3권이 陳荊和 교수의 노력에 의해 1984-1986년 일본에서 출판되었다. 위의 주 4) 참조.

22) John K. Whitmore, "The Development of Le Government in Fifteenth Century Vietnam",(Ph. D. dissertation, Cornell University, 1968), p. vi.

23) Vũ Văn Mẫu, "Tựa"(서문), in Nguyễn Sĩ Giác, trans., *Lê Triều Chiếu Lịnh Thiện Chính*(여조조령선정),(Saigon: Nhà in Bình-Minh, 1961), p. iii. 이후 『여조조령선정』으로 표기함.

24) 베트남의 군주들은 중국 황제와 동등하게 황제라 칭했기 때문에, 행정 부서도 조선왕조에서처럼 6조(六曹)라 하지 않고 6부라 했다.

25) Gaspardone, "Bibliograpie annamite", pp. 26, 131; John K. Whitmore, "Vietnamese Historical Sources: For the Reign of Le Thanh-tong(1460-1497)", *Journal of Asian Studies* 29-2(February 1970), p. 383, n. 56.

26) 이들 자료의 대부분은 베트남어로 번역되었으나, 본 연구에서는 한문으로 된 원전을 사용하고자 한다.

27) Emile Gaspardone, "Une étude sur le Ngan-Nan Tche Yǔan et son auteur", in Emile Gaspardone & Léonard Aurousseau, ed., *Ngan-Nan Tche Yǔan*(Hanoi: Ecole Française d'Etrême-Orient microfilm, 1932), p. 38.

28) 반정규와 그의 베트남 여행에 대한 간단한 소개는 다음에서 볼 수 있다. Arnold J. A. Vissière, "Ngan-Nan Ki Yeou: relation d'un voyage au Tonkin", *Bulletin de Geographie Historique et Descriptive* 4(1889), pp. 70-72; 인하대학교 한국학연구소 편, 『小方壺齋輿地叢鈔: 越南篇』(인천: 인하대학교출판부, 2010), 17-18면.

29) 이 책의 원 서명은 *Histoire du royaume de Tunquin et des grands progrez que la predication de l'evangile y a faits en la conversion des infidelles, depuis l'annèe 1627 jusques à l'annèe* 1646(Lyon: Jean Baptiste Devenet, 1651)이다. 서명에서 보이듯이, 책은 두 부분으로 되어 있다. 첫 부분은 본문에서 말한 대로 당시 베트남의 상황을 다루고 있으며, 두 번째 부분은 베트남 사람들을 개종시키려는 선교사들의 노력에 관한 것이다. 이 책은 1650년에 이탈리아어로 씌었으며, 그 후 프랑스어와 라틴어로 번역되었다. 로드 신부는 이 외에도 라틴어와 베트남어 대역으로 된 가톨릭 교리문답과 『안남어·포르투갈어·라틴어 사전』을 만들었다. 이들 두 책에서는 처음으로 베트남의 로마자화가 시도되었는데, 이것이 오늘날 사용하는 베트남어 글자의 모체가 되었다.

30) Samuel Baron, "A Description of the Kingdom of Tonqueen", in Awnsham and John Churchill eds., A *Collection of Voyages and Travels*(London: Printed for Awnsham and John Churchill, 1732), vol. 6, pp. 1-40.

31) 사무엘 바론의 생애에 대하여는 다음을 참조하라. Orga Dror and K. W. Taylor, eds., *View of Seventeenth-Century Vietnam: Christoforo Borri on*

머리말 32-33

Cochin China and Samuel Baron on Tonkin(Ithaca: Southeast Asia Program Publications, Cornell University, 2006), pp. 74-83.

32) Nguyễn Ngọc Huy & Tạ Văn Tài, *The Lê Code*: Law in Traditional Vietnam, 3 vols.(Athens, Ohio: Ohio University Press, 1987).

33) 한두 가지 예로는 다음을 들 수 있다. 牧野巽, 「安南の黎朝刑律にあらわれた家族制度 ― 特に其の家産制度について」, 『支那家族研究』(東京: 生活社, 1944), 687-724면. 이 논문은 처음 『日佛文化』 6(1934)에 발표되었다. 仁井田陞, 『中國法制史研究－奴隷制度法·家族村落法』(東京: 東京大學 東洋文化研究所, 1962).

제1부 베트남 레 왕조의 법과 정치 1-4

제1장 레 왕조(黎朝)에서 법의 변천 과정

1) 머리말의 주 5) 참조.

2) 베트남의 역대 군주는 966년 딘 왕조(丁朝, Triều Đinh, 966-980)를 세운 딘 보 린(丁部領, Đinh Bộ Lĩnh) 이래 모두 황제를 칭해 중국의 황제와 동등하다고 했다. 베트남 사서에서는 딘 왕조의 창건을 968년으로 기록하고 있다. 그러나 일본인 학자 가와하라 마사히로(河原正博)가 『자치통감』(資治通鑑) 등 중국 자료를 면밀히 검토하여 966년이라는 사실을 밝혀냈다. 河原正博, 「丁部領の即位年代について」, 『法政大學文學部紀要』 15(1965), 32-37면.

3) 응우옌 짜이(阮廌, Nguyễn Trãi), 「평오대고」(平吳大誥, Bình Ngô Đại Cáo), in Nguyễn Trãi, *Ức-Trai Tập*(抑齋集),(Saigon: Phủ Quốc Vụ Khanh Đặc Trách Văn Hóa Xuất Bản, 1972), Quyển 1, pp. 319-323 참조.

4) 『남산실록』(藍山實錄, Lam Sơn Thực Lục),(Ecole Fraçaise d'Extrême-Orient microfilm A. 26), p. 33b; Esta S. Unger, "Vietnamese Leadership and Order: Dai Viet under the Le Dynasty(1428-1459)",(Ph. D. dissertation,

Cornell University, 1983), pp. 91-92.

5) 쩐 왕조 말의 권신(權臣) 호 꾸이 리(胡季犛, Hồ Quý Ly)는 타인 호아(淸化, Thanh Hóa) 지방에 새로운 수도를 건설하고 천도했다. 오늘날 타인 호아 성(省) 빈 록(永祿, Vĩnh Lộc) 현에 위치한 이 수도는 서도(西都)라 불렸다. 이에 대해 당시까지 서울이었던 탕 롱(昇龍, Thăng Long; 현 하노이)은 동도(東都)라 명명되었다. 레 러이는 이를 다시 동경(東京, Đông Kinh)으로 고치고 즉위했다.

6) 『전서』(중), 530면; 『흠정월사통감강목』(欽定越史通鑑綱目, Kham Định Việt Sử Thông Giám Cương Mục)(이하 『강목』으로 줄임),(臺北: 國立中央圖書館, 1969 영인본), 정편, 권13, 32a면.

7) 『강목』, 정편, 권15, 5a-6b면; 『전서』(중), 552면.

8) 로와 진은 행정상 동격이지만, 진은 전략상 중요한 지역에 두어졌다.

9) 『전서』(중), 556면; 『강목』, 정편, 권15, 13a면; Esta Unger, "Vietnamese Leadership and Order", p. 107.

10) 에스타 엉거는 주장하기를, 레 러이와 그의 조언자인 응우옌 짜이는 군주가 백성의 어버이라는 전통에 따라 그들의 생활에 관심을 가졌다고 했다. 그러나 염두에 두어야 할 것은, 두 사람 모두 농민의 생활 안정이 왕조 권력의 강화에 절대적이었음을 인식했기 때문이기도 하다는 점이다. Esta Unger, "Vietnamese Leadership and Order", p. 20.

11) 『전서』(중), 535면.

12) Lê Thành Khôi, *Histoire du Viêt Nam des origines à 1858*(Paris: Sudestasie, 1981), p. 221.

13) 『전서』(중), 557면; 『강목』, 정편, 권15, 15b면; 『헌장』, 권30 「國用誌」, 6a면.

14) 『헌장』, 권29 「國用誌」, 6a면.

15) 『전서』(중), 560면; 『강목』, 정편, 권15, 24a면. 불승과 도사에 대한 자격시험은 1396년 호 꾸이 리에 의해 처음 행해졌다. 레 러이는 나이를 언급하고 있지 않으나, 호 꾸이 리가 50세 미만만 시험 보도록 한 전례가 있으니 그 역시 50세를 기준으로 했다고 생각된다. 『전서』(상), 470면; 『강목』, 정편, 권11, 23b면.

16) 『전서』(중), 551면.

17) Emile Gaspardone, "Le Loi." Goodrich, ed., *Dictionary of Ming Biography*, vol. 1, p. 796; Lê Thành Khôi, *Histoire du Viêt Nam des origines à 1858*, p. 220.

18) 중국 사료인 『嶺外代答』의 안남[리 왕조] 관련 조항에는 "남의 물건을 훔친 자는 손가락과 발가락을 자르고, 나라를 배반하고 도망하는 자는 수족을 자른다."라는 구절이 있다. 『대월사기전서』에 의하면, 쩐 왕조 시대에 거짓 문서를 작성하는 자는 왼손가락 한 마디를 자르는 형벌에 처해졌다고 한다. 周去非, 『嶺外代答』,(北京: 中華書局, 1985), 권2, 17면; 『전서』(상), 400면; 유인선, 「베트남 李朝와 陳朝의 法」, 171-172면.

19) 『전서』(중), 557면; 『강목』, 정편, 권15, 15b면; 『헌장』, 권 33 「刑律誌」, 6a면.

20) 호정은 리 왕조 때의 호갑(犒甲), 쩐 왕조 때의 호갑병(犒甲兵)과 같은 것으로, 군대 내에서의 천한 노동, 즉 취사 등에 종사하는 남자 죄수를 의미한다고 생각된다. 유인선, 「베트남 李朝와 陳朝의 法」, 162면과 165면; The Lê Code, vol. 2, pp. 10-12.

21) 상방병은 군대의 코끼리 외양간을 치우는 일을 맡았던 도형인데, 리 왕조와 쩐 왕조 시대에 관련된 사료에서는 이와 동일한 용어가 보이지 않는다.

22) 片倉 穰, 「李朝刑法考 - 主として刑罰体系について」 및 「陳朝刑法雜考」, 片倉 穰, 『ベトナム前近代法の基礎的研究』,(東京: 風間書房, 1987), 39-72면, 82-118면; 유인선, 「베트남 李朝와 陳朝의 法」, 149-182면.

23) Derk Bodde and Clarence Moris, *Law in Imperial China*(Cambridge, Mass.: Harvard University Press, 1967), p. 96; 仁井田 陞, 『中國法制史研究 - 刑法』(東京: 東京大學出版會, 1959), 115-117면.

24) John K. Whitmore, "The Development of Le Government in Fifteenth Century Vietnam", pp. 27-88. 타인 호아 무인 집단과 남 싸익의 문인 세력에 대하여는 야오 타카오(八尾隆生)가 상세히 설명하고 있다. 八尾隆生, 『黎初ヴェトナムの政治と社會』(東廣島: 廣島大學出版會, 2009), 82-104면, 141-176면. 위트모어(John K. Whitmore)는 새로운 문인 출신 지역을 야오(八尾)보다 더 넓게 잡아 홍 강(Sông Hồng)의 동쪽과 남쪽 도(道)들이라고

한다. John K. Whitmore, "Literati Culture and Integration in Dai Viet, c. 1430-1840)", in Victor Lieberman, ed., *Beyond Binary Histories*(Ann Arbor: University of Michigan Press, 1999), pp. 230-231.

25) 『전서』(중), 574면; 『강목』, 정편, 권16, 9a-b면.

26) 『전서』(중), 584면.

27) 『전서』(중), 627면; 『강목』, 정편, 권18, 23a-26a면; 『헌장』, 권33 「刑律誌」, 6b면; 『여조형률』, 67a-70a면; *The Lê Code*, vol. 1, art 374-art. pp. 387. 198-203. 이들 사전과 상속에 관한 법은 레 왕조 전 시기를 통해 변함이 없었다. 이들 법의 내용에 대하여는 제5장에서 상세히 논하고자 한다.

28) 『전서』(중), 608면.

29) 선자황태후는 무인 집단과 문인 집단의 갈등을 견디지 못해 마침내 1453년 수렴청정 자리에서 물러나고 년 똥이 친정(親政)을 하게 되었다. 『전서』(중), 629면; John K. Whitmore, "Gender, State, and History: The Literati Voice in Early Modern Vietnam", in Barbara W. Andaya, ed., *Other Paths: Women, Gender and History in Early Modern Southeast Asia*(Honolulu: Center for Southeast Asian Studies, University of Hawaii, 2000), pp. 219-220.

30) 리 왕조를 건국한 리 꽁 우언(李公蘊, Lý Công Uẩn)의 고향인 꼬 팝(古法, Cổ Pháp)에 있는 절.

31) 탕 롱(昇龍, Thăng Long; 오늘날 하노이)에 있던 절로, 리 왕조의 타인 똥(聖宗, Lý Thánh Tông) 때인 1056년에 처음 세워졌다. 『전서』(상), 242면; 『강목』 정편, 권4, 32a면.

32) 『전서』(중), 615-616면; 『강목』 정편, 권18, 5b면. 이와 유사한 기우제는 그에 앞서 타이 똥 치하에서 권력을 장악하고 있던 무신들의 주장에 의해 서도 행해졌다. 『전서』(상), 573면, 575면; 『강목』 정편 권 16, 6b-7a면, 11b-12a면; 유인선, 「베트남 黎朝의 성립과 儒敎理念의 확립」, 『東亞硏究』 48(2005. 2), 43면.

33) 『전서』(중), 593면.

34) 『전서』(중), 577면.

35) 『전서』(중), 593면.

36) 『전서』(중), 593면; 佐世俊久, 「ヴェトナム黎朝國家の確立過程に關する一考察」, 『史學硏究』 167(1985), 31면.

37) 『헌장』, 권 42 「文籍誌」, 4b면; Nguyễn Ngọc Huy, "Le Code des Lê: 'Quốc Triều Hình Luật' ou 'lois penales de la dynasties nationale'", *BEFEO* 67(1980), pp. 202-203; Nguyen Ngoc Huy, "On the Process of Codification of *The National Dynasty's Penal Law*(Quoc Trieu Hinh Luat)", *The Vietnam Forum* 1(1983), p. 47.

38) Nguyễn Ngọc Huy, "Le Code des Lê", pp. 203-205; Nguyen Ngoc Huy, "On the Process of Codification of The National Dynasty's Penal Law", pp. 46-48.

39) John K. Whitmore, "Vietnamese Adaptations of Chinese Government Structure in the Fifteenth Century", in Edgar Wickberg,(comp.), *Historical Interactions of China and Vietnam: Institutional and Cultural Themes* (Lawrence, Kan.: Center for East Asian Studies, The University of Kansas, 1969), pp. 1-10.

40) 『전서』(중), 640면; 『강목』, 정편, 권 19, 1b면. 『강목』은 응이 전 이전에는 이부(吏部)와 예부(禮部)만 있었다고 했으나, 후지와라(藤原利一郎)는 호부(戶部)도 있었다고 주장한다. 藤原利一郎, 「黎聖宗の官制改革」, 藤原利一郎, 『東南アジア史の硏究』(京都: 法藏館, 1986), 472면. 베트남의 군주들은 딘 왕조(丁朝)를 세운 딘 보 린(丁部領) 이래 모두 황제를 칭했고 조정의 관제도 중국 왕조들의 것과 같은 명칭을 사용했기 때문에 육부라 했다. 이 점은 조선에서 육조(六曹)라고 한 것과 다르다.

41) 현과 주는 동급의 행정 단위로 현은 저지대에, 주는 주로 산간 지대에 두어졌다. 부는 현이나 주보다 상급 행정 단위였다.

42) 『전서』(중), 652면; 『강목』, 정편, 권 19, 14a-b면; 『헌장』, 권 29 「國用誌」, 6a면. 『강목』과 『헌장』은 이를 타인 똥이 즉위한 해인 1460년이라고 했으나, 여기서는 『전서』의 기록을 따랐다.

43) 『헌장』,권 29 「國用誌」, 6b면. 인민의 통제를 엄격하게 하기 위해, 타인

똥은 1475년 한 촌락에 이름이 같은 두 사람이 있으면 한 사람은 이름을 바꾸도록 명하기조차 했다. 『전서』(중), 699면.

44) 『전서』(중), 648면. *Hồng Đức Thiện Chính Thư*(홍덕선정서), Nguyễn Sĩ Giác, trans.(Saigon: Nam-Hà Ấn-Quán, 1959), 24면 참조.

45) 『전서』(중), 733면, 744면; 『천남여가집』(Ecole Fraçaise d'Extrême-Orient microfilm A. 44), 「條律」, 35a면, 40a-b면.

46) 『전서』(중), 639면.

47) John K. Whitmore, "The Development of Le Government in Fifteenth Century Vietnam", p. 152.

48) 『홍덕선정서』, 67-68면.

49) 『홍덕선정서』, 36면.

50) 『전서』(중), 677면; 『홍덕선정서』, 30면.

51) 『홍덕선정서』, 66면.

52) 『전서』(중), 650면; Stephen B. Young, "The Law of Property and Elite Prerogative during Vietnam's Le Dynasty: 1428-1788", *Journal of Asian History* 10(1976), p. 15.

53) 『전서』(중), 677면.

54) 토지법을 그대로 수용했는지 아니면 약간의 수정을 가했는지는 확실치 않다.

55) 『천남여가집』, 「條律」, 35a-36b면.

56) 명률과 당률은 체제상 근본적인 차이가 있다. 명률은 6부를 기준으로 한 체제로 되어 있는 데 반해, 당률은 형벌 종류로 나누어져 있다.

57) 지금의 공식 명칭은 프랑스국립극동연구원이다.

58) Claude E. Maitre, "Préface à 'La justice dans l'ancien Annam'", *BEFEO* 8(1908), pp. 180-181.

59) Nguyễn Ngọc Huy, "Le Code des Lê", p. 199.

60) Yu Insun, "Political Centralization and Judicial Administration in 17th and 18th Century Vietnam", *Journal Asiatic Studies*(Seoul) 23-1(1980), p. 119, n. 8.

61) 牧野 巽, 「安南の黎朝刑律にあらわれた家族制度」, 『支那家族研究』, 691면.

62) 『전서』(상), 258면. 당률에서 도형은 1년·1년 반·2년·2년 반·3년처럼 기간(期間)으로 정했다.

63) 『전서』(상), 468면, 485면. 쩐 왕조의 유형에는 악수주(惡水州)도 보이는데, 이곳으로 보내지면 살아남을 수 없는 곳이었다. 이는 레 타인 똥 때의 법에서 외주(外州)에 해당하는 것으로 생각된다. 외주는 근주와 원주의 중간 유형이다. 당률에서 유형은 2,000리·2,500리·3,000리 등과 같이 거리(距離)로 정했다. 『전서』(상), 390-391면; 유인선, 「베트남 李朝와 陳朝의 法」, 166면.

64) Nguyễn Ngọc Huy, "Le Code des Lê", pp. 205-206; Nguyen Ngoc Huy, "On the Process of Codification of The *National Dynasty's Penal Law*", pp. 48-49.

65) 『전서』(중), 687면.

66) 『전서』(중), 758면; 『강목』, 정편, 권24, 30b-31a면; 『헌장』, 권33, 「刑律誌」, 7b면.

67) 『전서』(중), 765면; 『강목』, 정편, 권24, 41a-b면; 『헌장』, 권14, 「官職誌」, 14a면.

68) 뚝 똥은 제위에 오른 지 일 년도 채 안 되어 17세로 세상을 떠났고, 우이 묵 데는 재위 5년 만에 쿠데타로 쫓겨나 해(害)를 입었는데 그때 나이는 22세였다.

69) 우이 묵 데는 생모가 관비(官婢) 출신이라는 이유로 이전에 자신의 즉위를 반대했던 태황태후 응우옌 씨와 두 사람의 중신을 비롯한 많은 사람들을 처형하는 등 폭정으로 악명이 높아 당시 '귀왕'(鬼王)이라 불렸다고 한다. 『전서』(중), 780-781면; 『강목』, 정편, 권25, 18b-19a면, 20a-b면.

70) 『전서』(중), 798-800면; 『강목』, 정편, 권26, 11b-12b면.

71) 『전서』(중), 802면.

72) 뜨엉 즉 데는 무리한 토목공사를 일으켜 농민을 동원하고 국고를 탕진하여 많은 반란이 일어났고, 그로 인하여 조정이 위기에 처하자 신하에 의해 해를 입었던 것이다.

73) 『전서』(중), 836면; 레 꾸이 돈(黎貴惇, Lê Quý Đôn), 『대월통사』(大越通史, Đại Việt Thông Sử),(Saigon: Bộ Văn Hóa Giáo Dục và Thanh Niên, 1973), 「逆臣傳」, 14b-15a면.

74) 『전서』(중), 837-838면; 『대월통사』, 「逆臣傳」, 16b-17a면; 『강목』, 정편, 권27, 18b- 19a면.

75) 『전서』(중), 831면. 막 당 중은 새 동전의 주조도 명했다. 『강목』의 편자는 이러한 동전의 주조가 신정부를 찬양하기 위함이라고 했으나, 그보다는 당시 경제적으로 어려운 가운데 조세 수입을 확보하려는 막 당 중의 의도였지 않을까 한다. 『강목』, 정편, 권27, 16b면.

76) John Whitmore, “Mac Dang Dung”, in Goodrich, ed., *Dictionary of Ming Biography*, volume II, p. 1030.

77) 『대월통사』, 「逆臣傳」, 91b면.

78) 막 당 중(莫登庸)의 손자로, 부(父)는 막 씨의 제2대 지배자인 막 당 조안인(莫登瀛, Mạc Đăng Doanh)이다.

79) 막 머우 헙은 ‘강학’(講學)이란 이름의 편전(便殿)을 짓게 했으나 실제는 연회를 위해서였다. 이 건물은 완성 직전에 소실되었다. 『대월통사』, 「逆臣傳」, 105a면.

80) 레 왕조 황제들은 장군[쭈어 찐]이 하는 모든 일에 그저 ‘아멘’(amen)하고 이런저런 법령들을 확인해 줄 뿐이었다. Samuel Baron, “A Description of the Kingdom of Tonqueen”, p. 21.

81) 이들 삼번이 언제 조직되었는가는 알려져 있지 않다.

82) 『전서』(하), 948면; 『헌장』, 권33, 「刑律誌」, 8a면.

83) 『전서』(하), 947면, 950면

84) 찐 씨와 응우옌 씨의 남북 대결에 대하여는 카디에르(Cadière)의 상세한 연구가 있다. Léopold Cadière, “Le mur de Dong-Hoi”, *BEFEO* 6(1906), pp. 87-227.

85) Lê Thành Khôi, *Histoire du Viêt Nam des origines à 1858*, pp. 265-266.

86) 『전서』에 의하면, 문신 관료들은 레 왕조의 부흥 후 1632년에야 비로소 조정의 주요 결정 사항에 참여할 수 있을 정도의 신분에 올랐던 것 같다.

『전서』(하), 944-945면.

87) 찐 딱과 팜 꽁 쯔의 개인적 친분은 찐 딱이 응우옌 씨를 몇 차례 원정할 때 팜 꽁 쯔가 수행하면서 이루어졌다. 17세기 후반의 새로운 정책에 대하여는 테일러(Taylor)의 상세한 연구가 있다. Keith W. Taylor, "The Literati Revival in Seventeenth-century Vietnam", *Journal of Southeast Asian Studies*(이후 *JSEAS*로 약함) 18-1(March 1981), pp. 1-23.

88) 『여조조령선정』, 166면.

89) 『여조조령선정』, 12-15면, 400-405면.

90) 『전서』(하), 961면. 1643년 이래 매 과거 시험에서의 합격자는 다음과 같다. 1643년에 9명, 1646년에 17명, 1650년에 8명, 1652년에 9명, 그리고 1656년에 6명이었다. 부 프엉 데(武芳堤)는 빈 토(永壽, Vĩnh Thọ, 1658-1661) 연간에 유학과 문학이 부흥했다고 말했다. 『공여첩기』(公餘捷記, Ecole Fraçaise d'Extrême-Orient microfilm A. 44), 51b면.

91) 『여조조령선정』, 178-199면.

92) 潘鼎珪, 『安南紀遊』, 인하대학교 한국학연구소 편, 『小方壺齋輿地叢鈔: 越南篇』, 122면; Arnold J. A. Vissière, "Ngan-Nan Ki Yeou: relation d'un voyage au Tonkin", p. 78.

93) 『여조조령선정』, 420-423면.

94) 마을의 행정 책임자인 장을 처음 사관(社官)이라고 했다가 1466년 사장(社長, xã trưởng)으로 명칭을 바꾸었다. 『天南餘暇集』「條律」, 32면; 『전서』(중), 718면.

95) 『헌장』, 권14 「官職誌」, 24b면. 1658년 이전에는 촌민들이 사장 등의 후보자들을 지현에게 추천하면 그는 거의 자동적으로 이들을 임명해 주었다.

96) 『헌장』, 권29, 「國用誌」, 10a면; 『강목』, 정편, 권 33, 29a-b면; Keith Taylor, "The Literati Revival in Seventeenth-century Vietnam", p. 15.

97) 『전서』(하), 974면; 『강목』, 정편, 권33, 4a-5a면; 『여조조령선정』, 278-299면.

98) 『전서』(하), 975면; 『여조조령선정』, 309면, 312면; Henri Chappoulie, *Rome et les missions d'Indochine au XVII siècle*, 2 vols.(Paris: Bloud et Gay, 1943), vol. 1, p. 207.

99) 『전서』(하), 975면. 1663년의 교화조례는 외국인들이 베트남 인들과 섞여 살지 못하게 했다. 그러나 1666년의 칙령에서는 외국인들이 베트남 인들과 같은 옷을 입고 베트남식 가옥에서 살면 베트남 인들과 더불어 거주하는 것이 허용되었다. 『헌장』, 권29, 「國用誌」, 10b면.

100) Phạm Thị Thùy Vinh, *Văn Bia Thời Lê Xứ Kinh Bắc và Sự Phản Ánh Sinh Hoạt Làng Xã* [레 왕조 시기 낀 박 지역의 비문과 촌락 생활의 반영](Hà Nội: Viện Nghiên cứu Hán Nôm, 2003), pp. 145, 191(베트남어), 320, 375(영문).

101) 『헌장』, 권 29, 「國用誌」, 21b면.

102) 『여조조령선정』, 460-462면; 『강목』, 정편, 권34, 3a-b면.

103) Yu Insun, "Political Centralization and Judicial Administration in 17th and 18th Century Vietnam", p. 136.

104) 『여조조령선정』, 464면.

105) 오부부료는 오부와 부료를 말하는데, 이들 두 기관이 공동으로 업무를 수행함에 따라 오부부료로 불리게 되었다. 오부(五府)는 레 타인 똥의 꽝 투언 7년(1466)에 두어진 다섯 군사령부로 전국의 군정(軍政)을 맡아 왔다. 17세기 찐 딱은 1664년 장부사(掌府事)와 서부사(署府事)를 설치하고 처음에는 무신에게 업무를 맡겼으나 점차 문신에게로 권한이 넘겨졌다. 부료는 문신 관료의 최고위층인 참종(參從)과 배종(陪從)을 말한다. 이들은 본래 찐 뚱(鄭松, Trịnh Tùng, 1570-1`6230)이 낀 똥(敬宗, Kính Tông)의 호앙 딘(弘定, Hoằng Định, 1600-1619) 초에 두었던 비공식 고위 보좌관이었는데, 이때 공식화되어 최고위 문신으로서 오부와 함께 국가의 중대사를 함께 논의하게 되었다. 『헌장』, 권39 「兵制誌」, 8b면, 권14 「官職誌」, 14b면; 『전서』(하), 978-979면; 『강목』, 정편, 권33, 12b-13a면; Dang Phuong Nghi, *Le institutions publiques du Viet-Nam au XVIII siècle*(Paris: Ecole Française Extrême- Orient, 1969), p. 70; Philippe Langlet, "La tradition vietnamienne: un national au sein de la civilisation chinoise", *Bulletin de la Société des Etude Indochinoises*, nouvlelle série, Tome XLV, No. 2-3(1970), pp. 22-23.

106) 『전서』(하), 1024면; 『강목』, 정편, 권34, 38a면; Philippe Langlet, "La tradition vietnamienne", p. 23; Yu Insun, "Political Centralization and Judicial Administration in 17th and 18th Century Vietnam", p. 128.

107) Samuel Baron, "A Description of the Kingdom of Tonqueen", p. 23. Abbé Richard, *Histoire naturelle, civile et politique du Tonkin*, 2 vols.(Paris: Chez Moutard, 1778), vol. 2, p. 99도 참조하라.

108) 『강목』, 정편, 권35, 13b면; 櫻井由躬雄, 「永盛均田例の研究」, 『史學雜誌』 87(1976년 7월), 4-5면.

109) 『전서』(하), 1037면; 『강목』, 정편, 권35, 8b-9a면; 『헌장』, 권30 「國用誌」, 12a-17b면.

110) 『전서』(하), 1048면, 1052면; 『헌장』, 권 31 「國用誌」, 1b-2a면, 3b-4a면, 6b-7a면.

111) 『전서』(하), 1054면; 『헌장』, 권 29 「國用誌」, 22b-23a면; 당 프엉 응이가 사전에 대한 최초의 과세는 1723년이라고 한 것은 오류이다. Dang Phuong Nghi, *Le institutions publiques du Viet-Nam au XVIII siècle*, p. 117.

112) 『전서』(하), 1055-56면; 『헌장』, 권 29 「國用誌」, 23a-24a면.

113) 『전서』(하), 1080면, 1086면; 『강목』, 정편, 권37, 30a면.

114) 찐 끄엉 하에서 권력을 누렸던 응우옌 꽁 항(阮公沆, Nguyễn Công Hãng)은 사약을 받고 죽었으며, 그가 건의했던 소금의 전매도 철폐되었다. 『전서』(하), 1125면.

115) 찐 조아인은 궁궐 문에 종을 달고 소송사건의 피해자는 누구나 이를 칠 수 있도록 했다. 『전서』(하), 1125면.

116) 『전서』(하), 1126면; Dang Phuong Nghi, *Le institutions publiques du Viet-Nam au XVIII siècle*, p. 70.

117) Nguyễn Ngọc Huy, "Le Code des Lê", pp. 207-211; Nguyen Ngoc Huy, "On the Process of Codification of The *National Dynasty's Penal Law*", pp. 50-52; Gaspardone, "Bibliograpie annamite", pp. 44-45.

118) 『헌장』, 권 33 「刑律誌」, 2a-b면; Gaspardone, "Bibliograpie annamite",

p. 45; 『감송조례』는 일찍이 프랑스어로 번역되었다. Raymond Deloustal, " La justice dans l'ancien Annam", *BEFEO* 19(1919), pp. 1-81.

제2장 『국조형률』(國朝刑律)

119) 19세기 중반 이후 유럽 인들은 흔히 베트남 남부를 코친차이나(Cochinchina)라고 부른다. 그러나 18세기에는 중부 지방만을 의미하기도 했다. 베트남 인들은 남 보(南部, nam bộ) 또는 남 끼(南圻, nam kỳ)라고도 한다. Alastair Lamb, ed., "British Missions to Cochin China: 1778-1822", *Journal of the Malayan Branch Royal Asiatic Society* 34-3 & 4(1961), p. 1. n. 1.

120) Gabriel Aubaret, *Code annamite: lois et règlements du Royaume d'Annam*, 2 vols.(Paris: Imprimerie impériale, 1865); Paul-Louis-Fèlix Philastre, *Le Code Annamite*, 2 vols.(Paris: E. Leroux, 1876). 이들 번역의 배경에 대하여는 밀톤 오스본이 자세히 논하고 있다. Milton Osborne, "The Debate of a Legal Code for Colonial Cochinchina: The 1869 Commission", *Journal of Southeast Asian History* 10(September 1969), pp. 224-235.

121) Léopold Cadière & Paul Pelliot, "Première étude sur les sources annamites de l'histoire d'Annam", *BEFEO* 4(1904), pp. 646-647.

122) 원명은 이미 언급한 바와 같이 『국조형률』이지만, 응우옌 왕조 때 번각된 때문에 『여조형률』이라고 했다.

123) Raymond Deloustal, "La justice dans l'ancien Annam", *BEFEO* 8(1908), pp. 177-220; 9(1909), pp. 91-122, 471-491, 765-786; 10(1910), pp. 1-60, 349-505; 11(1911), pp. 25-66; 12(1912), pp. 1-33; 13(1913), pp. 1-59; 22(1922), pp. 1-35).

124) 「國朝條律六卷 景興三十八年 刪定印行 大約國初洪德原律」. 『헌장』, 권 42 「文籍誌」, 8a면.

125) Deloustal, "La justice dans l'ancien Annam", *BEFEO* 9(1909), p. 91. n. 2.

126) Gaspardone, "Bibliograpie annamite", pp. 44-45.

127) "本光順九年七月初五日 權兵科給事中阮仁壽等 謹奏正風俗事 臣等勤按國朝刑律 … " 『天南餘暇集』 「條律」, Ecole Française Extrême-Orient microfilm A. 44, 14면; Nguyễn Ngọc Huy, "Le Code des Lê", p. 194; Nguyen Ngoc Huy, "On the Process of Codification of The *National Dynasty's Penal Law*", p. 41; 山本達郎, 「國朝刑律にみえる貶爵」, 『瀧川政次郎博士米壽記念論集 律令制の諸問題』(東京: 汲古書院, 1984), 777면.

128) Nguyễn Ngọc Huy, "Le Code des Lê", pp. 156, 169; Nguyen Ngoc Huy, "On the Process of Codification of The *National Dynasty's Penal Law*", pp. 41-43; 山本達郎, 「國朝刑律にみえる貶爵」, 778면.

129) 山本達郎, 「國朝刑律にみえる貶爵」, 779면.

130) Nguyễn Ngọc Huy, "Le Code des Lê", pp. 203-204; Nguyen Ngoc Huy, "On the Process of Codification of The National Dynasty's Penal Law", pp. 48-49.

131) 『국조형률』, Ecole Française d'Extrême-Orient microfilm A. 1995, 70a-71b면. 『홍덕선정서』, 14-16면도 참조할 것.

132) 『전서』(하), 1162-1167면.

133) 들루스탈의 프랑스어 번역은 721개조로 되어 있는데, 이는 제218조 다음의 한 조를 빠뜨렸기 때문이다. 누락된 조문의 내용은 다음과 같다. "奏寫詔旨未及宣 私而與外人通傳者 笞伍十貶一資 卽機密事務者 論加", 『국조형률』, 권2 「違制章」, 40b면; Nguyễn Ngọc Huy & Tạ Văn Tài, *The Lê Code*, vol. I, p. 162, Article 219.

134) [표1] 참조.

135) Nguyễn Ngọc Huy & Tạ Văn Tài, The Lê Code, vol. 3, pp. 4-23(Appendix A).

136) 들루스탈은 이 장을 당률의 직제(職制)와 같은 것으로 보았는데, 이는 잘못이다. Deloustal, "La justice dans l'ancien Annam", *BEFEO* 9(1909), p. 765. Nguyễn Ngọc Huy, "Le Code des Lê", p. 172 및 片倉穰, 『國朝刑

律』(『黎朝刑律』)について」, 片倉穰『ベトナム前近代法の基礎的研究』(東京: 風間書房, 1987), 153-154면 참조.

137) 『당률소의』는 다음과 같이 12부분으로 구성되어 있다.
1. 名例, 2. 違禁, 3. 職制, 4. 戶婚, 5. 廄庫, 7. 擅興, 8. 賊盜, 9. 鬪訟, 10. 詐僞, 11. 雜律, 12. 斷獄.

138) 片倉穰 「『國朝刑律』(『黎朝刑律』)について」, 151-152면; 山本達郞, 「國朝刑律にみえる貶爵」, 773면. 『대명률』은 名例律·吏律·戶律·禮律·兵律·刑律·工律의 7편으로 구성되어 있고, 이는 다시 30개의 소항목으로 세분되었다. 이들 소항목 중에 田宅·軍政·犯姦의 명칭이 보인다. 『大明律集解附例』(光緖戊申重刊: 脩訂法律館藏), 권 5, 1a면, 권 14, 1a면, 권 25, 1a면.

139) 仁井田陞, 『中國法制史硏究 － 刑法』, 583면.

140) 曾我部靜雄, 『中國律令史の硏究』(東京: 吉川弘文館, 1971), 35-45면.

141) 『국조형률』, 5a면; *The Lê Code*, vol. 1, article 1. pp. 107-109.

142) 仁井田陞, 『中國法制史硏究 － 刑法』, 156-163면; Bodde and Morris, *Law in Imperial China*, pp. 94-95.

143) 『전서』(상), 356면; 片倉穰 「陳朝刑法雜考」, 片倉穰 『ベトナム前近代法の基礎的研究』, 94-95면; 유인선, 「베트남 李朝와 陳朝의 法」 『東洋史硏究』 81(2003), 167면.

144) 『헌장』 권 34 刑律誌, 2a면.

145) 仁井田陞, 『中國法制史硏究 － 刑法』, 115-117면; Bodde and Morris, Law in Imperial China, p. 96.

146) 『전서』(상), 232면, 297면; 『大越史略』, 76면; 『헌장』, 권 33 刑律誌, 4b면; 유인선, 「베트남 李朝와 陳朝의 法」, 159-160면.

147) 『전서』(상), 325면.

148) 黎崱, 『安南志略』(北京: 中華書局, 1995), 329면.

149) Samuel Baron, “A Description of the Kingdom of Tonqueen”, p. 23.

150) 당률은 500개조 또는 501개조로 잘못 알려졌었다. *The T'ang Code*, translated by Wallace Johnson(Princeton: Princeton University Press, 1979), p. 39.

151) 『국조형률』, 3a-b면; *The Lê Code*, vol. 1, article 2, pp. 109-110.

152) 『唐律疏議』, 劉俊文 點校(北京: 中華書局, 1983), 권 1, 12면.

153) 『국조형률』, 2a-b면; *The Lê Code*, vol. 1, article 1, pp. 107-109. 남자의 도형은 역정(役丁)·상방병(象坊兵)·종전병(種田兵)인 데 대해, 여자의 경우는 역부(役婦)·취실부(炊室婦)·용실부(舂室婦)였다.

154) 전근대 베트남 사회에서 여자의 사회적 지위에 대하여는 다음을 참조하라. Ta Van Tai, "The Status of Women in Traditional Vietnam", *Journal of Asian History*, 15-2(1981), pp.97-143; Nguyên Van Ky, "Rethinking the Status of Vietnamese Women in Folklore and Oral History", in Gisele Bousquet and Pierre Brocheux, eds., *Viêt Nam Exposé: French Scholarship on Twentieth-Century Vietnamese Society*(Ann Arbor: The University of Michigan Press, 2002), pp. 87-107; Tran, Nhung Tuyet, "Vietnamese Women at the Crossroads",(Ph. D. dissertation, University of California at Los Angeles, 2004).

155) Bodde and Morris, *Law in Imperial China*, p. 30.

156) Sybille van der Sprenkel, *Legal Institutions in Manchu China: A Sociological Analysis*(London: Univ. of London, Athlone Press, 1962), p. 28.

157) 『국조형률』, 4a면; *The Lê Code*, vol. 1, article 3, pp. 110-111. 『唐律疏議』, 권 2, 16-18면 및 『大明律集解附例』, 권 1, 5a-b면 참조.

158) 『국조형률』, 84a-b면; *The Lê Code*, vol. 1, article 465, p. 226.

159) 『국조형률』, 86a-b면; *The Lê Code*, vol. 1, article 472, pp. 228-229.

160) 시마친(緦麻親)이라 하여 상복을 3개월 입는 친족이다. 이는 고조(高祖)는 같고 증조(曾祖)가 다르다.

161) 소공친(小功親)이라 하여 상복을 5개월 입는 친족이다. 이는 증조는 같고 조부(祖父)가 다르다.

162) 대공친(大功親)이라 하여 상복을 9개월 입는 친족이다.

163) 『국조형률』, 88a-b면; *The Lê Code*, vol. 1, article 478, p. 231. 『唐律疏議』, 권 22, 411면 참조.

164) 『국조형률』, 89a-b면; *The Lê Code*, vol. 1, articles 481 and 482, pp. 232-233. 『唐律疏議』, 권 22, 409-411 참조.

165) 『국조형률』, 3b면; *The Lê Code*, vol. 1, article 2, p. 110. 부모에 대한 욕설의 경우 자녀는 외주(外州)에의 유형에 처해졌다. 당률에서의 형벌은 교살(絞殺)이었다. 『국조형률』, 87a면; *The Lê Code*, vol. 1, article 475, p. 230. 『唐律疏議』, 권 22, 414면.

166) 『국조형률』, 87b면; *The Lê Code*, vol. 1, article 475, p. 230. 『唐律疏議』, 권 22, 414면 참조.

167) 『국조형률』, 93b-94a면; *The Lê Code*, vol. 1, article 504, p. 240.

168) 『전서』(상), 473면 및 480면; John K. Whitmore, Vietnam, *Ho Quy Ly, and the Ming*(1371-1421)(New Haven: Yale Southeast Asia Studies, 1985), pp. 50, 70.

169) 앞서 언급했듯이, 사관은 1466년 사장(社長)으로 명칭이 바뀌었다.

170) 『국조형률』, 52a-b면; *The Lê Code*, vol. 1, article 285, pp. 177-178.

171) 『국조형률』, 52a면; *The Lê Code*, vol. 1, article 284, p. 177.

172) 『국조형률』, 28b-29a면; *The Lê Code*, vol. 1, articles 150 and 151, pp. 145-146.

173) 『국조형률』, 55b면 및 60b; *The Lê Code*, vol. 1, articles 330 and 337, pp. 188, 189-190.

174) 『국조형률』, 61b-62a면 및 63b-64b면; *The Lê Code*, vol. 1, articles 344, 345, 354, 355. 357, pp. 191-192, 194.

175) 『국조형률』, 66a면; *The Lê Code*, vol. 1, article 369, p. 197.

176) 『국조형률』, 110a-111a면; *The Lê Code*, vol. 1, articles 612-616, pp. 262-264. 사무엘 바론은 번 돈 항을 통한 관세수입은 백만 달러를 상회하는 것으로 추정하고 있다. Samuel Baron, “A Description of the Kingdom of Tonqueen”, p. 3. Abbé Richard, *Histoire naturelle, civile et politique du Tonkin*, vol. 1, p. 16도 참조하라. 번 돈은 하이 퐁(海防, Hải Phòng) 동쪽 약 80km 떨어진 지점에 위치한 작은 섬이었다고 한다. 山本達郎, 「安南の貿易港雲屯」, 『東方學報』 9(東京, 1939), 287-289면.

177) Phan Huy Le, "Pho Hien: Research Issues To Be Considered", in Association of Vietnamese Historians, ed., Pho Hien: *The Centre of International Commerce in the XVIIth －XVIIIth Centuries*(Hanoi: The Gioi Publishers, 1994), p. 10.

178) 『국조형률』, 18b면; *The Lê Code*, vol. 1, article 80, p. 131.

179) 예컨대, 1462년 중국 사절이 년 똥의 조문을 위해 왔을 때, 조정은 서울과 지방의 관리들 중에 만약 중국인 노비가 있는 경우 이들이 밖에 나가 중국 사절과 이야기하지 못하게끔 금령을 내렸다. 『전서』(중), 645면; *The Lê Code*, vol. 2, p. 86.

180) 『국조형률』, 70a-b면; *The Lê Code*, vol. 1, article 388, p. 203. 이 조문이 처음 제정된 것은 레 타인 똥의 꽝 투언(光順, Quang Thuận) 3년(1462)이었다. 『홍덕선정서』의 8면과 14면도 참조하라.

181) 『헌장』, 권 35 형률지, 25a면.

182) 『囑書文契舊紙』(Viện Nghiên Cứu Hán Nôm A. 2917), 1b면.

183) 仁井田陞, 『中國法制史研究 — 奴隷制度法·家族村落法』, 533-534면.

184) 『唐律疏議』, 권 12, 236.

185) 『大明律集解附例』, 권 4, 25b-26a면.

186) Samuel Baron, "A Description of the Kingdom of Tonqueen", p. 25.

187) 『홍덕선정서』, 30면.

188) 부 프엉 데(武芳堤), 『공여첩기』, 35a-b면.

제1장 부부관계

1) 末成道男, 「ベトナムの「家譜」」, 『東洋文化研究所紀要』, 第127册, 1995, 21면.

2) 권헌익에 의하면, 베트남 인들은 부모가 사망하면 영혼이 곧바로 집안을 떠나는 것이 아니라 몇 세대가 지난 뒤에 집에 사는 이들과의 관계가 멀어

지면 그때 새로운 세대에게 자리를 물려주고는 떠난다고 믿는다. 이 과정은 처음 조상이 되고 나서 세 세대가 걸린다. 집안을 떠난 조상은 가문의 사당으로 옮겨 간다. 스에나리 미찌오(末成道男)도 베트남 인들이 실제 기일을 기억하고 있는 것은 기껏해야 증조부모까지 3대라고 했다. 권헌익 지음, 유강은 옮김, 『학살, 그 이후: 1968년 베트남전 희생자들에 대한 추모의 인류학』(서울: 아카이브, 2012), 178면; 末成道男, 「ベトナムの「家譜」」, 17면.

3) "Con gái cửa gài then đóng." Huynh Dinh Te, "Vietnamese Cultural Patterns and Values as Expressed in Proverbs"(Ph. D. dissertation, Columbia University, 1962), p. 75, n. 1; Cong-Huyen-Ton-Nu Nha Trang, "The Traditional Roles of Women as Reflected in Oral and Written Vietnamese Literature"(Ph. D. dissertation, University of California, Berkeley, 1973), p. 30; Abbé Richard, *Histoire naturelle, civile et politique du Tonkin*, vol. 1, p. 115-116. 위의 속담과 이 책에서 인용된 여타 속담들이 언제 생겼는지는 알 수 없지만, 여하튼 이들은 어느 정도 당시의 현실을 반영해 주는 것으로 생각된다.

4) "Đi cúi mặt xuống đất, về cất mặt lên trời." Huynh Dinh Te, "Vietnamese Cultural Patterns and Values as Expressed in Proverbs", p. 75.

5) "戒男女之人 坐不得同席 浴不得同津 手不得親受 違者抵罪" 『홍덕선정서』, 44면; The Le Code, vol 2, p. 108.

6) 『安南志原』, 권2, 102면.

7) "貧家男女 無媒婚禮者 則自相配" 黎崱, 『安南志略』, 41면.

8) "死喪無服 嫁娵不媒" 崔致遠, 『桂苑筆耕』(서울대학교 규장각 소장, 1834년 간행본), 권16, 9a면.

9) Abbé Richard, *Histoire naturelle, civile et politique du Tonkin*, vol. 1, p. 116.

10) 『홍덕선정서』, 122면; 『천남여가집』, 「條律」, 18a면; *The Lê Code*, vol 2, p. 180.

11) 『여조조령선정』, 296면; *The Lê Code*, vol 2, p. 116. 1720년에 반포된 칙령에서도 동성혼을 금지토록 했다. 『전서』(하), 1047면; 『강목』 정편,

권 35, 33a면; Alexander Woodside, "Medieval Vietnam and Cambodia: A Comparative Comment", *JSEAS* 15-2(September 1984), p. 316.

12) 쩐 황실의 근친혼에 대하는 모모키 시로(桃木至朗)와 구범진이 잘 설명하고 있다. 桃木至朗, 『中世大越國家の成立と變容』(大阪: 大阪大學出版會, 2011), 281-284면; 구범진, 「베트남 陳朝(1125-1400) 沒落의 一要因에 對한 考察」, 『서울大 東洋史學科論集』 20(1996), 3-4면 및 6면.

13) 원명은 쩐 꾸옥 뚜언(陳國峻, Trần Quốc Tuấn)으로 타이 똥의 형인 쩐 리에우(陳柳, Trần Liễu)의 아들이다.

14) 『전서』(상), 335면; 桃木至朗, 『中世大越國家の成立と變容』, 281면. 티엔 타인 공주(天城公主)는 타이 똥의 자매라는 설도 있다. 桃木至朗, 『中世大越國家の成立と變容』, 281면, 각주 73.

15) 『전서』(상), 349면; Woodside, "Medieval Vietnam and Cambodia: A Comparative Comment", p. 316; 桃木至朗, 『中世大越國家の成立と變容』, 281면.

16) 『전서』(중), 607면 및 633면; 『강목』 정편 권17, 22b면 및 권 18, 33a면; 山本達郎, 「安南黎朝の婚姻法」, 『東方學報』 8(1938), 277면.

17) 『전서』(상), 326면; 『강목』 정편, 권 6, 12b면.

18) 末成道男, 「ベトナムの「家譜」」, 32면.

19) Vản Tân, *Cách Mạng Tây Sơn* [西山黨 혁명](Hà Nội: Văn Sử Địa, 1958), p. 34; Alexander Woodside, *Vietnam and Chinese Model: A Comparative Study of Vietnamese and Chinese Government in the First Half of the Nineteenth Century*(Cambridge, MA: Harvard University Press, 1971), p. 44.

20) Rhodes, *Histoire du royaume de Tunquin*, p. 100; Abbé Richard, *Histoire naturelle, civile et politique du Tonkin*, vol. 1, p. 100.

21) 山本達郎, 「安南黎朝の婚姻法」, 278면.

22) 『홍덕선정서』, 36면.

23) 17-18세기 남북 대립 시기에 실권을 장악하고 있던 북의 찐(鄭, Trịnh) 씨와 남의 응우옌(阮) 씨를 일컫는 칭호이다.

24) "Vua chúa cấm đoán làm chi; Để đôi con dì chẳng được lấy nhau?" Huynh Dinh Te, "Vietnamese Cultural Patterns and Values as Expressed in Proverbs", p. 87, n. 1; Nguyên Van Ky, "Rethinking the Status of Vietnamese Women in Folklore and Oral History", p. 99.

25) Rhodes, *Histoire du royaume de Tunquin*, p. 100.

26) 의혼은 남자 18세, 여자 16세부터 가능했다. 『천남여가집』, 「條律」, 45a면.

27) 『전서』(중), 706면; 『천남여가집』, 「條律」, 45a-b면; 『강목』 정편, 권 21, 37a면; 山本達郎, 「安南黎朝の婚姻法」, 251-252면. 『강목』에는 홍 득 원년(1470)으로 되어 있는데, 오류가 아닌가 한다.

28) 范廷琥, 『雨中隨筆』(EFEO microfilm A. 1297), 52b면.

29) Léopold Cadière, "Les Europeens qui ont vu le vieux Hué: l'Abbé de Choisy", *Bulletin des Amis au Vieu Hué* 16(1929), p. 118. 드 솨지 신부는 17세기 말 타이에 갔었으며, 그곳에서 베트남에 관한 자료를 수집했다.

30) 전근대 베트남에서 귀한 손님을 대접할 때 빈랑나무의 열매는 반드시 내놓아야 했다.

31) 10세기 저술된 『태평환우기』(太平寰宇記)에 의하면, 베트남에서는 소년이 그가 결혼하려고 하는 소녀에게 빈랑나무 열매 한 그릇을 보내고, 그 소녀가 이를 받아 씹으면 청혼을 받아들인 것으로 간주하였다고 한다. 실제로 쩐 왕실의 건설자인 쩐 투 도는 이러한 관습을 이용했다. 그는 일곱 살짜리 조카 쩐 까인(Trần Cảnh)을 리 왕조의 마지막 군주이자 여왕인 열일곱 살짜리 찌에우 호앙(昭皇, Chiêu Hoàng)의 소꿉친구로 들여보냈는데, 어느 날 쩐 까인이 던진 수건에 싼 빈랑나무 열매를 찌에우 호앙이 받자 이를 구실로 두 사람을 결혼시켰다. 쩐 까인은 후에 쩐 왕조의 초대 왕인 타이 똥(太宗)이 되었다. 『太平寰宇記』(上海: 金陵書局, 1882), 권 170, 4b면; 『전서』(상), 315-316면.

32) Rhodes, *Histoire du royaume de Tunquin*, p. 100; Tran, Nhung Tuyet, "Vietnamese Women at the Crossroads: Gender and Society in Early Modern Đại Việt", p. 90.

33) 『唐律疏議』, 권 13, 253-254면.

34) 『국조형률』, 57b면; *The Lê Code*, vol. 1, article 315, p. 185.

35) 『국조형률』, 58a-b면; *The Lê Code*, vol. 1, article 322, p. 186. 이 조문은 당률에는 없고 명률에만 유사한 조항이 있다. 즉 "男女有犯姦盜者"라 하여 이 경우 파혼을 인정하되 관(官)에 알릴 필요는 없었다. 『大明律集解附例』, 권 6, 1b면; 山本達郎, 「安南黎朝の婚姻法」, 165면.

36) 결혼 선물은 사회 계층과 가족의 부유 여부에 따라 달랐다. 관원들의 선물은 평민보다 훨씬 다양했고, 부유한 집안은 빈한한 집보다 많았다. 상세한 내용은 『천남여가집』의 「條律」, 46a-50b면 및 山本達郎, 「安南黎朝の婚姻法」, 266-268면을 참조하라.

37) 『唐律疏議』, 권 13, 253면. 형벌은 장 60대였다.

38) '란 냐이'(攔街)란, 글자 그대로 신부 마을 사람들이 신랑의 행렬을 막고 돈과 음식을 요구하는 관습이다.

39) 『여조조령선정』, 296-297면; 『勘訟條例』(EFEO microfilm A. 259), 52면.

40) Christopher Borri, "An Account of Cochinchina", in Awnsham and John Churchill, eds., *A Collection of Voyages and Travels*(London: Printed for Awnsham and John Churchill, 1732), vol. 2, p. 805. Alexander de Rhodes, Rhodes of Viet Nam, p. 61도 참조하기 바람.

41) 范廷琥, 『雨中隨筆』, 97a면.

42) 范廷琥, 『雨中隨筆』, 97a-b면.

43) 『홍덕선정서』, 46면; Bento Thiện, *Lịch Sử Annam* 2 [안남의 역사 2](1659), *Archivum Roma Societe Iesu*(ARSI) Jap/Sin vol. 81, p. 258. Bento Thiện의 책은 Tran, Nhung Tuyet, "Vietnamese Women at the Crossroads", p. 89에서 재인용.

44) Christopher Borri, "An Account of Cochinchina", p. 805.

45) John Barrow, *A Voyage to Cochinchina*, p. 302.

46) "Nhất vợ nhị trời." Nguyên Van Ky, "Rethinking the Status of Vietnamese Women in Folklore and Oral History", pp. 94-95; My-Van Tran, "The Position of Women in Traditional Vietnam: Some Aspects", in K. M. de Silva et al., eds. *Asian Panorama: Essays in Asian History, Past and*

Present(New Delhi: Vikas Publishing House, 1990), p. 277.

47) "Lệnh ông không bằng cồng bà." 후인 딘 떼는 'Lệnh'을 방울이 아니라 명령으로 잘못 해석하고 있다.Huynh Dinh Te, "Vietnamese Cultural Patterns and Values as Expressed in Proverbs", p. 77. 저자에게 후인 딘 떼의 오류를 지적해 준 것은 고(故) 응우옌 응옥 후이(Nguyễn Ngọc Huy) 박사였다.

48) 鄭懷德, 「嘉定省通志」, 戴可來·楊保筠 校注, 『嶺南摭怪等史料三種』(鄭州市: 中州古籍出版社, 1991), 174면.

49) 山本達郎, 「安南黎朝の婚姻法」, 273면.

50) Yu Insun, "Myth and Reality: The Confucian Influence on Northern Vietnamese Society during the Le Dynasty(1428-1788), in Frédéric Mantienne and Keith Taylor, eds., *Monde du Viêt Nam: Hommage à Nguyên Thê Anh*(Paris: Les Indes savantes, 2008), pp. 505-524.

51) 최근의 연구는 『가훈가』가 응우옌 짜이의 작품이 아니라 17세기에 지어졌다고 한다.

52) Nguyễn Trãi, *Gia Huấn Ca*(가훈가), edited by Đinh Gia Thuyết(Sài Gòn: Tân Việt, 1953), p. 27; Nha Trang, "The Traditional Roles of Women as Reflected in Oral and Written Vietnamese Literature", p. 36.

53) 『여조조령선정』, 282면.

54) Nguyễn Trãi, *Gia Huấn Ca*, p. 15; Nha Trang, "The Traditional Roles of Women as Reflected in Oral and Written Vietnamese Literature", pp. 38-39.

55) 『국조형률』, 3b면; *The Lê Code*, vol. 1, article 2, p. 110.

56) 『국조형률』, 89a면; *The Lê Code*, vol. 1, article 481, p. 232; Ta Van Tai, "The Status of Women in Traditional Vietnam, p. 103. 남편을 구타한 아내에 대한 형벌은 당률에서는 도형 1년, 명률에서는 장 100대였다. 이로 보면 『국조형률』의 형벌이 중국 법의 형벌보다 훨씬 무거웠다. 『唐律疏議』, 권 22, 410면; 『大明律集解附例』, 권 20, 29a면.

57) 『국조형률』, 87a면; *The Lê Code*, vol. 1, article 475, p. 230.

58) 『국조형률』, 87a면; *The Lê Code*, vol. 1, article 475, p. 230.

59) 『국조형률』, 84a면; *The Lê Code*, vol. 1, article 465, p. 226.

60) 『국조형률』, 76a면; *The Lê Code*, vol. 1, article 416, p. 213; Ta Van Tai, "The Status of Women in Traditional Vietnam", pp. 103-104. 당률과 명률에서도 형벌은 동일했다.

61) 『국조형률』, 89a면; *The Lê Code*, vol. 1, article 482, p. 233, Ta Van Tai, "The Status of Women in Traditional Vietnam", pp. 103-104. 당률과 명률에서는 형벌이 두 등급 가벼웠다.

62) 『국조형률』, 89a면; *The Lê Code*, vol. 1, article 481, p. 232.

63) 『국조형률』, 89a-b면; *The Lê Code*, vol. 1, article 482, p. 233.

64) 范廷琥, 『雨中隨筆』, 97a-b면.

65) Samuel Baron, "A Description of the Kingdom of Tonqueen", p. 30.

66) "其風俗…男女裸體 往來坐立不相避 雖貴家亦然." 『안남지원』, 권 1, 30면.

67) "其民三男五女." 鄭東愈 著; 서울大學校 古典刊行會 編, 『晝永編』(서울: 서울대학교 출판부, 1971), 81면.

68) "夾岸行人 女多於南." 大汕, 「海外紀事」, 陳荊和 編著, 『十七世紀廣南之新史料』(臺北: 中華叢書委員會, 1960), 권 1, 15a면.

69) Nguyễn Trãi, *Gia Huấn Ca*, p. 20; Nha Trang, "The Traditional Roles of Women as Reflected in Oral and Written Vietnamese Literature", p. 45; 『홍덕선정서』, 54면.

70) "Chồng cày, vợ cấy, con trâu di bừa." Trần Quốc Vượng, *Truyền Thống Phụ Nữ Việt Nam*(베트남 여성의 전통),(Hà Nội: Nxb Văn Hóa Dân Tộc, 2000), p. 16; Nha Trang, "The Traditional Roles of Women as Reflected in Oral and Written Vietnamese Literature", p. 159.

71) Charles Chapman, "A Sketch of the Geography of Cochin China", *The Asiatic Journal and Monthly Register for British India and its Dependencies* 4(1817), p. 341. 이 글은 Alastair Lamb, *The Mandarin Road to Old Hue*(Hamden: Archon Books, 1970), pp. 130-137에도 수록되어 있다.

72) 中野煥 撰, 『南飄記』(早稻田大學 舊藏本, 1797), 卷二, 17b면. 번역을 해 준 윤유숙 박사에게 감사한다.

73) William Dampier, *Voyages and Discoveries*, with an introduction and notes by Clennell Wilkinson. Edited by N. M. Penzer(London: The Argonaut press, 1931), p. 47.

74) Charles Chapman, "A Sketch of the Geography of Cochin China", p. 341; Alastair Lamb, *The Mandarin Road to Old Hue*, p. 134.

75) "互市率女人 雖官之內子不爲忌." 潘鼎珪, 『安南紀遊』, 122면; Vissière, "Ngan-Nan Ki Yeou", p. 78.

76) Jean Koffler, "Description historique de la Cochinchina", *Revue Indochinoise* 16(1911), p. 585.

77) Trần Quốc Vượng, *Truyền Thống Phụ Nữ Việt Nam*, p. 23.

78) Nguyen Thanh Nha, *Tableau économique du Viêt Nam au XVII aux et XVIII siècles*(Paris: CUJAS, 1970), p. 102-103.

79) John Crawfurd, *Journal of an Embassy to the Courts of Siam and Cochin China*(Kuala Lupur: Oxford University Press, 1967), p. 523. 이 책은 1826년 런던에서 처음 출판되었다. 크로퍼드를 수행했던 핀레이선도 유사한 기록을 남겼다. George Finlayson, *The Mission to Siam, and Huė, the Capital of Cochin China, in the Years 1821-1822*(London: John Murray, 1826), p. 386.

80) 『국조형률』, 7b면; *The Lê Code*, vol. 1, article 23, p. 116.

81) Nguyen Thanh Nha, *Tableau économique du Viêt Nam*, p. 158.

82) Huynh Dinh Te, "Vietnamese Cultural Patterns and Values as Expressed in Proverbs", p. 89, n. 3.

83) Huynh Dinh Te, "Vietnamese Cultural Patterns and Values as Expressed in Proverbs", p. 89, n. 3.

84) 『홍덕선정서』, 66-68면; *The Lê Code*, vol. 2, pp. 175-176; 山本達郎, 「安南黎朝の婚姻法」, 304-305면; Ta Van Tai, "The Status of Women in Traditional Vietnam", p. 107.

85) 『홍덕선정서』, 68-69면; 山本達郎, 「安南黎朝の婚姻法」, 305-306면.

86) 『국조형률』, 56b면; *The Lê Code*, vol. 1, article 310, p. 184; 『홍덕선정서』, 68면. 당률에서의 형벌은 도형 1년으로 베트남의 법보다 무거웠다. 『唐律疏議』, 권 14, 268면.

87) 전근대 베트남에서는 결혼식이나 장례식 때 온 마을 사람들이 모여 며칠씩 먹고 마시는 게 흔한 일이었다. 그 때문에 1663년에 반포된 교화조례에서는 이를 금지하는 규정까지 두었다. 이 풍습은 그 후도 여러 차례 금지하려 했으나 뿌리가 깊어 20세기 초까지도 근절되지 않았던 모양으로, 1910년대 중반 근대 지식인인 판 께 빈(Phan Kế Bính)은 그의 책에서 이를 비판하고 있다. 『여조조령선정』, 290면, 296면; *The Lê Code*, vol. 2, pp. 113-114, 115-116; Phan Kế Bính, *Việt Nam Phong Tục*(월남풍속),(TPHCM: NXB Tổng Hợp Đồng Tháp, 1991), pp. 176-178. 嶋尾 稔, 「ベトナムの家礼と民間文化」, 山本英史 編著, 『アジアの文人が見た民衆とその文化』(東京: 慶應義塾大學言語文化研究所, 2010), 120면에서 재인용.(*Việt Nam Phong Tục*은 1915년에 처음 출판되었다.)

88) Abbé Richard, *Histoire naturelle, civile et politique du Tonkin*, vol. 1, p. 103.

89) Samuel Baron, "A Description of the Kingdom of Tonqueen", p. 11; Rhodes, *Histoire du royaume de Tunquin*, pp. 102-103; Ta Van Tai, "The Status of Women in Traditional Vietnam", p. 111.

90) John Crawfurd, Journal of *an Embassy to the Courts of Siam and Cochin China*, p. 521.

91) 『홍덕선정서』, 68면.

92) 점지란 수결(手決)을 말한다.

93) 『홍덕선정서』, 68면.

94) John Barrow, *A Voyage to Cochinchina*, pp. 304-305. 사무엘 바론과 리샤르 수사도 비슷한 기록을 남겨 놓았다. Samuel Baron, "A Description of the Kingdom of Tonqueen", p. 11; Abbé Richard, *Histoire naturelle, civile et politique du Tonkin*, vol. 1, p. 103.

95) Edmund R. Leach, *Rethinking Anthropology*(New York: Humanities Press, 1966), pp. 114-123.

96) Keith W. Taylor, *The Birth of Vietnam*(Berkeley: University of California Press, 1983), p. 38.

97) 현재의 박 닌(Bắc Ninh)과 박 장(Bắc Giang) 두 성에다 빈 푹(Vĩnh Phúc) 성과 흥 옌(Hưng Yên) 성의 일부.

98) Phạm Thị Thùy Vinh, *Văn Bia Thời Lê Xứ Kinh Bắc và Sự Phản Ánh Sinh Hoạt Làng Xã*, pp. 187-189(베트남어), 371-373(영문).

99) 제2부 제3절 참조.

100) Nha Trang, "The Traditional Roles of Women as Reflected in Oral and Written Vietnamese Literature", p. 140.

101) Phạm Thị Thùy Vinh, *Văn Bia Thời Lê Xứ Kinh Bắc và Sự Phản Ánh Sinh Hoạt Làng Xã*, pp. 137(베트남어), 309-310(영문).

102) 『국조형률』, 58a면; The Lê Code, vol. 1, article 321, p. 186. 취실비는 도형의 두 번째 형으로 관청의 부엌에서 종살이하는 노비였다. 『홍덕선정서』에서는 태(笞) 50에 마실부(磨室婦)로 규정하고 있다. 마실부는 『국조형률』의 용실부(舂室婦)와 동일한 것으로 방앗간에서 노역하는 노비였다. 이는 도형 중 가장 무거운 세 번째 형벌이었다. 『홍덕선정서』, 36면.

103) 『국조형률』, 56b면; *The Lê Code*, vol. 1, article 308, pp. 183-184. 부부 사이에 자녀가 있으면 그 기간은 1년이었다.

104) 위와 같은 조문. "若已放妻 而再捕後娶者 以貶論." 이 구절의 영어 번역문은 오류이다. The Lê Code, vol. 1, article 308, p. 184.

105) Abbé Richard, *Histoire naturelle, civile et politique du Tonkin*, vol. 1, p. 103.

106) 「嶺南摭怪列傳」, 戴可來·楊保筠 校注, 『嶺南摭怪等史料三種』, 권1, 10면; 『전서』(상), 97면.

107) Lemonnier de la Bissachère, *Le relation sur le Tonkin et la Cochinchine*, avec une introduction et des notes par Charles B. Maybon(Paris: E. Champion, 1920), p. 162.

108) 綾部恒雄, 「ヴェトナム人の親族組織とその原型ー社會人類學的研究」, 『人類學雜誌』 66-1(1957), 28-39면; Yu Insun, "Bilateral Social Pattern and the Status of Women in Traditional Vietnam", *South East Asia Research* 7-2(July 1999), pp. 215-231. 베트남의 가보(家譜)에 모계의 조상이 기재되어 있는 것도 친족 조직의 양계제와 관련이 있을 것이다. 山本達郎, 「越南の家譜」, 和田博士古稀記念 論叢編纂委員會 編, 『和田博士古稀記念 東洋史論叢』(東京: 講談社, 1961), 1048-1049면.

109) 『국조형률』, 3b면; *The Lê Code*, vol. 1, article 2, p. 98.

110) 『국조형률』, 25b면; *The Lê Code*, vol. 1, article 130, pp. 141-142; 『홍덕선정서』, 58면. 상실부는 누에치는 노비를 말한다.

111) 范廷琥·阮案 編, 『桑滄偶錄』(EFEO microfilm A. 218), 권2, 51b면.

112) 『三國志』(北京: 中華書局, 1995), 권53, 吳書8, 薛綜傳, 1252면.

113) Keith Taylor, *The Birth of Vietnam*, p. 76.

114) 『국조형률』, 58b면; *The Lê Code*, vol. 1, article 324, p. 186.

115) 『국조형률』, 76a-b면; *The Lê Code*, vol. 1, article 416, p. 213.

116) Nguyen Phuc Duc, *La veuve en droit vietnamien*(Saigon: Ministère de L'Education Nationale, 1964), pp. 194-196.

117) Trần Quốc Vượng, "Việt-Cham Cultural Contacts", in Trần Kỳ Phương and Bruce M. Lockhart,(eds.), *The Cham of Vietnam: History, Society and Art*(Singapore: NUS Press, 2011), pp. 268-274; Woodside, *Vietnam and the Chinese Model*, pp. 23-24, 26.

제2장 부모와 자녀의 관계

118) 『홍덕선정서』, 66면.

119) Tran Van Trai, *La famille patriarcale annamite*(Paris: P. Lapagesse, 1942). 이 책은 전근대 시기보다는 주로 책이 출간된 당대를 다루고 있다.

120) E. Lurô, “Cours d’administration annamite”(Saigon, 1875. Ms. Vietnam Droit 1 & Vietnam Droit 73 EFEO Library), p. 24. Tran, Nhung Tuyet, “Vietnamese Women at the Crossroads”, pp. 39-40에서 재인용.

121) Keith W. Taylor, “The Literati Revival in Seventeenth Century Vietnam”, pp. 1-23.

122) Nguyễn Trãi, *Gia Huấn Ca*, p. 14; Nha Trang, “The Traditional Roles of Women as Reflected in Oral and Written Vietnamese Literature”, p. 23.

123) 『홍덕선정서』, 278면; *The Lê Code*, vol. 2, p. 110.

124) 『국조형률』, 3a-b면; *The Lê Code*, vol. 1, article 2, p. 98.

125) 『국조형률』, 94a면; *The Lê Code*, vol. 1, article 506, p. 240.

126) 『국조형률』, 99b-100a면; *The Lê Code*, vol. 1, article 543, pp. 248-249; 『홍덕선정서』, 68-69. 『선정서』에 있는 처벌 규정이 무거웠다.

127) 『홍덕선정서』, 48면, 60면.

128) 『국조형률』, 74b면; *The Lê Code*, vol. 1, article 408, p. 208.

129) 『국조형률』, 57b면; *The Lê Code*, vol. 1, article 317, p. 185; 『홍덕선정서』, 126면. 이 규정에 대해 논란이 있었음은 앞에서 이미 언급했다.

130) 『홍덕선정서』, 50면; Abbé Richard, *Histoire naturelle, civile et politique du Tonkin*, vol. 1, p. 109.

131) “父之讎不與共戴天.”

132) 『국조형률』, 77a면; *The Lê Code*, vol. 1, article 419, p. 214.

133) 『국조형률』, 78a-b면; *The Lê Code*, vol. 1, article 425, p. 216.

134) 『국조형률』, 85a면; *The Lê Code*, vol. 1, article 467, p. 227.

135) 『국조형률』, 93b면; *The Lê Code*, vol. 1, article 504, p. 240.

136) 위의 조문. 모반은 사직을 위태롭게 하려는 것이고, 모대역은 종묘와 왕릉 및 궁궐을 파괴하려 꾀하는 것이다.

137) 『국조형률』, 87a면; *The Lê Code*, vol. 1, article 475, p. 230. 중국 법의 형은 더욱 무거워, 구타는 참형, 욕설은 교형에 처해지도록 규정했다. 『唐律疏議』, 권22, 414면; 『大明律集解附例』, 권20, 38a면 및 권21, 5a.

138) “Thương con cho roi cho vọt; ghét con cho ngọt cho đường.” Huynh

Dinh Te, "Vietnamese Cultural Patterns and Values as Expressed in Proverbs", p. 99, n. 2.

139) 瞿同祖, 『中國法律與中國社會』(北京: 中華書局, 1981), 6면.

140) 『국조형률』, 87b면; *The Lê Code*, vol. 1, article 475, p. 230.

141) 부모 권한의 제약은 자녀의 상속 때에도 엿볼 수 있다. 이는 다음 장에서 논할 예정이다.

142) 현대 이전 베트남 사회에서 유아 사망률은 가난으로 인한 영양실조나 또는 열대 기후로 인해 높았을 것이 틀림없지만, 유아 사망률이 어느 정도였는지는 알 수 없다.

143) 『홍덕선정서』, 96면.

144) 『홍덕선정서』, 30면.

145) 『홍덕선정서』, 50면 및 116면.

146) Samuel Baron, "A Description of the Kingdom of Tonqueen", p. 10.

147) Samuel Baron, "A Description of the Kingdom of Tonqueen", p. 10.

148) 『국조형률』, 57a면; *The Lê Code*, vol. 1, article 312, p. 184.

149) John Whitmore, "Social Organization and Confucian Thought in Vietnam", *JSEAS* 15-2(September 1984), p. 302.

150) 『홍덕선정서』, 138면. 띠엔(錢, tiền)은 화폐 단위로, 1띠엔은 1꽌(貫, quán)의 10분의 1이었다. 홍 득 연간에 반포된 또 다른 칙령에는, 나이를 남자 5세 이상, 여자 6세 이상으로 규정하고 노동에 의한 상환액을 일년에 각각 6띠엔과 4띠엔으로 하고 있다. 『홍덕선정서』, 36면. 같은 홍 득 연간인데, 한편에서는 남녀 각각 20세라고 했는가 하면, 다른 한편에서는 남녀 5세와 6세라 하여 나이 차이가 많다. 노동력이라는 측면에서 보면 20세가 더 합리적이 아닐까 생각되지만, 차이의 원인에 대하여는 확언하기 어렵다.

151) 『국조형률』, 66b면; *The Lê Code*, vol. 1, article 372, p. 198. 다만 국가에서 준 노예는 이 수에 포함되지 않았다.

152) Abbé Richard, *Histoire naturelle, civile et politique du Tonkin*, vol. 1, p. 110. 존 크로퍼드도 같은 이야기를 전해 주고 있다. John Crawfurd,

Journal of an Embassy to the Courts of Siam and Cochin China*, p. 521.

153) Abbé Richard, *Histoire naturelle, civile et politique du Tonkin*, vol. 1, p. 107.

154) 『국조형률』은 자녀들이 열다섯 살 이상이 되어야만 자신 스스로를 남에게 팔 수 있다고 함으로써 법적 능력을 인정해 주고 있다. 15세 미만은 보호자가 있어야만 했다. 『국조형률』, 57a면; *The Lê Code*, vol. 1, article 313, p. 184.

155) John Embree, "Thailand－A Loosely Structured Social System", *American Anthropologist* 52(1950), p. 183.

156) 『국조형률』, 82b면; *The Lê Code*, vol. 1, article 457, p. 222.

157) Olga Lang, *Chinese Family and Society*(New Haven: Yale University Press, 1946), p. 46.

158) "生女則喜 男則憂." 潘鼎珪, 『安南紀遊』, 122면.

159) "男賤女貴." 鄭東愈 著; 서울대학교 古典刊行會 編, 『晝永編』, 82면.

160) 山本達郎, 『越南の家譜』, 1045면.

161) 위의 주 30) 참조.

162) 딸은 아들이 없을 때 가계를 상속했다.

163) 『홍덕선정서』, 58면; *The Lê Code*, vol. 2, pp. 223-224.

164) 『홍덕선정서』, 10-12면 및 16면; *The Lê Code*, vol. 2, pp. 222-223, 227.

165) "監守香火 有長男用長男 無長男則用長女香火田土." 『국조형률』, 71a-b면; *The Lê Code*, vol. 1, article 391, p. 204. 팜 딘 호는 19세기에도 딸의 가계 상속이 널리 행해지고 있었다는 기록을 남겨 놓았다. 范廷琥, 『雨中隨筆』, 55a면.

166) 위의 책, 55b면.

167) 武芳瑅, 『公餘捷記』, 46a면.

168) Hans F. Schurmann, "Traditional Property Concepts in China", *Far Eastern Quarterly* 15(1956), p. 512.

169) Woodside, *Vietnam and the Chinese Model*, pp. 41-42.

170) John Crawfurd, *Journal of an Embassy to the Courts of Siam and Cochin*

China, p. 273; Finlayson, *The Mission to Siam, and Hué, the Capital of Cochin China, in the Years 1821-1822*, 396.

171) 『안남지원』, 권2, 104-106면. 『안남지원』에 기록된 전체 가구와 인구의 수는 각각 162,558과 450,288이다. 그러나 이들 숫자에 이어 부(府)와 현(縣)으로 나누어 표시한 도표에 의하면, 각각 120,412와 500,264이다. 山本達郎, 『安南史硏究』 I(東京: 山川出版社, 1950), 606-607면. 『안남지원』의 숫자가 얼마나 정확한가에 대하여는 의문의 여지가 있지만, 이들이 그런대로 어느 정도는 참고가 되리라고 생각한다.

172) 中央硏究院歷史言語硏究所, 『明實錄』(臺北: 明和美術印刷廠, 1964), 권13, 『明太宗實錄』, 권195, 3a면.

173) 『明實錄』, 권13, 『明太宗實錄』, 권254, 2a면.

174) '테크노니미'와 친족 제도의 관계는 힐드레드 기어츠와 클리퍼드 기어츠로부터 빌려왔다. Hildred and Clifford Geertz, "Teknonymy in Bali: Parenthood, Age-Grading and Genealogical Amnesia", *The Journal of the Royal Anthropological Institute of Great Britain and Ireland* 94(1964), pp. 94-108.

175) Rhodes, *Histoire du royaume de Tunquin*, pp. 114-115. 로드 신부는 만약 둘째 또는 셋째가 태어나면 어른들을 어떻게 부르는지에 대해서는 언급하지 않았다.

176) Paul Benedict, "Analysis of Annamese Kinship Terms", *Southwestern Journal of Anthropology* 3(1947), pp. 371-391.

177) Cái는 전근대 베트남어다. 현재 사용하고 있는 메(mẹ, 어머니)라는 말은 타이계 언어로부터 들어왔다.

178) Rhodes, *Histoire du royaume de Tunquin*, p. 115.

179) 『국조형률』, 88a-b면; *The Lê Code*, vol. 1, article 478, p. 231.

180) 『국조형률』, 75a면; *The Lê Code*, vol. 1, article 411 및 412, pp. 211-212.

181) 『唐律疏議』, 권17, 321-325면; 『大明律集解附例』, 권18, 1a-4b면.

182) 『국조형률』, 25b면; *The Lê Code*, vol. 1, article 130, p. 141.

183) 기년복(期年服), 곧 1년 상복(喪服)을 입는 관계에 있는 근친(近親)의 어른

으로. 여기에는 조부모, 증조부모, 고조부모, 백숙부모, 고모, 형과 누나, 남편의 부모가 해당된다.

184) 『唐律疏議』, 권10, 204-205면; 『大明律集解附例』, 권12, 21a-b면.

185) 『국조형률』, 22b면; *The Lê Code*, vol. 1, article 109, pp. 137-138.

186) 『唐律疏議』, 권9, 190면; 『大明律集解附例』, 권11, 1b면.

제3장 재산과 상속

187) 牧野巽, 「安南の黎朝刑律にあらわれた家族制度 — 特に其の家産制度について」, 687-724면.

188) Robert Lingat, *Les régimes matrimoniaux du Sud-Est de l'Asie: essai de droit comparé indochinois*(Hanoi: Ecole Française d'Extrême-Orient, 1954), vol. I, pp. 75-92.

189) *The Lê Code*, vol. 2, p. 205.

190) 仁井田 陞, 「黎氏安南の財産相續法と中國法」, 『中國法制史研究－奴隷農奴法, 家族村落法』, 541면.

191) Stephen Young, "The Law of Property and Elite Prerogatives during Vietnam's Le Dynasty, 1428-1788", p. 29.

192) 『홍덕선정서』, 88면.

193) 『홍덕선정서』, 46면.

194) 『홍덕선정서』, 46면; 『국조형률』, 107b면; The Lê Code, vol. 1, article 590, p. 260.

195) 당률에서 동거(同居)는 '공재동거'(共財同居)를 의미하며, 또는 동거친속(同居親屬)이라고 하는 것은 '동거공재자'(同居共財者)를 의미한다고 했다. 이는 송률(宋律)에서도 마찬가지였다. 『唐律疏議』, 권6, 130면 및 권16, 303면; 仁井田 陞, 『中國法制史研究－奴隷農奴法, 家族村落法』, 359-363면; Bettine Birge, *Women, Property, and Confucian Reaction in Sung and Yüan China*(Cambridge: Cambridge University Press, 2002), pp. 53, 113.

196) 『국조형률』, 68a-b면; *The Lê Code*, vol. 1, article 378, pp. 200-202; 牧野巽, 「安南の黎朝刑律にあらわれた家族制度」, 699면.

197) 당률에서는 '첩용'(輒用), 명률에서는 '천용'(擅用)이란 용어를 쓰고 있다.

198) 『唐律疏議』, 권12, 241면; 『大明律集解附例』, 권4, 26b면; 牧野巽, 「安南の黎朝刑律にあらわれた家族制度」, 697-699면.

199) 『국조형률』, 80a면; *The Lê Code*, vol. 1, article 439, p. 219.

200) 『唐律疏議』, 권20, 365-366면; 『大明律集解附例』, 권18, 42a-b면; 牧野巽, 「安南の黎朝刑律にあらわれた家族制度」, 698면.

201) 『국조형률』, 67b면; *The Lê Code*, vol. 1, article 375, p. 199; *The Lê Code*, vol. 2, pp. 206-208; 『홍덕선정서』, 98면; Robert Lingat, *Les régimes matrimoniaux du Sud-Est de l'Asie*, vol. 1, pp. 76-79; Tạ Văn Tài, "The Status of Women in Traditional Vietnam, pp. 128-129.

202) 『국조형률』, 73b면, 89a면; *The Lê Code*, vol. 1, article 401 및 483, pp. 207, 232-323; 『홍덕선정서』, 130면; Tạ Văn Tài, "The Status of Women in Traditional Vietnam", p. 129.

203) 『천남여가집』, 「條律」, 5a면.

204) 최근의 연구에 의하면, 자녀 없는 여인들은 재산이 넉넉한 경우 절을 지어 주고 절에 자신의 제사를 맡기는 경우도 많았다. Phạm Thị Thùy Vinh, *Văn Bia Thời Lê Xứ Kinh Bắc và Sự Phản Ánh Sinh Hoạt Làng Xã*, pp. 189(베트남어), 373(영문).

205) 이 문서는 야마모토 타쯔로가 입수해 소개하고 있다. 전문(全文)은 그의 논문에 실려 있다. 山本達郎, 「安南の不動産賣買文書」, 『東方學報』(東京) 11(1940), 372-373면

206) Tạ Văn Tài, "The Status of Women in Traditional Vietnam", p. 132.

207) Robert Lingat, *Les régimes matrimoniaux du Sud-Est de l'Asie*, vol. 1, pp. 92-93.

208) Paul Pomeỉ, *Le droit familial et patrimonial au Viet-Nam*(Paris: Recueil Sirey, 1951), p. 234.

209) 『국조형률』, 67a-b면; *The Lê Code*, vol. 1, article 374, pp. 198-199.

210) 『국조형률』, 68a면; *The Lê Code*, vol. 1, article 377, p. 200.

211) 『국조형률』, 68b면; *The Lê Code*, vol. 1, article 379, p. 201.

212) 山本達郎, “安南の不動産賣買文書”, 373면.

213) 山本達郎, “安南の不動産賣買文書”, 378면.

214) 『국조형률』의 5개 조문(374, 375, 376, 380, 388)은 유언이 없는 경우에 관한 것들이다.

215) 仁井田 陞, 『中國法制史研究－奴隷農奴法, 家族村落法』, 527-528면. 니이다 노보루(仁井田 陞)에 의하면, 중국에서는 가부장권이 강했기 때문에 그가 비록 아들들에게 주는 재산 분배의 몫을 바꿀 수는 있었지만, 법적으로는 형제들 간에 가족재산의 균분상속을 원칙으로 했다.

216) 레 왕조 시대 베트남의 촌락은 싸(社, xã)라 불리며, 말단 행정 단위였다. 이는 하나 또는 둘 이상의 톤(村, thôn)으로 이루어졌다. 싸와 톤에 대하여는 제3부 제1장에서 자세히 논하고자 한다.

217) *The Lê Code*, vol. 3, pp. 44-45.

218) 『국조형률』, 71a면; *The Lê Code*, vol. 1, article 390, p. 204; 『홍덕선정서』, 16면; 景興 8년(1747) 7월 2일자 부 반 번(武文彬, Vũ Văn Bân)과 쯔엉 티 란(張氏蘭, Trương Thị Lan) 부부가 서명한 촉서」, 『囑書文契舊紙』.

219) 『국조형률』, 65b면; *The Lê Code*, vol. 1, article 366, p. 196; 『홍덕선정서』, 118면.

220) Samuel Baron, “A Description of the Kingdom of Tonqueen”, p. 9.

221) 『홍덕선정서』, 20면 및 40면.

222) 『홍덕선정서』, 8면.

223) 『국조형률』, 94a면; *The Lê Code*, vol. 1, article 506, p. 240.

224) 潘鼎珪, 『安南紀遊』, 1a면; Vissière, “Ngan-Nan Ki Yeou”, p. 80.

225) 『홍덕선정서』, 46면, 118면, 132면.

226) 『홍덕선정서』, 118면.

227) “父母在辰 造立囑書 分與孝子全分 假子半分 而不許不肖之子.” 『홍덕선정서』, 46면.

228) “其如父母已造囑書文契 與衆子 或有子肥子瘦者 許便均分.” 『홍덕선정서』, 40면,

46면.

229) 『홍덕선정서』, 113-114면

230) “爲父母者量其年老 造立囑書 爲族長者均其多寡 爲立文書.” 『국조형률』, 71a면; *The Lê Code*, vol. 1, article 390, p. 204; 『홍덕선정서』. 16면; 牧野巽, 「安南の黎朝刑律にあらわれた家族制度」, 715-716면.

231) 『국조형률』, 71a면; *The Lê Code*, vol. 1, article 390, p. 204; 『홍덕선정서』. 16면; 仁井田 陞, 『中國法制史硏究－奴隸農奴法, 家族村落法』, 535면.

232) Samuel Baron, “A Description of the Kingdom of Tonqueen”, pp. 9-10; Abbé Richard, *Histoire naturelle, civile et politique du Tonkin*, vol. 1, p. 105. 리샤르 수사는 장자가 다른 자녀들보다 10분의 1을 더 받았다고 했다.

233) 牧野巽, 「安南の黎朝刑律にあらわれた家族制度」, 716-717면; *The Lê Code*, vol. 2, p. 225; 유인선, “越南黎朝社會에서의 家族制度와 財産相續慣行”, 『亞細亞硏究』 24-1(1981. 1.), 5면.

234) “父母俱亡 有田土 未及遺下囑書 而兄弟姉妹相分 以貳拾分之壹爲奉事香火付與長男監守 餘者相分 妾婢子量減 若已有父母命并囑書 卽依如例 違者失其本分.” 『국조형률』, 70a-b면; *The Lê Code*, vol. 1, article 388, p. 203. 이 조문은 막 당 조안(莫登瀛, Mặc Đăng Doanh)의 다이 찐(大正, Đại Chính) 11년(1540)에 재강조되었다. 『홍덕선정서』, 14면.

235) Tran, Nhung Tuyet, “Vietnamese Women at the Crossroads”, pp. 167-169; Tran, Nhung Tuyet, “Beyond the Myth of Equality: Daughters' Inheritance Rights in the Lê Code”, pp. 131-132.

236) Tran, Nhung Tuyet, “Vietnamese Women at the Crossroads”, pp. 172-174; Tran, Nhung Tuyet, “Beyond the Myth of Equality: Daughters' Inheritance Rights in the Lê Code”, pp. 134-135.

237) “所有田池土宅 預造囑書均分衆子 留與男女三人.” 「景興 8년(1747) 7월 2일자 부 반 번(武文彬, Vũ Văn Bân)과 쯔엉 티 란(張氏蘭, Trương Thị Lan) 부부가 서명한 촉서」, 1b면.

238) 仁井田陞, 『唐宋法律文書の硏究』(東京 : 東方文化學院, 1937), 583면;

Bettine Birge, *Women, Property, and Confucian Reaction in Sung and Yüan China*, p. 79.

239) 외손에의 상속은 전근대 베트남 사회의 양계적 성격과 관계가 있는 것 같다.

240) 宮澤千尋, 「ベトナム北部における女性の財産上の地位 — 19世紀から1920年代末まで』の補章」, 『人類學からみた ベトナム社會の基礎的研究』(東京: 平成6・7年度科學硏究補助金」(總合硏究 A) 硏究成果報告書, 1996年3月), 83-84면.

241) Tran, Nhung Tuyet, "Beyond the Myth of Equality: Daughters' Inheritance Rights in *the Lê Code*", pp. 134-137.

242) 『국조형률』, 70a-73b면; *The Lê Code*, vol. 1, article 388-400, pp. 203-206; 『홍덕선정서』, 12면, 14-16면, 42면, 56-58면; Tạ Văn Tài, "The Status of Women in Traditional Vietnam", pp. 124-125.

243) 『홍덕선정서』, 14면.

244) O. W. Wolters, "Le Van Huu's Treatment of Ly Than Tong(1127-1137), "in Charles D. Cowan and O. W. Wolters, eds., *Southeast Asian History and Historiography*(Ithaca: Cornell University Press, 1976), pp. 207-209.

245) 『홍덕선정서』, 12-14면.

246) 『홍덕선정서』, 14-16면; 『전서』(중), 725면; Stephen B. Young, "The Law of Property and Elite Prerogative during Vietnam's Le Dynasty: 1428-1788", p. 33.

247) Raymond Deloustal, "La justice dans l'ancien Annam", *BEFEO* 11(1911), p. 57.

248) Henry McAleavy, "Varieties of huong-hoa : A Problem of Vietnamese Law", *Bulletin of the School of Oriental and African Studies* 21(1958), pp. 618-619.

249) Stephen B. Young, "The Law of Property and Elite Prerogative during Vietnam's Le Dynasty: 1428-1788", p. 33.

250) 仁井田陞, 『唐宋法律文書の硏究』, 583-584면.

251) 박영철 옮김, 『명공서판청명집 — 호혼문 역주』(서울: 소명출판, 2008), 337면; Bettine Birge, *Women, Property, and Confucian Reaction in Sung and Yüan China*, p. 80.

252) 박영철 옮김, 『명공서판청명집 — 호혼문 역주』, 362면; Bettine Birge, *Women, Property, and Confucian Reaction in Sung and Yüan China*, pp. 84-85.

253) 仁井田 陞, 『中國法制史研究－奴隷農奴法, 家族村落法』, 365-392면; 柳田節子, 「宋代女子の財産權」, 『法政史學』 42(1990), 1-14면; Bettine Birge, Women, Property, and Confucian Reaction in Sung and Yüan China, pp. 64-112. 한편 이와는 달리 남송 때의 법은 사회 관습으로부터 유래하지 않았다는 주장도 있다. 물론 이 법이 남송 때에 특이하기는 하지만 중국 역사의 전체에서 보면 지극히 예외적인 데 불과하다는 것이다. Kathryn Bernhardt, “The Inheritance Rights of Daughters: The Song Anomaly?” *Modern China* 21-3(July 1995), pp. 269-309 참조.

254) 羅香林, 『百越源流與文化』(臺北: 中華叢書委員會, 1955). 일본인 학자 마쯔모토 노부히로(松本信廣)는 어원학적인 측면에서 볼 때 양쯔 강 이남의 중국 문화가 북중국 문화에 흡수되기 전에는 인도차이나 문화와 연결되어 있었다고 주장한다. 松本信廣, 『印度支那の民族と文化』(東京: 岩波書店, 1942). 우드사이드도 남중국과 베트남은 빈랑 열매 씹기나 보트 경주 같은 공통되는 관습을 가졌다고 했다. Woodside, *Vietnam and the Chinese Model*, pp. 35-37.

255) 『국조형률』, 68b-69a면; *The Lê Code*, vol. 1, article 300, p. 201; 『홍덕선정서』, 42-44면. 친생자가 한 명 이상이면 친생자와 양자의 구분 없이 부모의 재산은 똑같이 나누어졌던 것 같다.

256) Abbé Richard, *Histoire naturelle, civile et politique du Tonkin*, vol. 1, p. 94.

257) 『長男或長孫 前已受香火分 其長男長孫如有貧薄 漂居別處 已經年久留 厭忌臘 許本宗陳告官司 暫付宗人承祀』. 『국조형률』, 72a면; The Lê Code, vol. 1, article 394, p. 205.

제2부 가족제도와 베트남 관습 258－259

258) 17, 8세기 경제발달에 관한 연구에 대하여는 다음을 참조하라. Nguyen Thanh Nha, *Tableau économique du Viêt Nam au XVII aux et XVIII siècles*.

259) Samuel Baron, "A Description of the Kingdom of Tonqueen", p. 9.

제3부 가족과 촌락, 그리고 국가 1－5

제1장 가족과 촌락

1) Tamara K. Hareven, "The History of Family as an Interdisciplinary Field", p. 223.

2) 랑 또는 촌은 다시 하나 이상의 거주 집단으로 나누어지는데, 이 하나의 거주 집단은 쏨(xom, 쯔놈은 坫)이라 불린다.

3) 이들 숫자는 『홍덕판도』(洪德版圖[Hồng Đức Bản Đồ], 東京: 東洋文庫 X-75)에 의한 것이다. 사꾸라이 유미오(櫻井由躬雄)와 존 위트모어(John Whitmore)가 계산한 수와 이들 사이에는 약간의 차이가 있다. 櫻井由躬雄, 「ベトナム中世社數の研究」『東南アジア－歷史と文化』 5(1975), 15면, 표 1; John K. Whitmore, "Social Organization and Confucian Thought in Vietnam", p. 301. 최근의 연구는 『홍덕판도』의 편찬이 처음 알려졌던 것처럼 홍 득 21년(1491)이 아니라 17세기 중반에 이루어졌다고 한다. Lê Thước, "Nhận xét về tập Bản Đồ Hồng Đức số A-2499 của Thư Viện Khoa Học"(사회과학원 소장 『홍덕판도』 A-2499에 관한 고찰), *Nghiên Cứu Lịch Sử* 54(tháng Chín 1963), pp. 27-28; 櫻井由躬雄, 「ベトナム中世社數の研究」, 18-20면.

4) 櫻井由躬雄, 「ベトナム中世社數の研究」, 23-25면, 특히 지도 1-3.

5) William Dampier, *Voyages and Discoveries*, pp. 35-36. 다음도 참조하라. 『홍덕선정서』, 70면; John Crawfurd, *Journal of an Embassy to the Courts of Siam and Cochin China*, p. 259; Pierre Gourou, *The Peasants of the Tonkin*

Delta: A Study of Human Geography, trans. Richard Miller(New Haven: Human Relations Area Files, 1955), p. 292.

6) 입구가 둘 또는 셋인 경우도 적지 않았다.

7) Adrien Launay, *Histoire de la mission du Tonkin*, vol. 1: *Documents historiques, 1658-1717*(Paris: Librairie orientale et américaine, 1927), p. 77.

8) "Ngon rau tấc đất." Pierre Gourou, *The Peasants of the Tonkin Delta*, p. 6에서 재인용.

9) "Lá rụng về cội." Huynh Dinh Te, "Vietnamese Cultural Patterns and Values as Expressed in Proverbs", p. 123.

10) 사장의 역할에 대하여는 다음 장(章)을 참조하라.

11) Nguyen Tien Huu, "The Village State in Traditional Vietnam", in Wolfram Eberhard et al.(eds.), *Nation and Mythology*(Bremen: Simon & Megiera, 1983), pp. 161-162. 베트남 역사학회 회장인 판 후이 레(Phan Huy Lê) 교수는 '랑 느억'의 어원은 확실치 않으나, 응우옌 띠엔 흐우(Nguyen Tien Huu)의 해석은 지나친 비약이라고 생각한다고 했다.(1994년 7월 필자와의 대화).

12) Pierre Gourou, *The Peasants of the Tonkin Delta*, p. 292.

13) Pierre Gourou, *The Peasants of the Tonkin Delta*, p. 282.

14) Charles Robequain, *Le Thanh –Hoá*(Paris et Bruxelles: G. Van Oest, 1929), vol. 2, p. 478.

15) 레 왕조 중흥(中興) 이후에는 도(道)를 처(處)라고도 했다. 응우옌 왕조에 들어와서는 이를 성(省)으로 고쳐 오늘날에까지 이르고 있다.

16) 『견문소록』(Ecole Française d'Etrême-Orient, microfilm A. 32), 권6, 40b면.

17) 『견문소록』, 권6, 40a면.

18) Nguyen Thanh Nha, *Tableau économique du Viêt Nam au XVII aux et XVIII siècles*, pp. 103-104.

19) John K. Whitmore, "Social Organization and Confucian Thought in Vietnam", p. 301; John K. Whitmore, Vietnam, *Ho Quy Ly, and the Ming*(1371-1421), pp. 106-107.

20) 『전서』(중), 703면; 『홍덕선정서』, 144면.

21) William Dampier, Voyages and Discoveries, pp. 26-27.

22) 陳荊和, 「17世紀におけるKe-Choの樣相と性格について」, 『史學』 43-3(1970), 405면.

23) 유럽 인들은 탕 롱을 Ke-cho(Kẻ Chợ, 都會)라고 불렀다. 쩌(Chợ)는 베트남어로 '시장'이라는 의미이다. 탕 롱이 큰 시장과 같았기에 그렇게 부르지 않았나 생각된다.

24) Samuel Baron, "A Description of the Kingdom of Tonqueen", p. 3. 이들 거리는 쉽게 말하면 특정 수공업 제품 전문 거리로, 베트남어로는 프엉(坊, phường)이라고 한다.

25) 『견문소록』 권2, 6a-b면. 『견문소록』에 총 2,512라고 한 것은 계산 착오이다.

26) Lê Thành Khôi, *Histoire du Viêt Nam des origines à 1858*, pp. 306-309.

27) 18세기 전반의 여류 시인 도안 티 디엠(段氏點, Đoàn Thị Điểm)이 한시를 쯔놈으로 번안했다고 알려진 『征夫吟曲』(Chinh Phụ Ngâm Khúc)은 출정한 남편의 무사를 애타게 기원하는 아내의 심정을 노래한 것으로, 당시의 혼란했던 상황을 잘 보여 준다.

28) Nguyen Thanh Nha, *Tableau économique du Viêt Nam au XVII aux et XVIII siècles*, p. 56.

29) 3,691촌락 중 1,730마을에서는 주민이 크게 감소했고, 1,961마을에서는 주민의 감소가 비교적 적었다. 『강목』, 정편, 권39, 18b면; Nguyen Thanh Nha, *Tableau économique du Viêt Nam au XVII aux et XVIII siècles*, pp 42-43.

30) 로드 신부는 처음으로 적극적인 선교 활동을 한 이였다. 그는 1629년까지 6,700명에게 세례를 주었다고 한다. Henri Chappoulie, *Rome et missions d'Indochine au XVII siècle*, vol. 1, p. 34.

31) 댐피어에 따르면, 1688년 당시 개종자는 14,000명이었다. William Dampier, *Voyages and Discoveries*, p. 69.

32) John Crawfurd, *Journal of an Embassy to the Courts of Siam and Cochin China*, pp. 487-488.

33) Samuel Baron, "A Description of the Kingdom of Tonqueen", p. 15.

34) 사장은 촌내 가족들에게 세금을 할당하고, 군역과 요역에 필요한 인원을 배정할 권한이 주어졌다. 따라서 사장의 감정을 상하게 한 이들은 세금과 인력 동원에서 불이익을 당할 수 있었다.

35) 현관에게 호소했다가 사실을 입증하지 못하면 처벌을 받도록 되어 있었다. 그리고 소송에서 이기든 지든 간에 소송 비용을 지불해야만 했다. 또 당시 관리들의 부패로 인해 가난한 이들은 소송에게 이길 가능성이 매우 적었다.

36) 『여조조령선정』, 298면.

37) John Barrow, *A Voyage to Cochinchina*, p. 302.

38) 『공여첩기』, 권2, 9b-10a면.

39) 『공여첩기』, 권1, 64b면.

40) 『공여첩기』, 권2, 18b-19a면.

41) 『견문소록』,권2, 32a-b면.

42) John Barrow, *A Voyage to Cochinchina*, p. 300.

43) 소수 민족에 대한 정책은 다음 장에서 상세히 논할 예정이다.

44) 레 타인 똥의 1471년 중부지방에의 원정에 대하여는 다음을 참조하라. John K. Whitmore, "The Development of Le Government in Fifteenth Century Vietnam", pp. 207-216; John K. Whitmore, "The Two Great Campaigns of the Hong-Duc Era(1470-97) in Dai Viet", *South East Asia Research* 12-1(2004), pp. 119-136. 타인 똥은 참족을 베트남 문화 속으로 통합하기 위해 그들의 성을 베트남 식으로 바꾸게 하는 동시에 결혼도 다른 지역의 사람들과 하도록 장려했다.

45) 『전서』(하), 868면.

46) 남부 베트남 촌락의 유형에 대하여 제럴드 히키(Gerald Hickey)는 다음과 같이 말하고 있다. "많은 촌락들은 수로와 도로를 따라 기다란 모양을 하고 있다. 밀집된 촌락도 울타리도 없고, 인구 밀도는 대부분의 촌락과 지역에서 비교적 낮다. 남부의 많은 지역에서 대내외 교통은 매우 좋은 편인데, 이는 많은 강과 강의 지류와 수로 때문이다." Gerald Hickey,

"Problem of Social Change in Vietnam", *Bulletin de la Société des Etudes Indochinois* 33(1958), pp. 413.

47) Michael G. Cotter, "Towards a Social History of the Vietnamese Southward Movement", Journal of Southeast Asian History 9(1968), pp. 18-19; Nguyen Thanh Nha, *Tableau économique du Viêt Nam*, p. 43.

48) Michael G. Cotter, "Towards a Social History of the Vietnamese Southward Movement", p. 16.

49) Gerald Hickey, "Problem of Social Change in Vietnam", pp. 414-415.

50) Rhodes, *Histoire du royaume de Tunquin*, p. 106.

51) "Bán anh em xa, mua láng giềng gần." Phan Đại Doãn, "Thiết chế truyền thống làng Việt trong hệ thống chinh trị ngày nay"(현대 정치 제도에서 베트남 촌락의 전통적 체제), *Nghiên Cứu Lịch Sử* 11(2006), p. 6.

52) Adrien Launay, *Histoire de la mission du Tonkin*, vol. 1, p. 476.

53) 『전서』(하), 975면.

54) William Dampier, *Voyages and Discoveries*, p. 69.

55) Adrien Launay, *Histoire de la mission du Tonkin*, vol. 1, p. 289.

제2장 가족과 국가

56) 제1부를 참조하라.

57) 『국조형률』, 52a면; *The Lê Code*, vol. 1, article 285, p. 177.

58) Raymond Deloustal, "La justice dans l'ancien Annam", *BEFEO* 10(1910), pp. 350-351, n. 4.

59) 레 왕조의 사장을 응우옌 왕조에서는 이장이라고 했다.

60) Philastre, *Le Code Annamite*, vol. 1, article 74, pp. 360-364.

61) 『唐律疏議』, 권12, 231-233면 및 『大明律集解附例』, 권4, 1a-2b면.

62) 『전서』(중), 645-646면; 『헌장』, 권26, 8b-9a면.

63) 『여조조령선정』, 316면. 이 규정은 1501년에 처음 제정되었다. 『전서』

(중), 771면; 『강목』, 정편, 권25, 8a-b면.

64) 『전서』(하), 1050면; 『강목』, 정편, 권35, 36b-37a면; 『헌장』, 권26, 24a면.

65) 『전』(하), 1105; 『강목』, 정편, 권39, 2a-5b면; 『헌장』, 권26, 25a-b면.

66) 『전서』(중), 677면.

67) 『전서』(중), 556면; 『강목』, 정편, 권15, 13a-b면.

68) 『전서』(중), 657면.

69) 『천남여가집』, 「條律」, 32b면.

70) 『홍덕선정서』, 52면; Stephen B. Young, "The Law of Property and Elite Prerogative during Vietnam's Le Dynasty: 1428-1788", p. 34.

71) 『헌장』 권14, 23b면; Philippe Langlet, "La tradition vietnamienne", p. 37; Lê Thành Khôi, *Histoire du Viêt Nam des origines à 1858*, p. 271. 당 프엉 응이(Dang Phuong Nghi)는 사사(社史)를 '사사'(社使), 사서(社胥)를 '사사'(社司)로 표기하고 있는데 이는 오류이다. Dang Phuong Nghi, *Le institutions publiques du Viet-Nam au XVIII siècle*, p. 87.

72) 『전서』(하), 989면; 『여조조령선정』, 140-141면.

73) 『헌장』, 권14, 23b면. 『역조헌장유지』는 이 고과 제도의 실시가 까인 찌 연간(景治, Cảnh Trị, 1663-1671)이라고만 하고 정확한 연대를 밝히지는 않았다. 이 제도는 중간에 폐지되었었는지 바오 타이 7년(1726)에 다시 실시되었다는 기록이 보인다. 『전서』(하), 1062면.

74) 『헌장』, 권14, 24a면; Lê Thành Khôi, *Histoire du Viêt Nam des origines à 1858*, p. 271. 리샤르 수사는 사장이 다수결에 의해 선출되었다고 했다. Abbé Richard, *Histoire naturelle, civile et politique du Tonkin*, vol. 2, p. 95.

75) 최근의 연구는 16세기 말로부터 시작하여 특히 17세기에는 불교가 부활되면서 많은 사원이 신축되거나 수리되었다고 한다. 승려들은 교량 건설 등과 같은 여러 가지 역할을 촌락 사회에서 하고, 심지어는 사장으로서 직접 촌락의 일을 담당하는 경우조차 있었다. Phạm Thị Thùy Vinh, *Văn Bia Thời Lê Xứ Kinh Bắc và Sự Phản Ánh Sinh Hoạt Làng Xã*, pp. 145, 199(베트남어), 320, 386(영문).

76) 『홍덕선정서』, 102면; Stephen B. Young, "The Law of Property and Elite Prerogative during Vietnam's Le Dynasty: 1428-1788", p. 34.

77) 『홍덕선정서』, 102-104면.

78) 『전서』(중), 577면. 또한 『국조형률』 121b면 및 *The Lê Code*, vol. 1, article 672, p. 280을 참조하라.

79) 『여조조령선정』, 388-392면과 400면 및 426면; *The Lê Code*, vol. 2, pp. 339-341. 이때 호혼(戶婚)·토지·인명 및 잡송(雜訟)은 사장이 먼저 처리하도록 하고, 권문세가의 농민들 억압은 처음부터 성의 감찰을 담당하는 헌사(憲司)가 맡도록 했다.

80) 『전서』(하), 975면.

81) 『여조조령선정』, 306면.

82) 『여조조령선정』, 454면.

83) Stephen B. Young, "The Law of Property and Elite Prerogative during Vietnam's Le Dynasty: 1428-1788", p. 38.

84) 『전서』(하), 1008면; 『강목』, 정편, 권34, 3a-b면; 『여조조령선정』, 460-463면; *The Lê Code*, vol. 2, pp. 341-342.

85) 『헌장』, 권38, 「刑律誌」, 1a-b면. 『헌장』에는 「감송통례」(勘訟通例)로 되어 있다.

86) 일반적으로 지방관의 임기는 3년이었지만 한 번의 연임은 가능했다.

87) 『전서』(하), 1058면; 『강목』, 정편, 권36, 19a면; 『헌장』, 권29, 11a-b면.

88) 각 현의 촌락 수에 대하여는 櫻井由躬雄, 『ベトナム村落の形成』(東京: 創文社, 1987), 150-158면, 表3을 참조하라.

89) Ngô Cao Lãng, *Lịch triều tạp kỷ*(歷朝雜紀)(Hà Nội: NXB Khoa Học Xã Hội, 1975), tập I, p. 290; Nguyen Khac Vien, ed., "Traditional Vietnam: Some Historical Stages", *Vietnamese Studies* 21(1969), p. 104;

90) 『전서』(하), 977면; 『강목』, 정편, 권33, 9b-10a면; Philippe Langlet, "La tradition vietnamienne", p. 64.

91) 『전서』(하), 1131-32면; 『강목』, 정편, 권41, 2a-b면.

92) 『강목』, 정편, 권41, 2b면; Lê Thành Khôi, *Histoire du Viêt Nam des*

origines à 1858, p. 259.

93) 『전서』(하), 1073면; 『강목』, 정편, 권37, 22b-23a면.

94) Adrien Launay, *Histoire de la mission du Tonkin*, vol. 1, p. 412.

95) 『전서』(하), 961면; 『강목』, 정편, 권32, 20b면; Philippe Langlet, "La tradition vietnamienne", p. 67.

96) Lê Thành Khôi, *Histoire du Viêt Nam des origines à 1858*, p. 258. 18세기에 물소 한 마리 값은 40관이었다고 한다.

97) Samuel Baron, "A Description of the Kingdom of Tonqueen", p. 24.

98) 『전서』(하), 944면; 和田正彦, 「ヴェトナム黎末阮初の宦官について」, 『慶應大學言語文化硏究所紀要』 10(1978), 24면.

99) 『전서』(하), 1089면; 『강목』, 정편, 권38, 9a-b면; Dang Phuong Nghi, *Le institutions publiques du Viet-Nam au XVIII siècle*, p. 60. 리샤르 수사는 말하기를, (찐 씨는) 환관들의 수를 많이 증가시켰기 때문에 그들의 권력으로 인해 나라가 빈곤해졌다고까지 했다. Abbé Richard, *Histoire naturelle, civile et politique du Tonkin*, vol. 2, p. 101.

100) Woodside, *Vietnam and the Chinese Model*, p. 243.

101) 『국조형률』, 10a면; *The Lê Code*, vol. 1, article 40, p. 119. 이 조문은 당률의 조문을 받아들인 것이다. 『唐律疏議』, 권6, 133면

102) 『국조형률』, 81b면; *The Lê Code*, vol. 1, article 451, p. 221.

103) Dang Phuong Nghi, *Le institutions publiques du Viet-Nam au XVIII siècle*, pp. 79-81; Philippe Langlet, "La tradition vietnamienne", pp. 33-35. 15세기에 진수는 도총병사(道總兵使)라고 불렸으며, 도의 총책임자는 아니었다. 그러나 16, 7세기에 각종 반란과 내전이 발생하면서 군권(軍權)이 강화되어 마침내는 진수로서 도의 총책임자가 되었다.

104) 『전서』(하), 1051면; 『강목』, 정편, 권35, 38a-39b면; 『견문소록』, 권6, 8b-9a면.

맺음말 1-4

1) 後藤均平, 『ベトナム救國抗爭史』(東京: 新人物往來社, 1975), 59-60면; Keith Taylor, The *Birth of Vietnam*, p. 32; 유인선, 『베트남과 그 이웃 중국: 양국 관계의 어제와 오늘』(서울: 창비, 2012), 34면.

2) 『後漢書』(北京: 中華書局, 1965), 권 76, 2462면; 『전서』(상), 125면; 黎崱, 『安南志略』, 159-160면; 後藤均平, 『ベトナム救國抗爭史』, 71-73면.

3) George Coedès, *The Indianized States of Southeast Asia*(Honolulu: East-West Center Press, 1968), p. 9.

4) Samuel Baron, “A Description of the Kingdom of Tonqueen”, p. 19.

참고문헌

1차 사료

『藍山實錄』. Ecole Fraçaise d'Extrême-Orient microfilm A. 26.

『唐律疏議』. 1983. 劉俊文 點校. 北京: 中華書局.

『大南寔錄』 正編, 第1紀, 1975. 東京: 慶応義塾大學 言語文化研究所.

『大明律集解附例』. 光緒戊申重刊: 脩訂法律館藏.

大汕. 「海外紀事」. 陳荊和 編著. 1960. 『十七世紀廣南之新史料』. 臺北: 中華叢書委員會.

『大越史記全書』 3권. 陳荊和 編校. 1984-1986. 東京: 東京大學東洋文化研究所 附屬東洋學文 獻センタ-.

『大越史略』. 陳荊和 編校. 1987. 東京: 創価大學アジア研究所.

『明實錄』. 1964. 臺北: 明和美術印刷廠.

武芳瑅. 『公餘捷記』. Ecole Française d'Etrême-Orient microfilm A. 44.

박영철 옮김. 2008. 『명공서판청명집 — 호혼문 역주』. 서울: 소명출판.

潘鼎珪. 『安南紀遊』. 2010. 인하대학교 한국학연구소 편. 『小方壺齋輿地叢鈔: 越南篇』. 인천: 인하대학교출판부.

潘輝注. 『歷朝憲章類誌』. 東洋文庫 X-76.

范廷琥. 『雨中隨筆』. Ecole Française d'Etrême-Orient microfilm A. 1297.

范廷琥·阮案 編. 『桑滄偶錄』. Ecole Française d'Etrême-Orient microfilm A. 218.

『三國志』. 「吳書」. 1995. 北京: 中華書局.

阮廌. 1972.「平吳大誥」. 阮廌. *Ức-Trai Tập* (抑齋集), Quyển 1. Saigon: Phủ Quốc Vụ Khanh Đặc Trách Văn Hóa Xuất Bản.
黎貴惇.『見聞小錄』. Ecole Française d'Etrême-Orient, microfilm A. 32.
黎貴惇.『大越通史』. Ecole Française d'Etrême-Orient microfilm A. 1389.
黎貴惇. *Đại Việt Thông Sử* (大越通史). 1973. Saigon: Bộ Văn Hóa Giáo Dục và Thanh Niên.
黎崱. 1995.『安南志略』. 北京: 中華書局.
鄭東愈 著. 서울大學校 고전刊行會 編. 1971.『晝永編』. 서울: 서울대학교 출판부.
鄭懷德. 1991.「嘉定省通志」. 戴可來·楊保筠 校注.『嶺南摭怪等史料三種』. 鄭州市: 中州古籍出版社.
周去非. 1985.『嶺外代答』. 北京: 中華書局.
中野煥 撰. 1797.『南瓢記』. 早稲田大學 舊藏本.
『天南餘暇集』. d'Etrême-Orient microfilm A. 4.「條律」.
『囑書文契舊紙』. Viện Nghiên Cứu Hán Nôm A. 2917.
崔致遠. 1834.『桂苑筆耕』. 서울: 서울대학교 규장각 소장.
『太平寰宇記』. 1882. 上海: 金陵書局.
『欽定越史通鑑綱目』. 1969. 臺北: 國立中央圖書館, 영인본.
『後漢書』. 1965. 北京: 中華書局.
Bento Thiện. 1659. *Lịch Sử Annam* 2 [안남의 역사 2] (1659). Archivum Roma Societe Iesu (ARSI) Jap/Sin vol. 81.
Hồng Đức Thiện Chính Thư (洪德善政書). Trans. Nguyễn Sĩ Giác. 1959. Saigon: Nam-Hà Ấn-Quán.
Lê Triều Chiếu Lịnh Thiện Chính (黎朝詔令善政). Trans. Nguyễn Sĩ Giác. 1961. Saigon: Nhà in Bình-Minh.
Nguyễn Trãi. 1953. *Gia Huấn Ca* (家訓歌). Edited by Đinh Gia Thuyết. Sài Gòn: Tân Việt.
Abbé Richard. 1778. *Histoire naturelle, civile et politique du Tonkin*. 2

vols. Paris: Chez Moutard.

Aubaret, Gabriel. 1865. *Code annamite: lois et règlements du Royaume d'Annam*. 2 vols. Paris: Imprimerie impériale.

Baron, Samuel. 1732. "A Description of the Kingdom of Tonqueen." In Churchill, Awnsham and John. eds. *A Collection of Voyages and Travels*. Vol. 6. London: Printed for Awnsham and John Churchill.

Barrow, John. 1975. *A Voyage to Cochinchina in the Years 1792 and 1793*. Kuala Lumpur: Oxford University Press.

Bissachère, Lemonnier de la. 1920. *Le relation sur le Tonkin et la Cochinchine*. Avec une introduction et des notes par Charles B. Maybon. Paris: E. Champion.

Borri, Christopher. 1732. "An Account of Cochinchina." In Churchill, Awnsham and John. eds. *A Collection of Voyages and Travels*. Vol. 2. London: Printed for Awnsham and John Churchill.

Chapman, Charles. 1817. "A Sketch of the Geography of Cochin China." *The Asiatic Journal and Monthly Register for British India and its Dependencies* 4.

Crawfurd, John. 1967. *Journal of an Embassy to the Courts of Siam and Cochin China*. Kuala Lupur: Oxford University Press.

Dampier, William. 1931. *Voyages and Discoveries*. With an introduction and notes by Clennell Wilkinson. Edited by N. M. Penzer. London: The Argonaut press.

Deloustal, Raymond. "La justice dans l'ancien Annam." *Bulletin de Ecole Française d'Etrême-Orient* 8 (1908); 9 (1909); 10 (1910); 11 (1911); 12 (1912); 13(1913); 22 (1922).

Deloustal, Raymond. 1919. "La justice dans l'ancien Annam." *Bulletin de Ecole Française d'Etrême-Orient*, 19.

Finlayson, George. 1828. *The Mission to Siam, and Huê, the Capital of Cochin China, in the Years 1821-1822*. London: John Murray.

Gaspardone, Emile & Aurousseau, Léonard. ed. 1932. *Ngan-Nan Tche Yü an* (安南志原). Hanoi: Ecole Française d'Etrême-Orient.

Koffler, Jean. 1911. "Description historique de la Cochinchina." *Revue Indochinoise* 16.

Lamb, Alastair. 1970. The Mandarin Road to Old Hue. Hamden: Archon Books.

Ngô Cao Lãng. 1975. Lịch triều tạp kỷ (歷朝雜紀). tập I. Hà Nội: NXB Khoa Học Xẫ Hội,

Nguyễn Ngọc Huy & Tạ Văn Tài. 1987. *The Lê Code: Law in Traditional Vietnam*. 3 vols. Athens, Ohio: Ohio University Press.

Philastre, Paul-Louis-Fèlix. 1876. *Le Code Annamite*. 2 vols. Par is: E. Leroux. Reprinted in Taipei, 1967.

Rhodes, Alexandre de. 1651. *Histoire du royaume de Tunquin et des grands progrez que la predication de l'evangile y a faits en la conversion des infidelles, depuis l'annèe 1627 jusques à l'annèe 1646*. Lyon: Jean Baptiste Devenet.

Rhodes, Alexander de. 1966. *Rhodes of Viet Nam: The Travels and Missions of Father Alexander de Rhodes in China and Other Kingdoms of the Orient*. Trans. Hertz, Solange. Westminster, Maryland: Newman Press.

The T'ang Code. 1979. Translated by Wallace Johnson. Princeton: Princeton University Press.

Vissière, Arnold J. A. 1889. "Ngan-Nan Ki Yeou: relation d'un voyage au Tonkin." *Bulletin de Geographie Historique et Descriptive* 4.

2차 사료

구범진. 1996.「베트남 陳朝(1125-1400) 沒落의 一要因에 對한 考察」.『서울大 東洋史學科論集』20.

권헌익 지음, 유강은 옮김. 2012.『학살, 그 이후: 1968년 베트남전 희생자들에 대한 추모의 인류학』. 서울: 아카이브.

유인선. 2003.「베트남 李朝와 陳朝의 法」.『東洋史學硏究』81.

유인선. 2005.「베트남 黎朝의 성립과 儒教理念의 확립」.『東亞硏究』48.

유인선. 2012.『베트남과 그 이웃 중국: 양국관계의 어제와 오늘』. 서울: 창비.

瞿同祖. 1981.『中國法律與中國社會』. 北京: 中華書局.

宮澤千尋. 1996.「ベトナム北部における女性の財産上の地位—19世紀から1920年代末まで』の 補章」.『人類學からみた ベトナム社會の基礎的研究』. 東京: 平成6·7年度科學研究補助金」(總合研究 A) 研究成果報告書, 3月.

羅香林. 1955.『百越源流與文化』. 臺北: 中華叢書委員會.

綾部恒雄. 1957.「ヴェトナム人の親族組織とその原型－社會人類學的研究」.『人類學雜誌』66-1.

桃木至朗. 2011.『中世大越國家の成立と變容』. 大阪: 大阪大學出版會.

嶋尾 稔. 2010.「ベトナムの家礼と民間文化」. 山本英史 編著.『アジアの文人が見た民衆とその 文化』. 東京: 慶應義塾大學言語文化研究所.

藤原利一郎. 1986.「黎聖宗の官制改革」. 藤原利一郎.『東南アジア史の研究』. 京都: 法藏館.

末成道男. 1995.「ベトナムの「家譜」」.『東洋文化研究所紀要』, 第127册.

牧野巽. 1944.「安南の黎朝刑律にあらわれた家族制度－特に其の家産制度について」.『支那家族研究』. 東京: 生活社, 1944.

山本達郎. 1938.「安南黎朝の婚姻法」.『東方學報』8.

山本達郎. 1939.「安南の貿易港雲屯」.『東方學報』(東京) 9.

山本達郎. 1940.「安南の不動産賣買文書」.『東方學報』(東京) 11.

山本達郎. 1950.『安南史研究』I. 東京: 山川出版社.

山本達郎. 1961.「越南の家譜」. 和田博士古稀記念 論叢編纂委員會 編.『和

田博士古稀記念 東洋史論叢』. 東京: 講談社.
山本達郎. 1984.「國朝刑律にみえる貶爵」.『瀧川政次郎博士米壽記念論集 律令制の諸問題』. 東京: 汲古書院.
松本信廣. 1942.『印度支那の民族と文化』. 東京: 岩波書店.
櫻井由躬雄. 1975.「ベトナム中世社數の研究」.『東南アジアー歷史と文化』5.
櫻井由躬雄. 1976.「永盛均田例の研究」.『史學雜誌』87(7월).
櫻井由躬雄. 1987.『ベトナム村落の形成』. 東京: 創文社.
柳田節子. 1990.「宋代女子の財産權」.『法政史學』42.
仁井田 陞. 1937.『唐宋法律文書の研究』. 東京 : 東方文化學院.
仁井田 陞. 1959.『中國法制史研究 – 刑法』. 東京: 東京大學出版會.
仁井田 陞. 1962.『中國法制史研究 – 奴隷制度法·家族村落法』. 東京: 東京大學 東洋文化研究所.
仁井田 陞. 1962.「黎氏安南の財産相續法と中國法」. 仁井田 陞.『中國法制史研究 – 奴隷制度法·家族村落法』. 東京: 東京大學 東洋文化研究所.
佐世俊久. 1985.「ヴェトナム黎朝國家の確立過程に關する一考察」.『史學研究』167.
曾我部靜雄. 1971.『中國律令史の研究』. 東京: 吉川弘文館.
陳荊和. 1970.「17世紀におけるKe-Choの樣相と性格について」.『史學』43-3.
八尾隆生. 2009.『黎初ヴェトナムの政治と社會』. 東廣島: 廣島大學出版會.
片倉 穰. 1987.『ベトナム前近代法の基礎的研究』. 東京: 風間書房, 1987.
河原正博. 1965.「丁部領の卽位年代について」.『法政大學文學部紀要』15.
和田正彦. 1978.「ヴェトナム黎末阮初の宦官について」.『慶応大學言語文化研究所紀要』10.
後藤均平. 1975.『ベトナム救國抗爭史』. 東京: 新人物往來社.
Lê Thước. 1963. “Nhận xét về tập Bản Đồ Hồng Đức số A-2499 của Thư Viện Khoa Học”[사회과학원 소장『홍덕판도』A-2499에 관한 고찰]. *Nghiên Cứu Lịch Sử* 54(tháng Chín).
Phạm Thị Thùy Vinh. 2003. *Văn Bia Thời Lê Xứ Kinh Bắc và Sự Phản Ánh Sinh Hoạt Làng Xã* (레 왕조 시기 낀 박 지역의 비문과 촌락

생활의 반영). Hà Nội: Viện Nghiên cứu Hán Nôm.

Phan Đại Doãn. 2006. "Thiết chế truyền thống làng Việt trong hệ thống chinh trị ngày nay" (현대 정치 제도에서 베트남 촌락의 전통적 체제). *Nghiên Cứu Lịch Sử* 11.

Phan Kế Bính. 1991. *Việt Nam Phong Tục* (월남풍속). TPHCM: NXB Tổng Hợp Đồng Tháp.

Trần Quốc Vượng. 2000. *Truyền Thống Phụ Nữ Việt Nam* (베트남 여성의 전통). Hà Nội: Nxb Văn Hóa Dân Tộc.

Trương Bá Phát. 1970. "Lịch Sử Cuộc Nam Tiến của Dân Tộc Việt Nam" (베트남 민족의 남진 역사). *Sử Địa*, 19 & 20.

Vản Tân. 1958. *Cách Mạng Tây Sơn* (西山黨 혁명). Hà Nội: Văn Sử Địa.

Vũ Văn Mẫu. 1961. "Tựa" (서문). In trans. Nguyễn Sĩ Giác. *Lê Triều Chiểu Lịnh Thiện Chính* (黎朝詔令善政). Saigon: Nhà in Bình-Minh.

Benedict, Paul. 1947. "Analysis of Annamese Kinship Terms." *Southwestern Journal of Anthropology* 3.

Bernhardt, Kathryn. 1995. "The Inheritance Rights of Daughters: The Song Anomaly?" *Modern China* 21-3 (July).

Birge, Bettine. 2002. *Women, Property, and Confucian Reaction in Sung and Yüan China*. Cambridge: Cambridge University Press.

Bodde, Derk and Moris, Clarence. 1967. *Law in Imperial China*. Cambridge, Mass.: Harvard University Press.

Cadière, Léopold. 1906. "Le mur de Dong-Hoi." *Bulletin de Ecole Franç aise d'Etrême-Orient*, 6.

Cadière, Léopold. 1929. "Les Europeens qui ont vu le vieux Hué: l'Abbé de Choisy." *Bulletin des Amis au Vieux Hué* 16.

Cadière, Léopold & Pelliot, Paul. 1904. "Première étude sur les sources annamites de l'histoire d'Annam." *Bulletin de Ecole Française d'Etrême-Orient*, 4.

Chappoulie, Henri. 1943. *Rome et les missions d'Indochine au XVII siècle*. 2 vols. Paris: Bloud et Gay.

Ch'en Chingho. 1976. *On the Various Editions of the Dai Viet Su Ky Toan Thu*. Hong Kong: Center for East Asian Studies, The Chinee University of Hong Kong.

Coedès, George. 1968. *The Indianized States of Southeast Asia*. Honolulu: East-West Center Press.

Cong-Huyen-Ton-Nu Nha Trang. 1973. "The Traditional Roles of Women as Reflected in Oral and Written Vietnamese Literature." Ph. D. dissertation, University of California, Berkeley.

Cotter, Michael G. 1969. "Towards a Social History of the Vietnamese Southward Movement." *Journal of Southeast Asian History* 9.

Dang Phuong Nghi. 1969. *Le institutions publiques du Viet-Nam au XVIII siècle*. Paris: Ecole Française Extrême-Orient, 1969.

Demos, John. *A Little Commonwealth*. 1970 New York: Oxford University Press.

Dror, Orga and Taylor, K. W. eds. 2006. *View of Seventeenth- Century Vietnam: Christoforo Borri on Cochin China and Samuel Baron on Tonkin*. Ithaca: Southeast Asia Program Publications, Cornell University, 2006.

Embree, John. 1950. "Thailand－A Loosely Structured Social System." *American Anthropologist* 52.

Gaspardone, Emile. 1932. "Une étude sur le Ngan-Nan Tche Yûan et son auteur." In Gaspardone, Emile & Aurousseau, Léonard. ed. *Ngan-Nan Tche Yûan*. Hanoi: Ecole Française d'Etrême-Orient.

Gaspardone, Emile. 1934. "Bibliograpie annamite." Bulletin de Ecole Française *d'Etrême-Orient*, 34.

Gaspardone, Emile. 1976. "Le Loi." In Goodrich, Carrington L. ed. *Dictionary of Ming Biography*. Volumes I. New York: Columbia

University Press.

Geertz, Hildred and Geertz, Clifford. 1964. "Teknonymy in Bali: Parenthood, Age-Grading and Genealogical Amnesia." *The Journal of the Royal Anthropological Institute of Great Britain and Ireland* 94.

Gourou, Pierre. 1955. *The Peasants of the Tonkin Delta: A Study of Human Geography*. Trans. Richard Miller. New Haven: Human Relations Area Files.

Hareven, Tamara K. "The History of the Family as an Interdisciplinary Field." In Rabb, Theodore K. and Rotberg, Roberts I. eds. 1973. *The Family in History*. New York: Harper & Row.

Hickey, Gerald. 1958. "Problem of Social Change in Vietnam." *Bulletin de la Société des Etudes Indochinois* 33.

Hoebel, Adamson E. *Law of Primitive Man*. Cambridge, Mass.: Harvard University Press, 1954.

Huynh Dinh Te. 1962. "Vietnamese Cultural Patterns and Values as Expressed in Proverbs." Ph. D. dissertation, Columbia University.

Lamb, Alastair, ed. 1961. "British Missions to Cochin China: 1778-1822." *Journal of the Malayan Branch Royal Asiatic Society* 34-3 & 4.

Lang, Olga. 1946. *Chinese Family and Society*. New Haven: Yale University Press.

Langlet, Philippe. 1970. "La tradition vietnamienne: un national au sein de la civilisation chinoise." *Bulletin de la Société des Etude Indochinoises*, nouvlelle série, Tome XLV, No. 2-3.

Launay, Adrien. 1927. *Histoire de la mission du Tonkin*. Vol. 1: Documents historiques, 1658-1717. Paris: Librairie orientale et américaine.

Lê Thành Khôi. 1981. *Histoire du Viêt Nam des origines à 1858*. Paris:

Sudestasie.

Leach, Edmund R. 1966. *Rethinking Anthropology*. New York: Humanities Press.

Li Tana. 1998. *Nguyễn Cochinchina: Southern Vietnam in Seventeenth and Eighteenth Centuries*. Ithaca: Cornell Southeast Asia Program.

Lingat, Robert. 1954. *Les régimes matrimoniaux du Sud-Est de l'Asie: essai de droit comparé indochinois*. 2 volumes. Hanoi: Ecole Française d'Extrême-Orient.

Maitre, Claude E. 1908. "Préface à 'La justice dans l'ancien Annam'." *Bulletin de Ecole Française d'Etrême-Orient*, 8.

McAleavy, Henry. 1958. "Varieties of huong-hoa: A Problem of Vietnamese Law." *Bulletin of the School of Oriental and African Studies* 21.

Nguyen Khac Vien, ed. 1969. "Traditional Vietnam: Some Historical Stages." *Vietnamese Studies* 21.

Nguyễn Ngọc Huy. 1980. "Le Code des Lê: 'Quốc Triều Hình Luật' ou 'lois penales de la dynasties nationale'." *Bulletin de Ecole Franç aise d'Etrême-Orient*, 67.

Nguyen Ngoc Huy. 1983. "On the Process of Codification of The National Dynasty's Penal Law (Quoc Trieu Hinh Luat)." *The Vietnam Forum* 1.

Nguyen Phuc Duc. 1964. *La veuve en droit vietnamien*. Saigon: Ministère de L'Education Nationale.

Nguyen Tien Huu. 1983. "The Village State in Traditional Vietnam." In Eberhard, Wolfram et al. eds. *Nation and Mythology*. Bremen: Simon & Megiera.

Nguyên Van Ky. 2002. "Rethinking the Status of Vietnamese Women in Folklore and Oral History." In Bousquet, Gisele and Brocheux,

Pierre. eds. *Viêt Nam Exposé: French Scholarship on Twentieth-Century Vietnamese Society*. (Ann Arbor: The University of Michigan Press.

Osborne, Milton. 1969. "The Debate of a Legal Code for Colonial Chochinchina: The 1869 Commission." *Journal of Southeast Asian History* 10(September).

Phan Huy Le. 1994. "Pho Hien: Research Issues To Be Considered." In Association of Vietnamese Historians, ed., *Pho Hien: The Centre of International Commerce in the XVIIth* – XVIIIth Centuries. Hanoi: The Gioi Publishers.

Pomeʔ, Paul. 1951. *Le droit familial et patrimonial au Viet-Nam*. Paris: Recueil Sirey.

Robequain, Charles. 1929. *Le Thanh–Hoá*. 2 volumes. Paris et Bruxelles: G. Van Oest.

Schurmann, Hans F. 1956. "Traditional Property Concepts in China." *Far Eastern Quarterly* 15

Simmon, S. P. and Field, R. 1946. "Law and Social Sciences." *Virginia Law Review* 32.

Sprenkel, Sybille van der. 1962. *Legal Institutions in Manchu China: A Sociological Analysis*. London: Univ. of London, Athlone Press.

Ta Van Tai. 1981. "The Status of Women in Traditional Vietnam", *Journal of Asian History*, 15-2.

Taylor, Keith W. 1981. "The Literati Revival in Seventeenth-century Vietnam." *Journal of Southeast Asian Studies* 18-1(March).

Taylor, Keith W. 1983. *The Birth of Vietnam*. Berkeley: University of California Press.

Tran, My-Van. 1990. "The Position of Women in Traditional Vietnam: Some Aspects." In K. M. de Silva et al. eds. Asian Panorama: *Essays in Asian History, Past and Present*. New Delhi: Vikas

Publishing House.

Tran, Nhung Tuyet. 2004. “Vietnamese Women at the Crossroads.” Ph. D. dissertation, University of California at Los Angeles.

Tran, Nhung Tuyet. 2012. “Women as Nation: Tradition and Modernity Narratives in Vietnamese Histories.” *Gender & History* 24-2(August).

Trần Quốc Vượng. 1992. “Popular Culture and High Culture in Vietnamese History.” *Crossroads* 7-2.

Trần Quốc Vượng. 2011. “Việt-Cham Cultural Contacts.” In Trần Kỳ Phương and Bruce M. Lockhart, eds. *The Cham of Vietnam: History, Society and Art*. Singapore: NUS Press.

Tran Van Trai. 1942. *La famille patriarcale annamite*. Paris: P. Lapagesse.

Unger, Esta S. 1983. “Vietnamese Leadership and Order: Dai Viet under the Le Dynasty (1428-1459).” Ph. D. dissertation, Cornell University.

Whitmore, John K. 1968. “The Development of Le Government in Fifteenth Century Vietnam.” Ph. D. dissertation, Cornell University.

Whitmore, John K. 1969. “Vietnamese Adaptations of Chinese Government Structure in the Fifteenth Century.” In Wickberg, Edgar, comp. *Historical Interactions of China and Vietnam: Institutional and Cultural Themes*. Lawrence, Kan.: Center for East Asian Studies, The University of Kansas.

Whitmore, John K. 1970. “Vietnamese Historical Sources: For the Reign of Le Thanh-tong (1460-1497).” *Journal of Asian Studies* 29-2(February).

Whitmore, John K. 1976. “Mac Dang Dung.” In Goodrich, Carrington L. ed. *Dictionary of Ming Biography*. Volumes II. New York:

Columbia University Press.

Whitmore, John K. 1984. "Social Organization and Confucian Thought in Vietnam." *Journal of Southeast Asian Studies* 15-2 (September).

Whitmore, John K. 1985. Vietnam, *Ho Quy Ly, and the Ming* (1371-1421). New Haven: Yale Southeast Asia Studies.

Whitmore, John K. 1999. "Literati Culture and Integration in Dai Viet, c. 1430-1840." In Lieberman, Victor. ed. *Beyond Binary Histories. Ann Arbor*: University of Michigan Press.

Whitmore, John K. 2000. "Gender, State, and History: The Literati Voice in Early Modern Vietnam." In Andaya, Barbara W. ed. Other Paths: *Women, Gender and History in Early Modern Southeast Asia*. Honolulu: Center for Southeast Asian Studies, University of Hawaii.

Whitmore, John K. 2004. "The Two Great Campaigns of the Hong-Duc Era (1470-97) in Dai Viet." *South East Asia Research* 12-1.

Wolters, O. W. "Le Van Huu's Treatment of Ly Than Tong (1127-1137)." In Cowan, Charles D. and Wolters, O. W. eds. 1976. *Southeast Asian History and Historiography*. Ithaca: Cornell University Press.

Woodside, Alexander. 1971. *Vietnam and Chinese Model: A Comparative Study of Vietnamese and Chinese Government in the First Half of the Nineteenth century*. Cambridge, MA: Harvard University Press.

Woodside, Alexander. 1984. "Medieval Vietnam and Cambodia: A Comparative Comment." *Journal of Southeast Asian Studies*, 15-2 (September).

Young, Stephen B. 1976. "The Law of Property and Elite Prerogative during Vietnam's Le Dynasty: 1428-1788." *Journal of Asian History* 10.

Yu Insun. 1980. "Political Centralization and Judicial Administration in 17th and 18th Century Vietnam." *Journal Asiatic Studies* (Seoul), 23-1(January).

Yu Insun. 2008. "Myth and Reality: The Confucian Influence on Northern Vietnamese Society during the Le Dynasty (1428-1788)", In Mantienne, Frédéric and Taylor, Keith W. eds. *Monde du Viêt Nam: Hommage à Nguyên Thê Anh*. Paris: Les Indes savantes.

찾아보기

ㅍ

ㅎ